Dieses Buch wurde vegan produziert.
Die verwendeten Materialien
enthalten keine tierischen Bestandteile.

Unserer liebsten Tochter Alma Lucia für ihr Sein und ihr Licht.

Meiner liebsten Frau Nieves, die mir in leichten und schwierigen Zeit immer bedingungslose Liebe schenkt und immer für mich da ist und mein Wirken und das Buch erst möglich gemacht hat.

Auch meinen liebsten Eltern Melanie und Matthias will ich dafür danken, dass sie immer an mich und meine Träume geglaubt haben und mir immer ein sicherer und liebevoller Hafen waren und sind.

Weiter danke ich besonders Familie Käsmaier, Ali und Raymond, Georg und Alke und den Menschen vom Verein Friedenszentrum Martin Niemöller Haus.

Außerdem möchte ich mich bei der Münchner Verlagsgruppe, besonders Fatima Cinar, Michael Wurster, Dr. Barbara Schubert und bei Matthias Michel, dem Lektor des Buches, bedanken sowie all den anderen Menschen, die uns geholfen und unterstützt haben und es immer noch tun, denn nur dank Euch ist die Reise der Menschheit sowie das geldfreie Leben Realität geworden.

Raphael Fellmer

Glücklich ohne Geld!

Wie ich **ohne einen Cent** besser und ökologischer lebe

REDLINE | VERLAG

Bibliografische Information der Deutschen Nationalbibliothek:
Die Deutsche Nationalbibliothek verzeichnet diese Publikation in der Deutschen National-
bibliografie; detaillierte bibliografische Daten sind im Internet über **http://d-nb.de** abrufbar.

Für Fragen und Anregungen:
fellmer@redline-verlag.de

2., aktualisierte und erweiterte Auflage 2014

© 2014 by Redline Verlag, ein Imprint der Münchner Verlagsgruppe GmbH,
Nymphenburger Straße 86
D-80636 München
Tel.: 089 651285-0
Fax: 089 652096

Redaktion: Matthias Michel, Wiesbaden
Umschlaggestaltung: Maria Wittek
Satz: Carsten Klein, München
Druck: CPI Ebner & Spiegel, Ulm
Printed in Germany

ISBN Print 978-3-86881-505-4
ISBN E-Book (PDF) 978-3-86414-457-8
ISBN E-Book (EPUB, Mobi) 978-3-86414-458-5

Weitere Informationen zum Verlag finden Sie unter

www.redline-verlag.de

Beachten Sie auch unsere weiteren Imprints unter
www.muenchner-verlagsgruppe.de

Inhalt

Vorwort

»Zweifle nie daran, dass eine kleine Gruppe engagierter Menschen die Welt verändern kann – tatsächlich ist dies die einzige Art und Weise, in der die Welt jemals verändert wurde.«

Margaret Mead

Dieser Satz der Ethnologin Margaret Mead ist die beste Einleitung für dieses Buch, weil er eines von Raphaels Lieblingszitaten und durchaus wahr ist. Er spiegelt wider, wovon mein Mann und viele Aktivisten aus tiefstem Herzen überzeugt sind. Diese Zeilen sind mit unerschöpflicher Liebe zum Leben geschrieben, mit einem enormen Willen dazu, etwas in der gegenwärtigen Gesellschaft und im Miteinander zu verändern, alles mit einem radikalen Verantwortungsgefühl.

Ich unterstütze Raphael bedingungslos bei seinem Geldstreik, der nichts weniger ist als ein Protest gegen das kapitalistische System, in dem wir leben, das von einem ganzheitlichen Blickwinkel aus gesehen ein System der Unterdrückung ist. Dieses Buch, das sowohl eine Autobiografie als auch ein Reise- und Alltagsbericht ist, enthält viele wertvolle Informationen: Der ausdrückliche Verzicht auf das Geld soll wichtige und aktuelle Themen wie Lebensmittelverschwendung, virtuelles Wasser und die graue Energie beleuchten und ökologische Methoden wie Veganismus, gemeinsamer Konsum, Postökonomie und viele andere vorstellen, um uns zu tiefem Nachdenken zu animieren und dazu, ein neues Paradigma oder formales organisatorisches Schema aufzubauen. Seit Beginn des geldfreien Lebens im Januar 2010 haben sich viele Menschen inspirieren lassen und wir haben etwas in uns verändert, um somit auch etwas in der Welt verändern zu können. Ich verspüre Dankbarkeit für die Arbeit von Raphael und ich liebe ihn seit dem ersten Tag, an dem ich ihm begegnete, weil er ein Mensch mit wunderbaren und soliden Prinzipien ist, der sich voll und ganz für das Gemeinwohl einsetzt, ebenso weil er der integerste Mensch ist, den ich kenne, und wegen seiner enormen Fähigkeit zu lieben und das Gute in Menschen zu sehen.

Obwohl ich noch Geld benutze, ist mein Budget sehr klein. Ansonsten leben wir ein Leben ohne Geld, indem wir es in Einklang bringen mit notwendigen Dingen wie Wohnung, Nahrungsmitteln und Kleidung, sowohl für uns als auch für unsere geliebte Tochter Alma -Lucia. Wir empfinden den Verzicht auf Geld nicht als Einschränkung, sondern als etwas ganz Natürliches, und wir haben uns die Devise »Weniger ist mehr« auf eine praktische, ja, ich würde auch sagen, auf eine spirituelle Weise zu eigen gemacht. Ich erlebe es als eine Möglichkeit, ein einfaches, optimistisches Leben zu führen in respektvollem Einklang mit Mutter Erde, als eine Art und Weise, gewissenhaft und konsequent zu leben und dem Menschlichen den Vorrang zu geben.

Raphael verzichtet auf jegliche wirtschaftliche Erträge, die mit diesem Buch erzielt werden. Dieses Buch ist als E-Book kostenlos verfügbar. An verschiedenen Stellen im ganzen Land werden mehr als 2000 Exemplare kostenlos vergeben. Das Buch wurde auf bestem Recyclingpapier und mit veganem Klebstoff gedruckt. Wir würden uns freuen, wenn Du dieses Buch nicht behalten, sondern weiterverschenken würdest.

Ich möchte Dir persönlich danken, dass Du Dir die Zeit nehmen willst, um von Raphaels Beweggründen zu erfahren, von seiner Geschichte, unserer Geschichte. Du gibst dem, was wir als Familie tun, Sinn. Du bist ein aktiver Bestandteil der Revolution. Vielen Dank und viel Glück.

Nieves Palmer Muntaner
August 2013, Berlin

1. Das Geschenk des Lebens

Ich bin ein Mensch wie Du und Gast auf demselben Planet wie Du. Meine Eltern schenkten mir vor 30 Jahren den Namen Raphael. Schön, dass es Dich gibt, ich freue mich, dass Dir dieses Buch in die Hände gefallen ist. Das ist sicherlich kein reiner Zufall, sondern vielmehr Schicksal. Im dem Wort Schicksal steckt das Wort schicken, was für mich bedeutet, dass es einen Grund und einen Sinn gibt, warum Du diese Zeilen liest. Wie für alles, was uns im Leben geschickt wird. Oft wird uns im Leben die Kausalkette und innere Logik, warum etwas zu einem bestimmten Zeitpunkt passiert, erst später voll bewusst.

So geschah es auch, als ich an einem schönen Sommertag im August 1983 das Licht der Welt erblickte. Mein Glück auf Erden begann mit dem Geschenk des Lebens. Auch heute noch könnte ich mir keine besseren Eltern vorstellen, denn sie gaben mir von Anfang an unendliche Liebe, Vertrauen und Zuneigung. Als Familie waren wir nicht immer alle der gleichen Meinung, aber genau das war es, was unser Familiensein so lebhaft machte. Die Vielfalt an Meinungen, Denkweisen und Ansichten bereicherten mich in meiner Wesensfindung.

Das Leben ist eine unendliche Aneinanderknüpfung von Geschenken, sie alle sind völlig kostenlos. Und noch viel besser: Sie sind mit keiner irgendwie gearteten Erwartungshaltung verbunden – und das macht die Gabe des Lebens so besonders lebens- und liebenswert. Sie ist vollkommen frei von jeglichem konditioniertem Verhalten, ohne Vorurteile, störende Gedanken oder Ängste. Beklommenheit, Zukunftssorgen und Dingen nachzutrauern gibt es in der Welt der Neugeborenen nicht. Die gesamte Aufmerksamkeit und das volle Bewusstsein sind dem Moment gewidmet, und zwar ohne dass sie dafür zuvor irgendeine Technik oder Theorie erlernen müssten. Es ist ihr ureigener Seinszustand.

Das Leben auf diesem einmaligen Planeten wird uns geschenkt wie die Luft, die wir atmen, die Natur, die uns am Leben hält, und das Wasser, das uns vitalisiert. Wir sind Teil eines einzigartigen Ökosystems und zusammen mit Millionen von Spezies besitzen wir das Privileg, diese so einzigartige und lebensspendende Mutter Erde zu teilen, mit unserem Sein zu durchdringen und zu wirken. Der Blaue Planet bietet allen seinen Gästen genug, um in Hülle und Fülle zu gedeihen, es gibt nichts, woran es mangelt.

Schon als kleines Kind konnte ich nicht begreifen, dass es so viel Ungerechtigkeit und Leid gibt, obwohl wir uns doch alle im Herzen nach Frieden und Liebe sehnen. Ich fragte mich immer, wieso es uns so gut geht und wir alles haben – und gleichzeitig andere Menschen tagtäglich an Hunger leiden und sterben müssen.

Als ich zwölf Jahre alt war, begann ich mein eigenes Geld zu verdienen. Schnell entwickelte ich einen Bezug zum Geld und zu der Arbeitsleistung, die ich erbringen musste, um mir mit dem Erwirtschafteten Produkte und Dienstleistungen kaufen zu können. Ich spürte die finanzielle Unabhängigkeit, die mir die Freiheit bot, zu kaufen, was ich begehrte. Ich verstand, dass, wenn ich meine Zeit in Nebenjobs investierte, ich damit die Möglichkeit bekam, mir Waren oder Vergnügen leisten zu können, ohne Dritten gegenüber Rechenschaft oder Erklärung schuldig zu sein.

In der Waldorfschule fühlte ich mich wohl, obwohl ich nur äußerst ungern Hausaufgaben machte. Meistens schrieb ich sie einfach ab. In den Unterricht und die Pausen dazwischen legte ich mein Herzblut, nicht in die Epochenhefte, Diktate und Vokabeltests. Besonders fasziniert war ich, wenn mein Musiklehrer von seinen Reisen erzählte.

Gebannt hing ich an seinen Lippen und sog jede Erzählung wie ein trockener Schwamm in mich auf. Ich war begeistert von der Vielfalt der Kulturen, die es auf der Erde gibt. Mein Wunsch, einmal selber als Entdecker um die Welt zu reisen, war schon damals geboren. In mir wuchs die Lust auf Abenteuer, die Lust aufs Leben!

Kindheitsträume und Konditionierung

Wie fast alle Menschen die ich kannte, aßen auch meine Eltern Fleisch, Fisch, Butter, Käse, Milch und Eier. Jeden Tag kochte meine Mutter für mich und meine Brüder, und es stand überhaupt nicht zur Debatte, sich vegetarisch zu ernähren. Im Urlaub fingen wir Fische, und unser Vater zeigte uns, wie man sie ausnahm. Von Anfang an fiel es mir schwer, die Fische selbst zu töten – ich spürte, dass es nichts Schönes war, was ich da tat. Trotzdem hinterfragte ich das mir vorgelebte Verhalten gegenüber anderen Lebewesen nicht weiter und machte einfach nach, was unser Vater uns zeigte, und aß, was unsere Mutter auftischte.

Doch Umweltschutz war für mich schon in meinen ersten Schuljahren ein wichtiges Thema. Ich engagierte mich für den WWF und Greenpeace, sammelte bei Freunden und Bekannten Unterschriften und Kleinspenden für die großen Umweltorganisationen. Die Welt empfand ich als ungerecht und wollte etwas gegen diese Ungerechtigkeit tun. Mein Mitgefühl galt den Tieren, den hungernden Menschen und insbesondere den Abermillionen Kindern, die mit leerem Magen zu Bett gehen mussten und oft nicht wussten, ob sie den nächsten Tag noch erleben würden. Von den globalen Zusammenhängen verstand ich jedoch herzlich wenig – auch wenn ich die Schuldigen für die Ungerechtigkeit, die Umweltzerstörung und überhaupt die allgemeine Schieflage der Welt schon ausgemacht hatte: die großen Firmen, die reichen Leute und die Regierungen, die all das Elend einfach geschehen ließen. Mit viel Geld, so glaubte ich, könnte man den materiell armen Menschen helfen. Mein Wunsch, Gutes zu tun, wuchs im Laufe der Jahre, und ebenso meine feste Überzeugung, diesen Wunsch in die Tat umsetzen zu können, hätte ich nur genug Geld zur Verfügung. Millionen wollte ich anhäufen, allerdings nicht für mich, sondern als Mittel zum Zweck, das ich für das Wohl der am wenigsten privilegierten Mitmenschen einzusetzen gedachte. Schon früh nahm ich mir vor, so schnell wie möglich die erste Million zu verdienen und dann eine große Hilfsorganisation für die Hungernden dieser Welt aufzubauen. Mein Vorbild war Karlheinz Böhm, der seinen Schauspielberuf an den Nagel gehängt und die Stiftung Menschen für Menschen ins Leben gerufen hatte. Ganz ähnlich wollte ich mit einer eigenen Organisation das Projekt »Hilfe durch Selbsthilfe« in die Tat umsetzen – bloß keine neuen Abhängigkeiten der Menschen sollten entstehen, und die vorhandenen sollten besser heute als morgen beendet werden.

So weit der Plan. Noch fehlten mir allerdings die nötigen Mittel, zudem war ich nach wie vor minderjährig. Doch statt zu resignieren, fing ich erst einmal mit kleinen Schritten an. Ich knipste Lichter aus, wo ich nur konnte, drehte die Temperatur unseres Gasheizkraftwerks nach unten und überzeugte meine Eltern, zu einem Ökostrom-anbieter zu wechseln. Ich träumte davon, eines Tages mal eine richtige Beratungsfirma für Nachhaltigkeit zu gründen, um Menschen die Möglichkeiten zu geben, ökologischer, aber auch ökonomischer zu leben. In unserer Schule sprach ich mit dem Schulleiter, dass wir Schülerinnen und Schüler doch selbst unsere Klassenräume putzen könnten. Die Idee wurde aufgenommen, fortan gab es Preise für die drei saubersten Klassen. Die Schule sparte zehntausende Euro und die Mülltrennung wurde zum Standard in den meisten Klassen. Gleichzeitig stieg die Eigenverantwortung der Schülerinnen und Schüler.

Der Traum vom Ausland

Schon während meiner Schulzeit wollte ich eine Zeit im Ausland verbringen. Mein Traum war ein Austauschjahr in den USA. Aber noch konnte ich nicht so richtig frei denken, das musste sich erst noch entwickeln, und so gab es in meinem Kopf nur Plan A, nämlich die kostspielige Version eines organisierten Austauschprogramms. Der Preis für die zwölf Monate Auslandserfahrung und hoffentlich gewonnenem Weitblick lag damals bei einigen tausend Euro, Geld, das meine Eltern nicht hatten. Obwohl ich an einer Waldorfschule war, reichte meine Kreativität nicht, um neue Wege zu gehen, Plan B zu leben. Auch wenn ich mich noch gut an diesen Gedanken in meinem Kopf erinnere: »Irgendwie muss das auch ohne Geld gehen!«

Aber es blieb bei diesem Gedanken, denn es fehlte mir – wie es uns Menschen so oft geht – an Vorbildern, an Leuten, die es einfach taten. Wäre jemand aus meinem Bekanntenkreis ohne oder mit sehr wenig Geld gereist, lassen wir die Flugkosten einmal beiseite, dann wäre ich hundertprozentig davon inspiriert worden und hätte an meinem Traum, alles ohne Geld zu machen, geglaubt und ihn wahrscheinlich auch umgesetzt. Heute weiß ich, in mir schlummerte dieser Samen, aber er wurde nicht gewässert und konnte so nicht keimen. Es bedarf in der Regel mutiger Menschen, die beispielhaft voranschreiten und ihre Erfahrungen, Informationen und Eindrücke teilen, uns die verschiedenen Wegmöglichkeiten aufzeigen, die wir in jedem Lebensmoment besitzen. Gehen müssen wir diese Wege natürlich immer noch selber, aber es ist eine unglaubliche Hilfe zu wissen, es gibt neben Option A und B auch noch C und D und, und, und.

Der Glaube versetzt Berge, sagt ein Sprichwort, und ich empfinde den Glauben als ein mächtiges mentales Sprungbrett auf dem Weg zur Realisierung unserer Träume. Wenn wir wirklich ganz fest an etwas glauben und davon mit ganzem Herzen überzeugt sind, dann gibt es mit etwas Ausdauer, Disziplin und einem starken Willen nichts, was uns aufhalten kann. Menschen werden zu Menschen durch Menschen, wir können uns gegenseitig Inspiration und Quelle des Mutes und Hoffnung sein und uns bestärken, an das Gute zu glauben. Für mich ist das Leben eine wunderbare Schule, in der wir alle unendlich viel von unseren Mitmenschen lernen können; ich empfand es immer als sehr hilfreich, andere Menschen zu beobachten und ihre besten Seiten nachzuempfinden.

Glücklicherweise dauerte es nicht lange, bis ich eine zweite Chance bekam. Egal, was wir in der Vergangenheit getan oder nicht getan haben, so bietet uns jeder Tag, ja jede Sekunde, die Möglichkeit, Träume Wirklichkeit werden zu lassen. Mein starker Wunsch, auch ohne viel Geld ins Ausland zu gehen, loderte weiter in mir. Eines Tages erfuhr ich von einem Freund, dass die Möglichkeit bestünde, den Zivildienst im Ausland zu absolvieren! Mein Traum schien auf einmal zum Greifen nahe, weil ich wusste, dass schon andere den gleichen Traum gehegt, daran geglaubt und ihn verwirklicht hatten. Ich war dem ersten jungen Mann, der alle Gesetzeshürden überwunden hatte, um seinen Zivildienst im Ausland ableisten zu können, unendlich dankbar. Wenn wir Liebe, Frohsinn und auch unsere Träume miteinander teilen, verlieren sie nicht an Kraft oder werden kleiner, sondern das Gegenteil ist der Fall, sie wachsen und gewinnen immer mehr Raum. Ich empfinde uns alle als Teil eines ständig sich entwickelnden und erblühenden Organismus, der mit jedem Mal, wo wir anderen Gutes tun, heller wird. Denn so, wie wir die Welt behandeln, so behandelt sie uns. Jemand hat mir einmal gesagt, dass, wenn wir unser Licht, das Talent, Berufung, Begabung, Idee, Traum, Empathie oder Liebe sein kann, wie eine Kerze mit tausenden anderen Kerzen, also Mitmenschen, teilen, es nicht dunkler, sondern nur wärmer und lichter um uns Menschen wird. So brauchen wir alle keine Angst zu haben, unsere Träume, Erfindungen und Erkenntnisse mit unseren Mitmenschen zu teilen, sondern sollten im Gegenteil dankbar dafür zu sein, dass wir uns alle über geniale Ideen, Informationen und Möglichkeiten austauschen und gegenseitig befruchten können! Es kann nicht genug gute Ideen und Träume geben, denn aus einer Idee oder einem Traum werden viele und neue. John Lennon sagte einmal: »Ein Traum, den viele träumen, ist Wirklichkeit.«

Worauf warten wir also noch?

Ich war so sehr Feuer und Flamme von der Nachricht, dass ich nach der Schule die Möglichkeit hätte, ins Ausland zu gehen, dass ich all meinen Freunden und Bekannten davon berichtete, sozusagen als lebender und aufmunternder Beweis, dass es sich lohnt, an seine Träume zu glauben. Mein eigener Traum wurde größer und größer. Am liebsten wollte ich in einer Favela oder einer armen Gegend meinen Zivildienst leisten, um dort Straßenkindern zu helfen. Wo war mir nicht wichtig, Hauptsache außerhalb von Europa, und wenn es ging in Lateinamerika, um gleichzeitig endlich Spanisch oder Portugiesisch lernen zu können. Bevor es allerdings losging durfte ich noch das letzte normale Waldorfschuljahr erleben. Kurze Zeit, nachdem ich meinen ersten PC bekommen hatte, lernte ich das Zehnfingersystem. Meine neu gewonnenen Fähigkeiten nutzte ich, um Webseiten zu gestalten und für andere Menschen Einführungskurse ins Internet oder in Computerprogramme zu geben.

Rückschläge gab es natürlich auch. Im Nachhinein bin ich sogar dankbar, dass nicht alles auf Anhieb so geklappt hat, wie ich es mir vorgestellt hatte. So wurde ich nämlich gezwungen, mich mit den Gründen für mein Scheitern auseinanderzusetzen. Jeder Rückschlag ließ mich immer auch ein Stück reifer werden. Als ich zum zweiten Mal durch die praktische Fahrprüfung fiel, tat sich für einen Moment ein solches Loch auf, dass ich dachte, die ganze Welt sei gegen mich. In der Rückschau kann ich es selbst fast kaum glauben, dass ein lapidares Ereignis wie dieses – dann unternimmt man eben Versuch Nummer drei – eine solche Wirkung auf mein Befinden hatte. In Wirklichkeit sind es vor allem unsere Gedanken, die Dingen, Erlebnissen und Menschen eine Wertung geben, denn durch eine Prüfung zu fallen, entlassen zu werden oder eine Trennung zu erleben bedeutet auch jedes Mal eine große Chance. In jedem von uns steckt, egal wie alt wir sind und für wie abgeklärt wir uns halten, nach wie vor ein Kind, und wir haben viel verlernt, was eigentlich unsere ureigene Natur ist. Fehler haben in unserer Gesellschaft oft einen negativen Beigeschmack, gehören eher nicht zu unserer Kultur und sollen am besten gänzlich vermieden werden. Dabei ist jeder einzelne Misserfolg oder Schicksalsschlag ein Schritt weiter zu uns selbst, zu unserem eigentlichen Sein oder zu unserem Ziel, ob es ein Projekt, eine Erfindung, eine Prüfung, eine Beziehung oder was sonst auch ist.

Unsere Lebenswege verlaufen meist gewunden, manchmal ist nicht einmal der Blick hinter die nächste Biegung möglich. Doch gerade weil oft eine berechenbare Geradlinigkeit fehlt, glaube ich, wenn etwas nicht gleich funktioniert oder so wie gewünscht passiert, dass es beim nächsten Mal bestimmt besser klappt. Diese Brücke half und hilft mir zu verstehen, dass es ein Geschenk sein kann, etwas falsch machen zu dürfen, aus Erfahrung zu lernen und zu wachsen und so immer wieder einen Anstoß zu bekommen, über den Sinn des Lebens nachzudenken.

Fehler sind menschlich, wir sollten sie nicht verachten oder vergessen, sondern als unabdingbar wertschätzen: um uns zu entwickeln, um die Evolution unseres Seins und der Menschheit voranzutreiben. Als wir klein waren, stürzten wir hunderte Male, bis wir irgendwann richtig laufen konnten, und dabei haben wir nicht einen Gedanken daran verloren aufzugeben. Wie damals tragen wir alle die Fähigkeit in uns, immer wieder aufzustehen und nicht zu verzagen. Wenn wir etwas versuchen, können wir scheitern, und trotzdem lernen wir dabei, wenn wir nicht anfangen, etwas zu versuchen, sind wir schon gescheitert – und haben nichts gelernt. Schwierige Zeiten im Leben sind auch Momente der Einsicht, des In-sich-Kehrens und der Verbindung mit seinem Herzen. Sie bieten uns die Möglichkeit, unserer inneren Stimme Raum zu schenken und abzuwägen, ob wir uns noch in einem fruchtbaren Umfeld aufhalten, welches unserer Wesensnatur, unserem Sein den best-möglichen Nährboden bietet, um zu gedeihen und zu erblühen.

Zivildienst in Mexiko

Ich suchte nach Zivildienstmöglichkeiten in Lateinamerika und schrieb verschiedene Organisationen und Projekte an, darunter eine kleine Waldorfschule in Mexiko. Von den vielen E-Mails, die ich abschickte, wurde nur eine positiv beantwortet, ausgerechnet von einem Zivildienstleistenden an dieser Schule. Den Zivi kannte ich flüchtig, hatte er doch die Klasse über mir besucht. Wieder hatte ich das Gefühl, dass alles Bestimmung war: Durch das Glück – oder wohl besser Schicksal – einer scheinbar zufälligen Bekanntschaft eröffnete sich mir die Möglichkeit, nach Mexiko gehen zu dürfen.

Je mehr menschliche Verbindungen und Verbundenheit ich pflegte, umso voller wurde mein Herz. Gleichzeitig wurde meine Seele mit jedem Menschen, den ich in mein Herz ließ, leichter und ich fühlte mich immer sicherer getragen. »Man sieht nur mit dem Herzen gut, das Wesentliche ist für die Augen unsichtbar«, diese Zeilen von Antoine de Saint-Exupéry bewegten mich tief und tun es immer noch. Schon damals liebte ich das Abenteuer, den Reiz des Unbekannten, und so legte ich längere Wegstrecken am liebsten per Autostopp zurück. Außerdem erschien es mir unlogisch, Geld zu verdienen, nur um es dann wieder auszugeben für etwas, was es auch kostenlos gibt. Vorhandene Ressourcen intelligent und gemeinschaftlich nutzen, hatte für mich nicht nur auf finanzieller Ebene einen Sinn, sondern gehört eigentlich zum gesunden Menschenverstand. Dazu kam, dass beim und durch das Trampen mein Vertrauen in meine Mitmenschen immer größer wurde. Jedes Mal, wenn man in ein Auto steigt, kommt es zu einem Moment des gegenseitigen Schenkens von Vertrauen, eines Gebens und Empfangens. Die Angst vor dem Unbekannten wurde von Mal zu Mal kleiner.

Der Tag des Aufbruchs nach Mexiko war nicht nur ein Tag des Abschieds, sondern auch des Loslassens. Er markierte den Beginn einer neuen Lebensphase. Noch nie war ich alleine ins Ausland geflogen, und bis auf ein paar europäische Länder kannte ich bisher noch nichts von der Welt.

Die Zeit in Mexiko war in vielerlei Hinsicht inspirierend. Ich durfte zum ersten Mal Deutsch, Mathematik, Kunst und andere Fächer unterrichten, dabei meiner Kreativität freien Lauf lassen und viel von den Kindern lernen. Neben dem Unterricht kümmerte ich mich um Reparaturen, den Abwasch, Gartenarbeit, Pausenaufsicht und die Instandhaltung des Schulgebäudes.

Ich verstand plötzlich, dass es oft die bequemen, schnellen und leichten Wege sind, die auf lange Sicht das Leben an anderer Stelle eher komplizierter, ungemütlicher und vor allem nicht einfacher werden lassen. Dort, in Guanajuato in Zentralmexiko, über 9000 Kilometer von meinem ursprünglichen Zuhause entfernt, stand ich am Anfang vom Ende »meiner« deutschen Kultur. Hier konnte ich zum ersten Mal in meinem Leben mit gesundem Abstand mein in Kindheit und Jugend von außen und von mir selbst konditioniertes Verhalten betrachten, abwägen und mit einer anderen Kultur vergleichen. Die mexikanische Leichtigkeit war mir sogleich nahe, die Ruhe und Herzlichkeit der Einheimischen erlebte ich als wohltuend und angenehm. Ich spürte, dass das, was ich noch als meine eigene Kultur ansah, in Wahrheit nur ein Abklatsch von dem war, was man mir erzählt und vorgelebt hatte. Oft verläuft unsere kulturelle Prägung diametral entgegengesetzt zu unseren wahrhaften, zu unseren menschlichen Bedürfnissen und Empfindungen. Immer deutlicher wurde mir, wie viele Eigenschaften, Gewohnheiten und Normalitäten der deutschen Kultur, die mir in gewisser Weise übergestülpt worden waren, überhaupt nicht konform mit meinen inneren Werten gingen. Ich lebte, so meine Erkenntnis, also nach einem Wertekanon, der zu großen Teilen nicht in Freiheit in mir entstanden war, sondern mehrheitlich ohne kritisches Hinterfragen von mir übernommen und nachgeahmt worden war. Zu dem Zeitpunkt wusste ich noch nicht genau, was mich hier in Mexiko erwartete, aber mir war bewusst, dass es mein Leben grundsätzlich bereichern würde und ich mehr zu mir selbst finden würde.

Doch eine Einschränkung muss ich gestehen: Auch wenn ich mich in Deutschland schon jahrelang überwiegend vegetarisch ernährt und nur selten Fleisch oder Fisch gegessen hatte, warf ich hier meine Ideale, die vor allem vom Mitgefühl den Tieren gegenüber herrührten, teilweise über Bord. Es gab natürlich keine handfesten Argumente, Tiere zu essen, im Gegenteil, mein Entschluss, meine Ernährung wieder fleischlastiger werden zu lassen, war vor allem Ahnungslosigkeit und Bequemlichkeit geschuldet. Ich besaß zu diesem Zeitpunkt kaum Hintergrundinformation über die Tierindustrie. Nicht eine Unterrichtsstunde war dem Thema gewidmet worden und die Diskussion, die seit einiger Zeit darüber geführt wird, war seinerzeit noch kaum in der Öffentlichkeit präsent. Irgendwie war ich auch nicht so überzeugt, mich in Mexiko auf Diskussionen über das Thema einzulassen. Die Bequemlichkeit, mich lieber den Umständen anzupassen und nicht weiter über die Auswirkung meines Handels nachzudenken, empfinde ich rückblickend als frappierend. Aus heutiger Sicht würde ich sagen, dass ich unbewusst eine Verdrängungstaktik angewandt habe: Anstatt meinem inneren Konflikt bewusst Raum zu schenken und das Thema für mich und meine Umwelt aufzuarbeiten, wählte ich den Weg des geringsten Widerstandes.

Die Aufgabe meines Traums vom Millionär-Sein

Da ich nur umgerechnet etwa 70 Euro Taschengeld bekam und für die Reisen in Mexiko und mein Essen aber mehr Geld brauchte, gab ich private Deutschstunden, außerdem lichtete ich die ganze Lehrer- und Schülerschaft mit meiner alten Spiegelreflexkamera ab und verkaufte die Abzüge dann an die Eltern und die Lehrerinnen und Lehrer.

Noch immer hatte ich das Ziel der ersten Million, und so suchte ich nach Möglichkeiten, viel Geld zu verdienen. Rasch wurde mir klar, dass es vielerlei Wege gab, um reich zu werden. In Guanajuato existierten mindestens zwei Dutzend verschiedene Läden, die Fotos entwickelten, doch bei keinem einzigen von ihnen waren die Resultate verlässlich gut. Es lag also auf der Hand, ein professionelles Fotolabor zu eröffnen, um so peu à peu alle Menschen, die zuverlässig gute Abzüge ihrer Fotos wollten, als Kunden zu gewinnen. Zum ersten Mal erkannte ich, wie leicht es in Wirklichkeit sein kann, Geld im großen Stil anzuhäufen, wenn sich man mit Fleiß, Ehrgeiz und ein wenig Ausdauer dem Geldverdienen widmet. Es bedarf nur einer Idee, einer guten Umsetzung und vor allem eines gewissen Kalküls, nämlich ohne Rücksicht auf Verluste zu handeln, immer seinen eigenen Profit im Visier zu behalten und am besten den Gewinn nicht oder nur kaum zu teilen. Eine Anhäufung von Kapital ist schließlich nur möglich, indem jemand auf Kosten der Natur, seiner Mitmenschen oder der Tiere handelt. Für das Verständnis dieser Zusammenhänge half mir meine eigene minutiöse Ausarbeitung des Fotoladenmodells in Guanajuato. Mein Plan war es, die besten und pflichtbewusstesten Entwickler von den schon bestehenden Fotoläden abzuwerben, indem ich ihnen ein besseres Gehalt zahlen würde. In der Fotobranche ein gutes und überdurchschnittliches Gehalt zu bezahlen, war in einem Land, wo das Durchschnittseinkommen ein paar hundert Dollar beträgt, nicht schwer, und da die meisten Menschen ihre Arbeitsstelle nicht nach ethischen Gesichtspunkten wählen, wäre mein Vorhaben wohl aufgegangen. Natürlich hätte ich zunächst einen Kredit aufnehmen müssen, um Maschinen, Equipment und Personal bezahlen zu können, doch durch meine anfänglichen Dumpingpreise bei guter Qualität wären die anderen Fotolabore schon bald pleitegegangen beziehungsweise die Kunden zu mir übergelaufen. Mit dieser Quasimonopolstellung hätte ich die Preise bedenkenlos wieder anziehen können. Im Vertrauen, dass sich Gutes durchsetzt, das heißt in diesem Fall, dass sich die zuverlässige Qualität herumspricht, wären so schnell der Kredit abbezahlt und Tür und Tor offen gewesen für Expansion und Profitmaximierung.

Mexiko ist ein Land mit mehr als 100 Millionen Einwohnern und einem gigantischen Wachstumspotenzial. In fast keiner mexikanischen Stadt gab es damals einen wirklich guten Fotoladen, aber unzählige Kunden, die bereit waren, ein wenig mehr für guten, pünktlichen und zuverlässigen Fotoservice zu bezahlen. Ich verstand plötzlich, wie wichtig für das Geschäft die angeblich deutschen Tugenden waren und wie sehr es hilft, diese in egal welcher Branche umzusetzen, um ein erfolgreiches Business aufzubauen. Trotz der Gelassenheit, die die Mexikaner im Alltag zeigten, lag auch ihnen, gerade wenn es sich um Geld drehte, viel an Zuverlässigkeit, Pünktlichkeit und Ehrlichkeit.

All die Gedanken, die sich ums Geldverdienen drehten, wurden mir aber schnell nicht nur langweilig, sondern regelrecht unheimlich. Mir graute vor der Idee, auf Kosten von fleißigen Menschen Millionär zu werden – und dann mit dem ausgerechnet auf solche Art erwirtschafteten Geld »Gutes zu tun«. Es wäre ein Pakt mit dem Teufel geworden, fortan hätten mich ganz sicher permanente Gewissenskonflikte geplagt. Allein dieses Gedankenspiel half mir, wachsamer zu werden. Ich warf meinen Plan, aus hehren Gründen raffgierig und ausbeuterisch zu werden, über Bord und setzte meine Sinnsuche fort. Musste ich mich nicht zunächst auf mich selbst konzentrieren, zu mir selbst finden?

Ich hatte Probleme, mich weiter legal in Mexiko aufzuhalten, denn wie viele Menschen, die sich ehrenamtlich in anderen Ländern engagieren, bekam auch ich von der mexikanischen Botschaft kein Visum für die Dauer meines Aufenthaltes und bin offiziell nur als Tourist eingereist. Ich begann zu hinterfragen, was alles in unserer heutigen Welt legal ist und was nicht. Ich glaube nicht an Gesetze, die Menschen als illegal abstempeln, während Konzerne Milliardengewinne legal in Steueroasen am Fiskus vorbeischleusen. Trotz immer mehr Gesetze, Normen und Regeln als je zuvor, schuften Millionen von Menschen unter unwürdigen Arbeitsbedingungen. Trotz immer mehr Umwelt- und Artenschutzrichtlinien steht das Ökosystem vor dem Kollaps, und das obwohl sich die Firmen ganz legal verhalten.

Nach meinem Aufenthalt in Mexiko ging ich weiter in die USA, weil die Tickets für Flüge nach Europa dort günstiger sind. Außerdem wollte ich, wenn ich schon mal in Mexiko war, auch das Land der unbegrenzten Möglichkeiten kennen lernen. Dass es mit dem Begriff »unbegrenzt« so eine Sache ist, beweisen Millionen von Menschen, die jedes Jahr versuchen, in die USA, nach Europa oder in irgendein anderes in ihren Augen wohlhabendes und sicheres Land zu reisen oder zu flüchten. Viele von ihnen scheitern tragisch und zehntausende sterben jedes Jahr. Die, die es schaffen einzureisen, sind dann illegal und werden von dem System ausgenutzt. Ich fühlte diese Ungerechtigkeit und empfand es als grotesk, dass ich durch nichts anderes als den Zufall meiner Geburt in Deutschland im Besitz eines Passes war, mit dem ich ohne Probleme in das Land der unbegrenzten Möglichkeiten einreisen konnte, welches wie kein anderes für den Kapitalismus steht.

Laut einer aktuellen Studie von Oxfam verfügt gerade mal 1 Prozent der Weltbevölkerung über knapp die Hälfte des gesamten weltweiten Reichtums. In den USA befinden sich über 75 Prozent des gesamten Wohlstands des Landes in den Händen der reichsten 10 Prozent der EinwohnerInnen. Das Gefälle zwischen Arm und Reich ist viel extremer ausgeprägt als in Europa, und das sollte ich auch relativ schnell zu sehen bekommen. Es schien fast so, als ob die US-amerikanischen Filme diese Realität ganz bewusst nicht vermitteln wollen, denn noch nie zuvor hatte ich in einem westlichen Land so viele obdachlose Menschen gesehen. Nach drei Wochen war meine Zeit in Kalifornien und damit in Amerika zu Ende und ich kehrte wieder nach Deutschland zurück.

2. Erste Schritte zur Kultur des Teilens

Während ich bei meinen Eltern wohnte, plante ich meine nächste Reise nach Skandinavien. Ich hatte gehört, dass sich in Norwegen schnell und einfach in Fischfabriken Geld verdienen ließe. Da ich nichts anderes vorhatte, außer zu reisen, machte ich mich im April 2005 auf nach Norwegen.

Meine Mission war es, einen Job zu finden, um möglichst schnell und in kurzer Zeit viel Geld zu verdienen. Nach 10 Tagen erfolgloser Arbeitssuche musste ich mir jedoch eingestehen, dass ich weder bei Fischfarmen noch irgendwo anders gebraucht wurde. Doch einen Tag vor meiner geplanten Abreise wendete sich das Blatt. Ich bekam das Angebot, in einem Hotel auf einer Insel zu arbeiten. Überglücklich, dass sich die Geduld und das Vertrauen am Ende doch ausgezahlt hatten, fuhr ich per Boot auf die in ein Hotel umgebaute alte Leuchtturminsel. Es war der schönste und vielfältigste Job, den ich je machen durfte. Ich putzte Zimmer, die Küche und das Restaurant, arbeitete als Barkeeper, Kellner und war, zusammen mit Ina, das Mädchen für alles. Für knapp sechs Wochen arbeitete ich ununterbrochen. Es sollte meine kapitalistische Höchstphase werden, denn ich verdiente mehr als 5000 Euro in der kurzen Zeit und das ohne irgendwelche Ausgaben. Nach Steuern blieben mir knapp 4000 Euro, von denen ich lange zehren wollte. Nach dieser sehr arbeitsintensiven, aber beglückenden, Zeit kehrte ich nach Berlin zurück.

Wieder zurück in Deutschland wohnte ich zunächst wieder bei meinen Eltern. Geld verdiente ich durch Garten- und Computerarbeit.

Auf einer Party erfuhr ich, wie leicht man mit deutschem Abitur in den Niederlanden einen Studienplatz bekommen konnte. Obwohl ich mir immer noch nicht sicher war, überhaupt zu studieren, trampte ich ein paar Monate später nach Den Haag, zu den Offenen Tagen der Haagsen Hogeschool. Ich war begeistert von dem Studium der Europawissenschaften, der offenen und herzlichen Atmosphäre und vor allem von der Möglichkeit, innerhalb des dreijährigen Bachelorprogramms ein Semester in Mexiko studieren zu können. Während meines Aufenthalts in Den Haag nutzte ich den Hospitality Club.

Das Prinzip von Gastfreundschaftsnetzwerken wie dem Hospitality Club, CouchSurfing (hier ist der Name Programm) und Co. ist denkbar einfach: Nach der Anmeldung erstellt man ein Profil, in dem man seine Persönlichkeit beschreibt, wo man schon überall unterwegs war, welche Sprachen man spricht und natürlich ob man selbst einen Schlafplatz anzubieten hat oder lieber nur seine Stadt zeigen oder neue Bekanntschaften schließen möchte. Um eine bestimmte Stadt, Menschen oder Kultur kennen zu lernen, schreibt man dann eine Nachricht an die Person, deren Profil einem selbst am meisten zusagt, und schon steht schönen Erfahrungen nichts mehr im Wege. Viele CouchsurferInnen sind so vertrauensvoll, dass man einen eigenen Schlüssel bekommt sowie Computer, Telefon und ja sogar das Auto (falls vorhanden) mitbenutzen kann. Natürlich packt man im Haushalt des Gastes mit an, und zwar nicht weil es in irgendeinem Regelwerk geschrieben steht, sondern weil es einfach ein wunderschönes Gefühl ist, zu geben. Die Aufmerksamkeit und Empathie, die man sich gegenseitig schenkt, sind ansteckend, schaffen sich sozusagen aus sich selbst immer wieder neu, wie ein Perpetuum mobile. Es stellt sich sogar eine Win-win-win-Situation ein, denn neben Gast und Gastgeber profitiert auch die Umwelt von diesem Modell. Nicht nur werden vorher wildfremde Menschen Freunde, gewinnen zuvor Fremde spannende Einblicke in die Kulturen der Welt, sondern es ist auch um ein Vielfaches ökologisch und ökonomisch sinnvoller, vorhandene Räumlichkeiten zu nutzen, als in ein Hotel zu gehen, wo nach jedem Gast geputzt, gewaschen, gebügelt, gefaltet, getrocknet und gestaubsaugt wird.

Was ich bereits beim Trampen erfahren hatte, entfaltete sich in seiner ganzen Großartigkeit beim Couchsurfing: wie wunderbar und bereichernd das Vertrauen zu vorher wildfremden Menschen ist. Jedes Mal spürte ich, wie ich dank der Herzhaftigkeit und Offenheit meiner Gastgeber, egal ob sie nun weiblich oder männlich waren, selbst immer offener und herzlicher wurde. Dabei bin ich auf diese Form des Reisens rein zufällig gestoßen – wenn es überhaupt Zufälle gibt und nicht alles Schicksal ist –, nämlich während ich im Internet unterwegs war. Wer weiß, wie lange es noch gedauert hätte, bis ich durch irgendeinen Zeitungsartikel oder durch Freunde von dieser unglaublich befreienden und mutschöpfenden Art des Füreinander-da-Seins Kenntnis erlangt hätte. Fortan war es mir wichtiger denn je, all die wundervollen Ideen, Möglichkeiten und Informationen, die in meinen Augen die Welt ein Stück weit verbessern können, mit anderen zu teilen. In jedem Menschen erblickte ich fruchtbare Böden, die nur darauf warteten, bestellt zu werden. Ich hatte das Gefühl, dass es egoistisch gewesen wäre, das Wissen um Möglichkeiten im Leben für mich zu behalten. Ich wollte anderen helfen, ihr volles Entfaltungspotenzial zu (er)leben, wie es auch bei mir selber war, und sie darin unterstützen, durch mehr Menschlichkeit zu sich selbst zu finden, um ihr wahres Sein entwickeln zu können.

Und eine weitere mir komplett neue Form des Reisens sollte ich kennen lernen – ich wurde auf eine Kreuzschifffahrt eingeladen. Obgleich mir der Gedanke ein wenig dekadent erschien, wollte ich der lieben Einladung meines alten Freundes Lothar folgen. Meine Devise ist, im Leben immer offen zu sein für alles, was kommt, und dabei folge ich jeder Tür, die sich für mich öffnet. Gleichzeitig träumte ich davon, zusammen mit meinem Schulfreund Emanuel

Asien zu erkunden. Dabei musste ich meine ganze Überzeugungskraft aufbieten, Emanuel dazu zu bewegen, auch mitzukommen, denn wie könnte es anders sein, das leidige Thema Geld oder, richtiger, Geldknappheit kam ins Spiel. Gerne streckte ich das Geld für die Reise vor, hätte ich es doch als persönliche Niederlage empfunden, aus materiellen Gründen eine so traumhafte gemeinsame Reise platzen zu lassen. Es war mir schon immer wichtig zu zeigen, dass Reisen nicht viel Geld kosten muss und man auch ohne großen Luxus viel von der Welt sehen kann, und ich finde es traurig, wenn Menschen ihre Träume nicht leben können, nur weil sie nicht über genügend Geld verfügen oder befürchten müssen, es würde nicht für die ganze Tour reichen. Seitdem ich erwachsen bin, suche ich immer nach Möglichkeiten, wie ich mein Leben so gestalten kann, dass die Scheine und Münzen mir keinen Strich durch die Rechnung machen. Natürlich gehört zu dem Low-Budget-Reisen auch ein gewisses Grundvertrauen, aber das hatte ich glücklicherweise schon durch mein Elternhaus mitbekommen. Doch ich glaube, man kann dieses Vertrauen in die Welt auch in späteren Jahren erlernen. Der Großteil dieser positiven Prägung, nämlich volles Vertrauen in unsere Mitmenschen zu haben, kann ohnehin nur durch eigene Erfahrung im Umgang mit Menschen außerhalb des Freundes- und Familienkreises stattfinden. Auch mir fiel es die ersten Jahre, als ich per Autostopp unterwegs war, schwer, auf Menschen zuzugehen, ihnen selbstsicher in die Augen zu schauen, zu fragen, ob sie mich ein Stück mitnehmen würden und ein Nein als Antwort nicht persönlich zu nehmen. Probieren geht über Studieren, wie der Volksmund sagt, denn egal wie viel herzerwärmende Geschichten man über das Trampen und Couchsurfen hört oder liest, findet die eigentliche Konditionierung, was das eigene Vertrauen und die Selbstsicherheit anbelangt, erst durch die persönliche Erfahrung statt. Vielleicht verhält es sich mit dem Vertrauen in unsere Mitmenschen so wie mit dem Verliebtsein oder dem Küssen: Man kann unendlich viele Bücher darüber lesen, aber wahrhaftig kennen kann man es erst, wenn man es selbst erlebt.

Meine Reise durch Asien und zu mir selbst

Ich flog zunächst alleine nach Shanghai, wo wir bei Freunden von Freunden für einige Tage unterkommen konnten. Schon auf dem Weg vom Flughafen in die Stadt ging es vorbei an ärmlichen Wohnhütten von Wanderarbeitern, die aus allen Ecken des Landes kommen, um in den Städten ihr Glück zu suchen. Glück bedeutet in dem Fall, endlich auch zu dem materiell besser gestellten Teil der Welt zu gehören, endlich über fließend Wasser, Waschmaschine, Fernseher und ähnliche Symbole des »guten Lebens« zu verfügen. Milliarden Menschen streben nach der westlichen Lebensweise, die ihnen überall auf der Erde durch Film und Fernsehen vorgelebt und idealisiert wird.

In den letzten Jahrzehnten ist Chinas Wirtschaft im Durchschnitt um rund 10 Prozent gewachsen, und das dank hunderter Millionen Menschen vom Land, die in die Städte und deren Peripherie strömten. Die sanitären Verhältnisse haben sich deutlich verbessert, aber auch Unterernährung und Analphabetismus sind stark zurückgegangen. Doch das ewige Wachstum der chinesischen Wirtschaft hat auch seine Schattenseiten. Heute wachsen über 50 Millionen Kinder praktisch das ganze Jahr ohne ihre Eltern auf. Die meist ungebildeten und ohne Vertrag angestellten WanderarbeiterInnen und deren Familien zahlen oft einen hohen Preis für ihre Teilnahme am Kapitalismus. Die meisten von ihnen arbeiten zu Hungerlöhnen und unter katastrophalen Bedingungen. Sie sind die modernen »freiwilligen« Sklaven des Kapitalismus. Wir alle gehören zu den Nutznießern dieses Systems, denn wir alle unterstützen durch den Konsum von Waren, die in Ländern ohne echten Arbeits- und Umweltschutz hergestellt werden, diese unethischen Praktiken. Würden wir keine Produkte von Firmen kaufen, die ihre ArbeiterInnen und die Umwelt mit Füßen treten, würden die Unternehmen schnell bankrottgehen. Fair-Trade-Initiativen stellen zwar keine endgültige Lösung des Problems dar, sind aber ein erster Schritt hin zu einem besseren Miteinander. Doch wir stehen erst am Anfang, denn obwohl sich der Markt von fair gehandelten Lebensmitteln und Kleidern rasant entwickelt, ist ihr Anteil am Gesamtumsatz immer noch verschwindend gering. Fair hergestellte und gehandelte elektronische Geräte gibt es hingegen praktisch noch gar nicht. Die wachsende globale Konsumgesellschaft sucht ständig nach neuen Menschen, die an den Werkbänken der Welt verschlissen werden. Mittlerweile ist China das Land mit dem größten Kohlendioxidausstoß weltweit. Allerdings sollten wir nicht einseitig allein den Menschen in China die Schuld und die Verantwortung für diese Entwicklung zuschieben, denn ein Großteil der Treibhausgase entsteht bei der Produktion von Waren, die für den Export, also auch für uns bestimmt sind.

Kohlendioxid (CO_2) ist das bekannteste Treibhausgas und mittlerweile ein gängiger Begriff. Nicht viele wissen jedoch, dass die Deutschen im Schnitt jährlich 11 Tonnen CO_2, also fünfmal so viel, wie es jedem Erdenbürger zusteht, ausstoßen. Bei der Frage der CO_2-Bilanz sollte man jedoch nicht nur in der Gegenwart bleiben, sondern nie vergessen, dass die CO_2-Partikel für mehrere hundert Jahre in der Atmosphäre bleiben und somit das Klima der Erde auch in Zukunft verändern. Gleichzeitig ist es wichtig, auch die historische Entwicklung von CO_2-Abgasen zu betrachten. Denn obwohl China heute der größte Kohlendioxidverursacher ist, sind Europa und Nordamerika historisch gesehen für über 70 Prozent aller vom Menschen verursachten Treibhausgase verantwortlich.

Unser Ökosystem kennt aber keine Landesgrenzen und deswegen spielt es für den globalen Klimawandel keine Rolle, wo die Treibhausgase ausgestoßen werden, Leidtragende sind alle Menschen, die Tiere und die Natur. In China selbst sind die ökologischen Schäden immens, und Luft-, Boden- und Wasserverschmutzungen haben in den letzten Jahrzehnten dramatisch zugenommen. Über Shanghai hängt wie über den meisten Städten eine dichte Smogwolke, und das obwohl ich mehr Menschen auf Fahrrädern gesehen habe als irgendwo anders. Überall schießen neue Wolkenkratzer aus dem Boden, man spürt förmlich die Aufbruchstimmung. Nach Jahrzehnten des Beharrens auf der kommunistischen Ideologie hat die Staats- und Parteiführung seit geraumer Zeit zugunsten des Wirtschaftswachstums einen zügellosen Raubtierkapitalismus zugelassen. TaxifahrerInnen tragen weiße Handschuhe, Menschen fahren meterhohe Plastik- und Kartonberge auf Lastenfahrrädern durch die Gegend, die Recyclingquote ist gut, aber leider nicht aus einer freiwilligen Motivation heraus, sondern durch bittere Armut.

Ich schlenderte durch die Straßen und war beeindruckt von dem emsigen Treiben, welches trotz des Wuselns koordiniert abläuft. An jeder zweiten Straßenecke gab es Essensstände, die uns unbekannte gegrillte Tierteile in hunderterlei Variationen anboten. Ohne zu wissen, was wir da eigentlich aßen, probierten wir vieles, und oft schmeckte es sogar gut. Wie bereits gesagt: Mein Credo lautet, offen für Neues zu sein, und das heißt für mich auch, die kulinarische Vielfalt der Kulturen zu entdecken. Mein Mitgefühl für die Tiere war seit Mexiko irgendwo in unbewussten Sphären meines Selbst versunken, was mir im Nachhinein wie ein Augenverschließen vor der Realität erscheint, die ich nicht warhnehmen wollte.

Innerhalb Chinas nutzten wir oft das hervorragende günstige Eisenbahnnetz, welches selbstverständlich keine 1. und 2. Klasse hat, sondern »hard and soft seater«, also harte und weiche Sitze, sowie harte und weiche Betten. Es war verblüffend und gleichzeitig witzig, wie dieses urkapitalistische und auf Wachstum getrimmte Land sein Image als kommunistischer Staat versucht zu konservieren. Wohin wir auch kamen, staunten wir fast überall über die Bauwut, die sogar in den entlegensten Winkeln des Landes ausgebrochen war. Breite Autobahnen wurden gebaut, um den Handel mit den Nachbarländern zu vereinfachen. In der Praxis bedeutete »Handel« aber meist nichts anderes als den Export chinesischer Waren. Der Wille, immer weiter zu wachsen, ging sogar so weit, dass der chinesische

Staat in den Nachbarländern den Bau von Straßen finanzierte, und zwar inklusive chinesischer Arbeitskräfte. Eine dieser Straßen führte durch Laos, um direkten Zugang zum thailändischen Markt zu erlangen.

Mein Wohlstandsleben

Von China aus ging es weiter nach Südostasien, meistens per Autostopp. In Kambodscha hatten wir das besondere Vergnügen, ein Stück weit auf einem komplett überladenen Laster mitzufahren. Wir waren nicht die einzigen, denn als wir auf den Lkw kletterten, saßen ganz oben auf dem Berg von Waren schon ein paar Einheimische. Ohne es geahnt zu haben, befanden wir uns auf unserer romantischsten Mitfahrgelegenheit in Asien, denn direkt über uns funkelten die Sterne, die wir dank der geringen Luftverschmutzung in ihrer vollen Pracht bewundern konnten. Am nächsten Morgen allerdings war es mit der Romantik vorbei. Wir wurden Zeugen, wie rund 20 Personen tatenlos zuschauten, wie ein Mann mit einem Stock wild auf eine Frau einschlug. Zunächst befand auch ich mich im Schockzustand, doch dann schrie ich wutentbrannt den Schläger an und forderte ihn auf, sofort mit seiner Prügelei aufzuhören. Ich war entsetzt, dass niemand sich für die Frau einsetzte. Die öffentliche Gewalt ist ja nur die Spitze des Eisberges, denn der Großteil von Vergewaltigungen und Missbrauch findet hinter verschlossenen Türen statt. Weltweit wurden etwa ein Drittel aller Frauen schon einmal Opfer von körperlichem Missbrauch oder Vergewaltigung. Ich konnte gar nicht anders, als mich schützend vor die Frau stellen, weil es in meiner Weltsicht immer eine bessere Lösung gibt als Gewalt und ich grundsätzlich alles in meiner Macht Stehende tue, um Frieden zwischen Menschen zu stiften, anstatt vor der Ungerechtigkeit meine Augen zu verschließen. Die Welt ändert sich wohl am schnellsten, wenn wir mit unseren Mitmenschen so umgehen, wie wir selbst von ihnen behandelt werden möchten.

Es war das einzige Mal auf unserer Reise, dass wir Gewalt erlebten. Überall sonst, wohin wir auch kamen, begegneten uns die Kambodschaner voller Freundlichkeit und mit einem großen Lächeln. Diese Herzlichkeit erschien uns umso erstaunlicher angesichts des Völkermordes, als das Land in den siebziger Jahren unter der Herrschaft der Roten Khmer stand, dem in nur wenigen Jahren ungefähr ein Viertel der gesamten Bevölkerung auf grausame Weise zum Opfer fiel. Trotz dieser unvorstellbaren Gräueltaten waren die Kambodschaner enorm lebensfrohe Menschen.

Ich erinnerte mich daran, wie ich mich früher öfter über irgendetwas im Grunde Unwesentliches aufgeregt oder beschwert hatte und mir hinterher eingestehen musste, dass meine Problemchen oder Gründe für die Aufregung im globalen Kontext höchst lächerlich erscheinen mussten. Und geradezu wie Hohn mussten sie wirken im Vergleich zu Menschen, die unter Krieg oder Hunger litten. Es war diese Erkenntnis, die ich von Menschen wie hier in Kambodscha zurück nach Europa nahm. Es fordert viel bewusstes Sein und globale Einfühlsamkeit, um für Frieden, Essen, Gesundheit, Freunde, Familie und ein Dach über dem Haupt dankbar zu sein und sich für die wesentlichen Dinge im Leben Zeit zu nehmen.

Während einer Fahrt auf einem schon ziemlich vollen Pick-up kam mir eine schöne Geschichte über einen Philosophieprofessor in den Sinn. In einer Vorlesung präsentierte er seinen Studenten einen großen Blumentopf voller Golfbälle und fragte sie, ob sie den Topf für voll hielten. Ja, lautete die einstimmige Antwort. Daraufhin füllte der Professor eine ganze Kiste voller Kieselsteine in den Topf und stellte seiner Zuhörerschaft abermals die Frage. Wieder bekam er ein Ja zu hören. Als nächstes kippte er einen Beutel feinen Sand hinzu und erneut bejahten die Studenten seine Frage. Doch erst als der Professor noch den Inhalt von zwei Flaschen Mineralwasser in den Topf schüttete, war dieser wirklich voll. Dann erzählte er den lachenden Studentinnen und Studenten, dass sie den Blumentopf als Symbol für ihr Leben ansehen sollten: Die Golfbälle repräsentierten das Wichtigste in ihrem Leben, also Familie, Kinder, Freunde, Gesundheit, Liebe und alles andere, was sie aus vollem Herzen und mit Leidenschaft gerne täten und was sie, selbst wenn ihnen alles genommen werden würde, trotzdem noch erfüllen würde. Die Kieselsteine standen für ihre Arbeit, ihre Wohnung oder ihr Haus und sonstige materielle Dinge und der Sand für alle anderen Kleinigkeiten.

Der Professor erklärte, wenn wir Menschen in unserem Leben enorm viel Energie und Zeit für Kleinigkeiten aufbringen, kein Platz mehr bliebe für die wichtigen Dinge. Er appellierte an seine Studenten, Prioritäten zu setzen und sich Zeit für das Wesentliche in ihrem Leben zu nehmen, mit ihren zukünftigen Kindern zu spielen, Zeit für außergewöhnliche und schöne Dinge zu reservieren und auf ihre Gesundheit zu achten. Am Ende würde immer noch genug Zeit bleiben, um aufzuräumen oder andere Pflichten zu erledigen.

Wie der Blumentopf füllte sich die Ladefläche immer weiter. Mittlerweile setzte sich unsere Gemeinschaft schon aus mehreren schwangeren Frauen, Kleinfamilien und älteren Menschen zusammen. Am Ende waren wir fast 30 Personen und es schien uns undenkbar, dass wir noch mehr werden könnten. Doch alles ist möglich, wenn wir Menschen nur wollen. Tatsächlich nahm der Fahrer noch mehr Passagiere auf, und da wir nicht mehr alle sitzen konnten, standen wir und noch ein paar andere einfach auf, so dass wirklich alle Platz fanden.

Zum Tanken hielten wir an einem kleinen Holzregal an der Straße. Es war gefüllt mit alten Getränkeflaschen und daneben standen ein paar größere Kanister. Der Fahrer sog einmal kräftig an einem Plastikschlauch, um das Benzin aus dem Kanister in den Tank zu füllen. Wieder einmal wurde mir klar, wie verwöhnt wir in Europa sind. Immer mehr begriff ich, wie unermesslich bequem unser Leben eigentlich ist. Ich bin in einem privilegierten Teil der Welt aufgewachsen, die ich zwar ungerne »Erste Welt« nennen mag, doch auf vielen Ebenen herrscht dort tatsächlich eine von der Realität vieler Menschen abgehobene Lebensweise. Für mich gehörte ständig verfügbares Leitungswasser in Trinkqualität zum Durstlöschen wie zum WC-Spülen einfach zum Alltag. In Europa nahm ich all den Luxus als Selbstverständlichkeit an, ohne ihn zu hinterfragen. Erst hier wurde mir klar, dass auch Toiletten zu den Luxusgütern gehören. Obwohl es für die Touristen sowie die wohlhabendere Gesellschaft Asiens auch die edlen weißen Sitzklos gab, mussten wir feststellen, dass die große Mehrheit über überhaupt keine sanitären Einrichtungen verfügte und im besten Fall mit einer schäbigen Latrine mit einem kleinen Rinnsal oder einem Eimer Wasser auskommen musste. Weltweit leben über 2,5 Milliarden Menschen ohne Zugang zu ordentlichen sanitären Anlagen.

Menschen, die diesen bequemen Überflusslebensstil schon von klein auf erleben und sozusagen als gottgegeben annehmen und ihn nicht in Relation setzen zu den Lebensbedingungen, die im großen Rest der Welt herrschen, fällt es in der Regel schwer, ihre Sonderstellung als wahren Luxus wahrzunehmen. Auch ich selbst gehörte zu diesen Menschen und nur langsam dämmerte es mir, dass ich von der ersten Minute meines Lebens an zu den 10 Prozent der privilegiertesten Menschen gehörte, die zumindest auf materieller Ebene auf Kosten anderer leben. Zu leicht fiel es mir, mit dem Finger oder zumindest in Gedanken auf diejenigen zu zeigen, die große spritfressende Autos fuhren, übermäßig konsumierten, in im Grunde viel zu großen Häusern und Anwesen lebten und ständig und noch dazu erster Klasse rund um den Globus flogen. Es war so leicht, immer nur andere für die Misere der Welt verantwortlich zu machen und mich so in einer reinen Weste zu wähnen. Zu leicht war es, Menschen, die mehr als ich besitzen, verbrauchen und verschwenden, als die wahrhaft Schuldigen an allem Übel abzustempeln, um mich selbst aus der Affäre zu ziehen. Zu lange hatte ich das Spiel, mir selbst etwas vorzumachen und als Saubermann zu sehen, gespielt, zu lange habe ich meinen Egoismus durch das noch egoistischere Verhalten anderer heruntergespielt. Ich hatte ein gewisses Talent darin entwickelt, mich selbst zu belügen und so ein gutes Gewissen zu haben, um einfach das weiterzumachen, was ich liebte zu tun. Vielleicht war ich einfach zu selbstverliebt, um Kritik an mich heranzulassen, oder schlichtweg zu ignorant, der Realität in die Augen zu schauen. Ganz gleich, warum ich blind und abgehoben durch die Welt ging, in mir wuchs der Wunsch nach grundlegender Veränderung, nach mehr Authentizität, mehr Wahrhaftigkeit und Harmonie zwischen dem, was ich für die Welt wollte, und dem, wie ich mich in der Welt verhielt.

Zum Abschluss unserer gemeinsamen Reise ging es auf eine der Inseln im Süden Thailands. Es scheint mir heute etwas befremdlich, wenn ich daran zurückdenke, wie ich zusammen mit Emanuel auf einem geliehenen Motorrad über die Insel donnerte, ungesunde Milchshakes und überzuckerten Ice Tea konsumierte. Aber es war und ist immer noch Normalität, wir verhielten uns nicht anders als alle anderen Freizeittouristen, fühlten uns wohl dabei, hatten unseren Spaß – und billig war es auch noch. Wir verschwendeten keinerlei Gedanken an eventuelle Folgen für die einheimische Bevölkerung, die Umwelt und die Tiere. Dass irgendwo durch unsere Sause jemand in Mitleidenschaft gezogen werden könnte, war kein Thema. Im Gegenteil dachte ich, ich würde die Menschen durch mein mitgebrachtes Geld unterstützen und ihnen sogar eine Freude machen. Wir waren richtig stolz darauf, für gerade einmal 1,50 Euro die Hütte am Strand pro Nacht zu mieten und für weniger als 2 Euro pro Tag das Motorrad. Geiz war geil und je billiger, desto besser. Dabei gehörten wir noch zu denen, die sparsam waren und verglichen mit den anderen Backpackern nicht so viel konsumierten oder nur manchmal ein Motorrad ausliehen.

Wir konnten gut in den Moment eintauchen, abschalten und einfach nur genießen, auch ohne großen Luxus und vor allem ohne an die

Vergangenheit oder die Zukunft zu denken. Das Ausblenden der Realität fiel mir nicht schwer, und ich war gut darin, Argumente zu finden, um angesichts meiner so gern postulierten Ideale zu bestehen. Wie in Europa, wo es immer Menschen gibt, die mehr konsumieren als man selbst, fand ich auch hier eine ideale mentale Stütze, um mein Handeln vor mir selbst zu rechtfertigen. Nämlich in den Touristen, die mit ihrem Geld nur so um sich warfen – *ich* war ja schließlich der umweltschützende Reisende.

Es sollten noch viele Jahre vergehen, bis mir die Zusammenhänge zwischen meinem Handeln und dem Einfluss auf andere Menschen und unseren Planeten bewusster wurden.

Es war eine gute Zeit, unkompliziert, leicht und vielleicht nach meiner Kindheit die unbeschwerteste überhaupt. Ich fühlte mich frei, unbelastet von Sorgen oder Ängsten jeglicher Art. Mir kam es vor, als gehörte mir die Welt, als sei alles möglich, wenn ich nur wollte. Die mit Emanuel gemeinsam in Asien verbrachte Zeit schweißte uns zusammen, und in unseren Herzen schafften wir so einen Platz für unvergessliche gemeinsam erlebte Momente.

Die Kreuzschifffahrt

Per Billigflieger reiste ich alleine weiter nach Singapur, wo ich mich mit Lothar verabredet hatte. Gute fünf Wochen straff organisierte Ferien standen auf dem Programm – ein starker Kontrast zu meinen letzten Monaten, aber ich liebte Extreme. Zunächst ging es nach Australien, nach Sydney, zum Ayers Rock und dann per Kreuzfahrtschiff an der Ostküste entlang bis nach Indonesien. Obwohl wir beide sehr unterschiedliche Ansichten von der Welt besaßen, Lothar über 30 Jahre länger auf der Erde lebte und wir komplett andere Lebensrhythmen hatten, kamen wir uns überhaupt nicht in die Haare, im Gegenteil, wir amüsierten uns über unsere Macken.

Ein Tag blieb mir besonders in Erinnerung. Nach einem Ausflug nach Sulawesi, eine der über 17.000 Inseln, aus denen Indonesien besteht, kamen wir in Kleinbussen wieder zurück zum Hafen. Wir waren noch ganz erfüllt von dem herzlichen Miteinander mit den Einheimischen, die uns überall mit großer Freude willkommen geheißen hatten, und von den strahlenden Kindern, die uns zugelacht und zugewinkt und so unsere Herzen berührt hatten. Wir trauten unseren Augen kaum, aber um die Gangway herum hatte sich eine große jubelnde Menschenmenge versammelt und immer mehr Leute strömten in Scharen hin zum Schiff. Wir wussten gar nicht, wie uns geschieht. Die Luft war wie elektrisiert und in den Augen der Menschen war die pure Freude zu sehen. Auf Bahasa Indonesia rief ich so laut ich konnte: »Vielen Dank!« Die Reaktion waren noch mehr Jubelschreie, lachende Gesichter und winkende Hände. Hunderte deutsche KreuzfahrttouristInnen standen an der Reling und weinten vor lauter Rührung und winkten und lachten ihrerseits zurück. Dieses komplett erwartungsfreie, vom Herzen kommende Geschenk berührte uns alle sehr. Was mich am meisten faszinierte, war diese bedingungslose Liebe, Wertschätzung und Freude, die uns die Einwohner von Sulawesi mit ihrer Verabschiedung und damit uns als BesucherInnen ihrer Insel zeigten. Es war sozusagen die Vorhut von dem, was mich da noch in meinem Leben an wundervollen, kostenlos erhaltenen Erfahrungen erwarten sollte, denn bei diesem Erlebnis handelte es sich nicht um eine gestellte Showeinlage, hier war nichts Gekauftes, nichts, was man bestellen oder planen kann, es entstand einfach so und das aus vollem Herzen. Es war diese Authentizität der Freude, die uns alle ansteckte, und das Strahlen der uns völlig fremden Menschen führte auch bei uns zu einem inneren Strahlen, das ganz tief aus uns selbst entstand. Dieses Erlebnis zeigte mir einmal mehr, dass das Schenken von Aufmerksamkeit und Dankbarkeit auf persönlicher Ebene mit hunderten Menschen sogar noch viel stärker seine Wirkung entfalten kann und es nichts Schöneres gibt, als wenn wir Menschen einander mit Achtsamkeit und Mitgefühl begegnen.

Nach diesem Höhepunkt der Reise wurde ich jedoch abrupt auf den Boden der Tatsachen zurückgeholt, als ich erfuhr, dass Kreuzfahrtschiffe pro Tag bis zu 250.000 Liter Schweröl verbrauchen und somit ungefähr dieselbe Menge an Schadstoffen ausstoßen wie fünf Millionen Autos auf der gleichen Strecke.

Obwohl ich mich schon damals als umweltbewusster Mensch sah, waren mir die Ausmaße meines in vielerlei Beziehung alles andere als nachhaltigen Lebensstils nicht annähernd bewusst. Mir fehlten noch viele Informationen und vor allem der Wille zur freiwilligen Einschränkung meines Lebensstils.

Meine Zeit als Vielflieger

Nach meiner Rückkehr nach Europa wollte ich noch zusammen mit meinem Bruder Benedict unseren mittleren Bruder Emanuel in Peru während seines Auslandszivildienstes besuchen. Im Nachhinein komme ich mir ein bisschen wie ein Jetsetter vor und staune, wie unreflektiert und quasi blind ich einfach durch die Weltgeschichte geflogen bin.

Ich glaube, wir alle sind ganz gut in der Kunst, unser Verhalten in egal welcher Situation zu erklären, ja, zu rechtfertigen und für uns so zurechtzurücken, dass wir kein schlechtes Gewissen haben. Das ist eine auf der persönlichen Ebene sehr effektive und weit verbreitete Überlebensstrategie, die für einen selbst sehr gut funktionieren kann, solange man sich mit unbewusstem Verhalten zufriedengibt und nicht hinterfragt. Getreu der alten Devise »Was man nicht weiß, macht einen auch nicht heiß« stellt sie eine gute Schutzfunktion für das persönliche Wohlbefinden dar, erweist sich aber als eine gefährliche Zeitbombe, wenn sie von hunderten Millionen Menschen auf der ganzen Erde praktiziert wird. Am Ende ist es eine Entscheidung zwischen den eigenen egoistischen Interessen und dem Nutzen für die ganze Gesellschaft, für zukünftige Generationen und für alle anderen Lebewesen auf diesem wunderbaren blauen Planeten, auf dem wir eigentlich nur Gast sind, aber uns im Allgemeinen eher so verhalten, als ob er unser Eigentum wäre.

Meine Gedanken drehten sich zu der Zeit darum, was ich mir leisten konnte. Ich hatte ja immer noch genügend Geld zur Verfügung und ich fand, es sei mein Recht, damit zu machen, was ich wollte und wovon ich meinen persönlichen größtmöglichen Nutzen hatte. Mir war es wichtig, etwas zu erleben, die Kulturen der Welt ein wenig besser zu verstehen und dabei Abenteuer, Freude und die Pflege von Freundschaften miteinander zu vereinen. Ich versuchte, Freunde, Bekannte und Menschen, denen ich begegnen durfte, von der Leichtigkeit des Lebens zu überzeugen, sie zu motivieren, auch ihre Träume zu leben, einfach auf ihr Herz zu hören und sich von Konventionen und Erwartungen seitens des Elternhauses und der Gesellschaft zu befreien. Es gab nur wenige Menschen, die mir einen Spiegel vorhielten und mich in meinem Tun hinterfragten oder mich durch ihren persönlichen Verzicht auf Luxus zum Nachdenken anregten. Einer von ihnen war mein Vater. Er rieb es mir zwar nicht ständig unter die Nase, doch ab und zu sagte er mir sehr deutlich, dass trotz meines grundsätzlich ökologisch durchdachten Lebensstils die Fliegerei alle Bemühungen, einen nur kleinen CO_2-Fußabdruck zu hinterlassen, zunichtemachen würde. Damals gab ich ihm natürlich nur in Maßen recht, fühlte ich mich doch als Umweltschützer, weil ich schließlich penibel den Müll trennte, in der Stadt lieber mit dem Fahrrad als mit dem Auto unterwegs war, verhältnismäßig wenig konsumierte und nicht einmal ein Handy besaß.

Meine Selbstschutztaktik ging prima auf. Ich hatte keine großen Gewissensbisse und da ich in meinem Freundes- und Bekanntenkreis, lässt man das Fliegen einmal außen vor, auch noch einer der umweltbewussteren Menschen war, fehlten mir auch Anreize, mich ökologischer zu verhalten. Es mangelte mir an Vorbildern, die mich in meiner so von mir zurechtgedachten »heilen« Welt wachrüttelten. Es gab einfach niemanden in meinem Umfeld, der meinen Ansatz zu einem ökologischen Leben mit meiner Inkonsequenz in meinem Verhalten konfrontierte und mich zum Nach- und Umdenken angeregt hätte.

Studium in Den Haag

Wieder zurück von diesen Reisen, die mir Einblicke in andere, meist materiell ärmere Kulturen geschenkt hatten, war es an der Zeit, mit einem Studium zu beginnen. Meine Entscheidung fiel auf die Hochschule von Den Haag, die mich bei den Offenen Tagen so begeistert hatte. Von Anfang an fühlte ich mich hier heimisch. Ich war umgeben von Menschen aus aller Welt, ihren verschiedenen Sprachen und von der freundlichen Atmosphäre, die ich unter meinen Kommilitoninnen und Kommilitonen erlebte. Da es in der Hochschule viele Präsentationen und Gruppenarbeiten gab und mich viele Themen interessierten, lernte ich rasch viele nette Menschen kennen. Umgeben von hunderten AustauschstudentInnen genoss ich das Leben, als ob ich selber einer wäre. Im zweiten Semester übernahm ich zusammen mit meiner besten Freundin Rebekka die Organisation für die Erasmus-AustauschstudentInnen und tat alles, damit sich die Neuankömmlinge in der Stadt und in der Hochschule geborgen fühlen. Wir planten Ausflüge, kulturelle Veranstaltungen, Partys und kleine Reisen auf die schönen holländischen Inseln. Mein Studium stand von Anfang an an zweiter Stelle, denn ich hatte mehr Freude daran, anderen Menschen zu helfen.

Ich lernte wunderbare Menschen aus der ganzen Welt kennen, mit drei von ihnen verband mich aber mehr als mit allen anderen. Benjamin aus Frankreich, Rebekka aus Deutschland und Nicola aus Italien wurden meine besten Freunde, wir waren echte Seelenverwandte und sollten noch viel gemeinsam erleben dürfen.

Das Studium allerdings empfand ich als viel zu theoretisch und der Stoff, den wir lernen sollten, war mir, wie auch die meisten Lehrenden, zu unkritisch. Zum Glück waren die Prüfungen meist relativ leicht und die meisten Aufgaben ließen sich mit überschaubarem Zeitaufwand erledigen, zumindest wenn man nicht an einer guten Benotung interessiert war. Mein Herz hing nun einmal nicht an meinen Noten, sondern an der Austauschorganisation, in die ich zusammen mit Rebekka jede freie Minute steckte. Wir bekamen die vorgestreckten Beträge zwar irgendwann zurück, dennoch war ein gewisses Risiko dabei. Denn schon damals musste ich feststellen, wie unglaublich bürokratisch bestimmt unsere Gesellschaft eigentlich ist. Um nicht durch Papierberge, das Formulieren von Anfragen an diverse universitäre Verwaltungsstellen, das Warten auf *Antwort* und so weiter behindert zu werden, entschlossen wir uns kurzerhand, das Ruder selbst in die Hand zu nehmen und sogar jede Menge Geld vorzustrecken.

Mein Geld verdiente ich in dieser Zeit bei Zeitarbeitsfirmen, auf Messen und in Restaurants. Ich liebe die ausgeprägte Fahrradkultur in Holland. Im Gegensatz zu weiten Teilen in Deutschland machen hier fast überall gut ausgebaute und breite Fahrradwege diese umweltfreundliche und gesundheitsfördernde Art des Fortbewegens zu einem echten Vergnügen.

Mein erstes Auto

Nach anderthalb Jahren im schönen Den Haag am Meer ging es endlich wieder zurück nach Mexiko. Während meines Auslandssemesters in Puebla fuhr ich praktisch überhaupt kein Fahrrad, sondern kaufte mir zusammen mit Rebekka einen alten VW Käfer. Das erste und einzige Auto, das ich, zumindest zur Hälfte, mein Eigen nannte und nennen werde. Auch wenn sich durchaus ein Gefühl der Freiheit einstellte, wenn wir durch das traumhafte Land fuhren und den Wind durch unser Haar streifen ließen, war dieser Besitz von Anfang bis Ende ein echter Ballast. Auch wenn das Auto an sich nicht besonders teuer war, mussten wir ständig irgendwelche Kosten decken. Dazu gehörten die Anmeldung des Wagens, Abgasuntersuchungen, eine Art korrupter TÜV, Mautgebühren, kleine und größere Reparaturen, Steuern und natürlich ständig Benzin. In Deutschland belaufen sich die durchschnittlichen Kosten pro Monat auf über 500 Euro pro Pkw, bei größeren Autos können es schnell über 1000 Euro werden. AutofahrerInnen bezahlen so in ihrem Leben um die 330.000 Euro für ihre Autos und diverse Nebenkosten. Dabei werden weniger als 80.000 Euro für das Tanken fällig, also weniger als ein Viertel aller Gesamtkosten, die ein Auto verursacht. Als grobe Faustregel kann man die monatlichen Benzinkosten mal vier nehmen, um sich über die ungefähren realen Kosten eines Autos klar zu werden. Dies gilt auch für die Umweltbelastung, die sich nicht nur auf die Abgase aus dem Auspuff beschränkt, sondern weitaus größer und komplexer ist. Ganz zu schweigen von dem Bau der Infrastruktur für die Automobile, die zumindest in Deutschland gratis zur Verfügung steht und dementsprechend auch nur bei genauerem Hinschauen die realen Kosten der Autowelt deutlich macht.

Kuba – Eine antikapitalistische Oase

Ich nutzte die Nähe Mexikos zu Kuba und stattete der Karibikinsel mit meinem langjährigen und besten Freund Mario einen Besuch ab. Ich war beeindruckt von dem Land, und das nicht nur, weil die Menschen, die ich dort traf, neben ihrer Herzlichkeit über eine unglaublich hohe Allgemeinbildung verfügten. In Kuba ticken die Uhren noch ganz anders, Verschwendung von Ressourcen ist aufgrund des herrschenden Mangels praktisch nicht vorhanden. Flaschen werden, wenn der Hals zerbrochen ist, einfach durchgeschnitten und als Glas weiterbenutzt. Alle Gebrauchsgegenstände, allen voran natürlich die schönen Autos, werden immer wieder repariert, und man spürte förmlich, dass das »Gesetz der geplanten Obsoleszenz« in der kubanischen Gesellschaft keinen Platz hat. Wer ein Auto fährt, das dem Staat gehört, und das sind mehr als die Hälfte aller Fahrzeuge, der ist sogar verpflichtet, andere mitzunehmen. Es werden sogar Listen darüber geführt, wer wohin will, damit auch alle mitgenommen werden und ihr Ziel erreichen.

Werbung für Produkte oder Dienstleistungen gibt es hingegen überhaupt keine. Es war befreiend, nicht ständig schreiend bunte Anzeigen zu sehen, die uns suggerieren sollen, dass wir unbedingt dieses oder jenes Produkt kaufen müssen. Weltweit belaufen sich die jährlichen Werbeaufwendungen auf rund 500 Milliarden US-Dollar. Das ist fast ein Drittel aller Rüstungsausgaben weltweit. Auch hier hat die kapitalistische Gesellschaft in den letzten Jahren eine gigantische Industrie aufgebaut. Wie viele Billionen Dollar wir Menschen zusätzlich ausgeben, nachdem uns die Werbung zum Konsum verleitet hat, ist mir nicht bekannt, aber ganz sicher ein Vielfaches des weltweiten Werbeetats. Aber irgendwie müssen die Waren an den Mann gebracht werden: Jedes Jahr produzieren wir weltweit um die 350 Millionen PCs, 90 Prozent davon stammen aus China. Wir kaufen fast 1,9 Milliarden Mobiltelefone und über 20 Milliarden Paar Schuhe pro Jahr, obwohl wir meist schon passende Schuhe und ein funktionierendes Handy besitzen. Die Kubaner hatten es geschafft – beziehungsweise leiden darunter –, dass sie diesen Konsumluxus nicht mitmachen. Anstatt Werbetafeln großer und kleiner Konzerne gab es nur hier und da ein Parteiplakat, ein Bild von Che Guevara, einen Spruch oder eben ganz ernst gemeinte Antikonsum-Werbung: »Bitte konsumiere nur so viel, wie Du brauchst«, »Sei sparsam mit den Ressourcen, wir haben nur einen Planeten«. So etwas hatte ich noch nie zuvor gesehen. In Kuba herrschte ein ganz anderer Umgang mit den für uns so alltäglichen Gebrauchsgegenständen, der mich zum Nachdenken brachte. Obwohl Fidel und Raúl Castro meinen, nur das Beste für die Kubaner zu wollen, ist es leider kein Konsumverzicht aus freien Stücken, aus innerer Motivation, sondern oft nichts anderes als eine Notlösung aufgrund der Mangelwirtschaft. Echte Nachhaltigkeit, die auch erfüllt und glücklich macht, kann nur durch Einsicht und aus einer freien Entscheidung entstehen. Sonst passiert es wie fast überall auf der Welt: Dort, wo Menschen wenige materielle Dinge ihr Eigen nennen, ist der Konsumwunsch besonders stark ausgeprägt.

Was mich allerdings am meisten beeindruckt und gefreut hat, war die Verbundenheit und wahrhaft klassenlose Gesellschaft, die ich in Kuba wie nirgendwo sonst auf der Welt erlebt habe. Im Gegensatz zu vielen lateinamerikanischen Ländern haben die Menschen hier zwar alle wenig, aber nahezu alle verfügen über das Nötigste und dazu über ein sehr gutes Gesundheits- und Bildungswesen. Auf den zahllosen Lkws, bei denen Mario und ich mit vielen KubanerInnen gemeinsam auf der Ladefläche saßen oder standen, begegneten wir ProfessorInnen, StudentInnen und ÄrztInnen ebenso wie StraßenfegerInnen, SoldatInnen und vielen anderen Berufsgruppen. Wir hatten das Gefühl, dass sich die Menschen hier einander auf einer Wellenlänge begegneten und niemand auf die anderen herabschaute. Alle sprachen miteinander, die Hautfarbe spielte keine Rolle und alle waren sich nahe und halfen einander, wo immer es möglich war.

Wieder in Den Haag machten Nicola, unser Freund Lars und ich uns an die Realisierung unseres Traumes: Einer Fotoausstellung in der Haagse Hogeschool. Zusammen mit dem Kulturbüro der Uni hatten wir die Idee schon lange vor dem Austauschsemester entwickelt und besaßen nun tatsächlich das Geld für die künstlerische Umsetzung der Fotos aus aller Welt. Allein in Europa gibt es mehr als 110 000 gemeinnützige Stiftungen, die zusammen ein Vermögen von rund 350 Milliarden Euro verwalten. Wir hatten das Gefühl, dass das Geld bei vielen Menschen und Einrichtungen nur darauf wartet, endlich ausgegeben zu werden.

Die Ausstellung sollte Ausdruck sein für die multikulturelle Viel-falt, die es an der Uni und in der Welt gibt, und den ZuschauerInnen Lust auf andere Länder, Menschen und das Reisen machen. Fortan schmückten die über 50 Fotos auf 10 Metern Höhe das große ova-le Atrium. Ursprünglich war die Ausstellung auf einem Monat be-grenzt, doch da alle sehr zufrieden und glücklich waren, wurde sie verlängert und wieder verlängert, bis man sich entschloss, die schö-nen Fotos einfach hängen zu lassen, da sie dem ganzen Gebäude mehr Farbe und Leben einhauchten.

3. Auf dem Weg zu meiner Berufung

Um meine Sprachkenntnisse zu verbessern, traf ich mich regelmäßig mit verschiedenen PartnerInnen zum Sprachtandem. Schon seit Jahren liebe und praktiziere ich diese wunderbare Art und Weise, sich gegenseitig zu helfen und voneinander nicht nur Sprachen zu lernen, sondern Menschenkenntnis zu gewinnen und einfach zusammen Freude zu haben. Voneinander lernen ist genauso schön wie sich beschenken zu lassen oder selbst zu schenken, nur eben dass es sich um nicht materielle Geschenke handelt. Eines Tages stand ich in meiner Küche und erklärte gerade auf Italienisch, wie sehr ich mich auf meinen Kurztrip nach Italien freue, gleichzeitig aber kein gutes Gefühl bei dem Flug habe. Meine Tandempartnerin fragte mich, ob ich unter Flugangst leide. Im Gegenteil, dachte ich, ich liebe es zu fliegen. Allerdings hatte sich in den letzten Jahren viel in mir getan und ich flog zwar noch, aber von Mal zu Mal wurde mein schlechtes Gewissen größer. Ihre Frage nach der Angst war aber völlig berechtigt. Mir wurde bewusst, dass viele Dokumentarfilme, Diskussionen und die Beschäftigung mit meinem ökologischen Fußabdruck etwas bewirkt hatten. Da der Begriff vielleicht nicht jedem auf Anhieb geläufig ist: Der ökologische Fußabdruck ist der umfangreichste Nachhaltigkeitsindikator, bei dem alle natürlichen Ressourcen berücksichtigt werden, die wir zum Wohnen und bei unserem Konsumverhalten (Waren, Lebensmittel, Mobilität und Dienstleistungen) in Anspruch nehmen. Aus den Zahlen wird dann die Fläche berechnet, die wir mit unserem Lebensstil auf der Erde beanspruchen. Der Mittelwert der Weltbevölkerung liegt derzeit bei 2,7 Hektar (ha) pro Person, obwohl uns nur 1,8 ha zur Verfügung stehen. Der europäische Mittelwert liegt sogar bei 4,7 ha. Da aber in Europa nur 2,2 ha pro Person zur Verfügung stehen, leben die Menschen in Ländern mit einem großen ökologischen Fußabdruck auf Kosten anderer Weltregionen, die noch nicht so viel Land und Rohstoffe in Anspruch nehmen. Im Klartext bedeutet es, dass die westlichen Länder über ihre eigenen Verhältnisse leben – und oft weit mehr als das Doppelte an Landfläche und Ressourcen verbrauchen, als ihnen zustehen.

Kurz gesagt: Mir war das Thema nicht mehr gleichgültig – und Bewusstsein ist bekanntlich der erste Schritt hin zu mehr ganzheitlichem Handeln. Ich spürte, dass ich etwas unternehmen musste, um mehr von diesem Bewusstsein zu schaffen, und ich wusste, dass ich eine meiner Berufungen gefunden hatte. Mir schwebte vor, eine Organisation zu gründen, die der Bekanntmachung von Fakten und wissenschaftlichen Erkenntnissen gewidmet sein sollte, die uns Menschen darauf aufmerksam machen sollte, wie wir alle miteinander und mit unserer Umwelt zusammenhängen, wie wir für den Klimawandel mitverantwortlich sind und was wir tun können, um immer mehr so zu leben, wie wir es vom ganzen Herzen her auch vertreten können. Begeistert und voller Vorfreude sprach ich noch am gleichen Abend mit Benjamin, den ich fast täglich sah. Kurze Zeit später traf ich mich mit ihm und Nicola und es geschah etwas Außergewöhnliches.

Es passierte in einer kühlen Novembernacht des Jahres 2008. In einem kleinen Zimmer in Den Haag, wo ich seit Anfang 2007 wohnte, träumten wir drei gemeinsam von einer Organisation, die sich für Bewusstsein, Frieden und Nachhaltigkeit einsetzen würde. Ziel unseres Trios war es, den Wandel der Gesellschaft voranzutreiben, die Welt ein wenig zu verbessern, aber vor allem – ganz nach Gandhi – selbst den Wandel zu leben, den wir in der Welt sehen wollen!

Ich war offen, sensibel und neugierig genug, mein eigenes Handeln kritisch zu hinterfragen. Ich war mehr als jemals zuvor bereit, die längste Reise meines Lebens anzutreten – die zu mir selbst! Während der Weihnachtsferien in Berlin sah ich ein paar weitere Dokumentarfilme, die mich nachhaltig veränderten. Zunächst war da der über das Internet kostenlos vertriebene Film *Zeitgeist*, eine unglaublich sehenswerte Dokumentation, die einige höchst brisante Themen anschneidet, unter anderem das Thema Geld und Schulden. Es mag unglaublich klingen, aber mir kam es vor, als ob in meinem Inneren ein Licht aufging. Kurios war, dass ich das Gefühl hatte, als trüge ich viele Themen und Fragen des Films bereits in mir, zwar noch nicht so recht ausformuliert, aber doch immer stärker greifbar.

Ich war sehr offen für Neuland. Wie andere Menschen shoppen gehen, konsumierte ich fundierte Systemkritik, und mir wurde bewusst, dass ich am Anfang eines neuen Lebensabschnitts stand. Der Dokumentarfilm *Let's Make Money* über die Auswüchse des globalen Finanzsystems machte mir noch deutlicher, wie krank und pervers unser Kapitalismus ist und wie sehr ich selbst mit meinem Geld in Dinge verstrickt bin, von denen ich zwar keinen blassen Schimmer hatte, die mir aber auf jeden Fall grausam und unmenschlich vorkamen. Meine eigene Teilverantwortung für die Misere in der Welt wurde mir immer stärker bewusst, die preisgekrönte Dokumentation *The Corporation* zeigte mir anschaulich, wieso Konzerne sich wie Psychopathen verhalten. Immer klarer wurde mir, dass es zu einfach war, nur die Konzerne und deren CEOs und bestimmte Staaten für die missliche Lage der Welt verantwortlich zu machen, denn wir sind alle Teil des Systems, ob wir wollen oder nicht. Wir unterstützen die Firmen durch unsere direkte Arbeitskraft oder einfach durch unseren Konsum der von ihnen angebotenen Dienstleistungen und Produkte. Es war der Beginn meines mentalen Geldstreiks, denn mit all dieser Ungerechtigkeit wollte ich nichts mehr zu tun haben. Selbstverständlich blieb dieser Schritt zunächst ein reines Gedankenspiel und noch weit von der Praxis entfernt, aber es war, als ob ein Samen gewässert wurde, der von nun an ständig wuchs. Den letzten Ruck gaben mir *Unser täglich Brot* und *We Feed the World*, zwei Filme, die sich mit unserem Umgang mit Lebensmitteln und besonders mit der Massentierhaltung beschäftigen. Ich war entsetzt von dem, was ich da sah, und schlagartig wurde mir bewusst, dass ich unter keinen Umständen diese unwürdige und qualvolle Tierindustrie weiter unterstützen wollte. Es dauerte viele Jahre, bis ich aus meinem Mitgefühl mit den Tieren, das immer in mir vorhanden war, die einzig logische Konsequenz zog und ich endlich mein Flexitariersein aufzugeben bereit war, um mich fortan vegetarisch zu ernähren.

Voller Tatendrang sollten wir im Januar 2009 das Statut der *Locomotive Organisation* schreiben. Bei dem Namen dachten wir einerseits natürlich an eine Lokomotive, die auf dem Gleis in Richtung Wandel fährt und andere mitzieht. Außerdem ist *loco* das spanische Wort für »verrückt« – oder »ver-rückt«, also wenn etwas einfach nicht so steht, wie es stehen soll. Der Name war für uns ein Symbol des Aufbruchs in eine neue Zeit. Wir stellten uns vor, dass die Lokomotive alleine in Bewegung bleiben wird, wenn wir sie erst einmal auf den Weg gebracht haben.

Italien – Der ökologische Fußabdruck von Getränkeflaschen

Ende Januar 2009 ging ich nach Padua, um hier in Oberitalien bei der *Legambiente*, der größten italienischen Umweltorganisation, ein Praktikum zu absolvieren.

Von der italienischen Mentalität war ich von Beginn an begeistert, alles war ein wenig stilvoller und sinnlicher. Auch wenn ich keinen einzigen Kaffee in Italien trank, gefielen mir die unzähligen Bars mit ihren dutzenden Arten der Kaffeezubereitung, wo die ItalienerInnen sich einfach an den Tresen stellen, einen Moment inne halten, während sie rasch einen Espresso oder einen Cappuccino zu sich nehmen.

Ein Großteil meiner Arbeit bestand leider aus eher langweiligen Tätigkeiten wie dem Übertragen von Adressen und Telefonnummern von Papier in den Computer. Zum Glück gab es aber auch viele praktische Aufgaben, und die hatten mir schon immer besser gefallen. Ich freute mich, Menschen zum Fahrradfahren zu animieren, mobile Fahrradwerkstätten aufzubauen sowie die Italiener nach ihrem Wasserkonsum zu befragen.

Wir alle haben schon in Flaschen abgefülltes Mineralwasser gekauft, doch ich war mir nicht bewusst, dass dieses Wasser oft mehr als 1000-mal mehr kostet als das in den meisten europäischen Ländern gut genießbare Leitungswasser. Die Italiener sind traurige Europameister, was das Trinken von Mineralwasser anbelangt, denn im Schnitt konsumieren sie pro Kopf und Jahr 180 Liter Flaschenwasser. Dabei ist die Wasserqualität aus der Leitung oft genauso gut oder teilweise noch besser als in Deutschland. Aber auch ein Wasserfilter würde im Vergleich mit einer Wasserflasche nur einen Bruchteil der dafür aufgewendeten Ressourcen verbrauchen.

Wäre es eine Disziplin, in Flaschen abgefülltes Mineralwasser zu verkaufen, würden die italienischen Firmen den ersten Preis gewinnen, ganz vorne läge die Marke S.Pellegrino, welche mittlerweile in über 130 Länder exportiert wird. Das Abfüllunternehmen Sanpellegrino gehört zum weltgrößten Nahrungsmittelkonzern Nestlé. Die Firma mit Sitz in Vevey in der Schweiz ist eines der profitabelsten Unternehmen der Welt und weiß genau, wie sich mit Lebensmitteln viel Geld verdienen lässt. Besonders in den ärmsten Regionen der Welt geht der Konzern skrupellos vor und arbeitet mit korrupten Regierungen zusammen.

Über eine Milliarde Flaschen des berühmten Wassers mit dem roten Stern werden jedes Jahr verkauft und mehr als drei Viertel davon gehen ins Ausland. Im Schnitt reisen die Wasserflaschen meist hunderte Kilometer, bevor sie überhaupt gekauft werden, dann noch mal vom Händler nach Hause und bei Pfandflaschen auch wieder zurück. Die Ökobilanz von Flaschenwasser fällt ähnlich aus wie ihr Preis, nämlich bis zu 1000-mal schlechter als das gute alte Leitungswasser. In anderen Worten: Ein Liter Mineralwasser hat einen um den Faktor 1000 bis 2000 größeren ökologischen Fußabdruck als ein Liter Wasser aus der Leitung. Eine ökonomische wie ökologische Katastrophe und vor allem komplett unnötig, natürlich mit Ausnahme der Menschen, die an der Getränkeindustrie verdienen – und das sind nicht wenige.

Angefangen bei den Firmen, die die benötigten Rohstoffe für das Glas oder Plastik fördern, allen voran selbstverständlich die Ölindustrie, quasi das Schmieröl allen wirtschaftlichen Treibens auf Erden. Über 87 Millionen Barrel (1 Barrel = 159 Liter) von dem immer knapper werdenden schwarzen Gold verbraucht die Menschheit derzeit pro Tag. Pro Erdenbewohner sind das etwa 2 Liter Erdöl täglich, wobei es in den reichsten Ländern der Welt zwischen 5 und 10 Liter pro Tag sind und in den ärmeren eher 5 bis 10 Liter im Monat! Bereits im zarten Alter von acht hörte ich meine Eltern sagen, dass Plastik nicht gesund und auf keinen Fall gut für die Umwelt sei. Damals, Anfang der Neunziger, schaute ich mich um und sah nur Holzmöbel, Baumwolltextilien, Edelstahl und hier und da ein wenig Kunststoff. Ich glaubte, wir würden so gut wie überhaupt kein Plastik besitzen und dementsprechend auch nichts mit der umweltschädlichen Ölindustrie zu tun haben. Meine Annahme war falsch und wurde weder in der Schul- noch in der Unizeit widerlegt. Ich lebte mehr als zweieinhalb Jahrzehnte auf der Erde, ohne zu wissen, dass die Kunststoffindustrie lediglich 4 Prozent der aus den Raffinerien kommenden Erdölprodukte benötigt. Meine Annahme, dass ein Großteil des Erdöls für die Plastikindustrie verwandt wird, also für die PET-Flaschen, elektronische Geräte, Kunststoffspielzeug, Textilien, Einkaufstüten und ähnliche Dinge, war nichts weiter als ein Trugschluss.

Wieder zurück zu den Gewinnern und Verlierern der Getränkeindustrie. Selbstverständlich wird Erdöl nicht nur für die PET-Flaschen genutzt, sondern auch beim Abbau der Rohstoffe, die für die Herstellung von Glas benötigt werden. Bagger, Pumpen, Laufbänder, Lkws und viele weitere Geräte kommen für die Produktion einer Glasflasche zum Einsatz. Eine herkömmliche Glasflasche besteht zu mehr als zwei Dritteln aus Sand, genauer aus Quarzsand. Weltweit verbrauchen wir bis zu 15 Milliarden Tonnen Sand pro Jahr, damit ist Sand nach Wasser das meistverbrauchte Wirtschaftsgut der Welt. Dabei kommen die schönen kleinen Kristalle, die in der Industrie verarbeitet werden, meist nicht aus der Wüste, sondern werden von 20 bis 150 Millionen Euro teuren Schwimmbaggern von Meeres-, Fluss- und Seeböden geholt. Mir war nicht bewusst, wie unglaublich viel Sand wir Menschen konsumieren. Es schien mir, also ob ich und die meisten Menschen, die ich kenne, in einer Art Parallelwelt zur Realität lebten. Ich wusste über die wesentlichsten Dinge, um halbwegs eine ganzheitliche Konsumentscheidung treffen zu können, einfach nicht Bescheid.

Um ein normales Familienhaus zu bauen, werden um die 200 Tonnen Sand verarbeitet; in einem größeren Gebäude stecken sogar rund 3000 Tonnen. So sind nicht nur Getränkeabfüllstationen aus Sand, sondern auch die Straßen, auf denen jeden Tag Millionen von Flaschen tausende Kilometer von A nach B gefahren werden. In jedem Kilometer Autobahn stecken mehr als 30.000 Tonnen Sand und in einem Atomkraftwerk, von dem der Strom für die Abfüllanlage stammt, sogar zwölf Millionen Tonnen! Bei meinen Recherchen wurde mir deutlich, wie sehr die Getränkeindustrie mit der Öl- und Sandindustrie zusammenhängt und Konzerne auf Kosten des gesamten Ökosystems Milliardengewinne einfahren. Ständig steigt die Nachfrage nach Sand und das weltweite Handelsvolumen liegt bereits bei über 70 Milliarden US-Dollar. Mit jeder Information verstand ich ein wenig mehr, wieso ein aus dem Hahn abgefüllter Liter Wasser tausendmal umweltfreundlicher ist.

Ein Italiener beantwortete meine Frage, wie viel Liter Wasser er pro Jahr kaufe beziehungsweise aus der Leitung trinke, besonders ehrlich: Er trinke nur Wein, erklärte er. Allerdings besitzt auch die Produktion von Wein einen großen ökologischen Fußabdruck. Ein Liter Wein verbraucht beispielsweise ungefähr 900 Liter an virtuellem Wasser, also das gesamte Wasser, welches zur Erzeugung eines Produkts gebraucht beziehungsweise während des Produktionsprozesses verschmutzt wird.

Erste Begegnung mit dem Veganismus

Schon immer habe ich die Kunst der italienischen Küche geschätzt – ohne Frage eine der leckersten und feinsten in Europa. Viele klassische Gerichte kommen sogar ganz ohne die Zugabe von Fleisch oder Fisch aus, was mich natürlich zusätzlich ansprach. Nun durfte ich zum ersten Mal die italienische Esskultur vor Ort erleben. Das Essen ist den Italienerinnen und Italienern heilig und nimmt bei ihnen einen ganz besonderen Stellenwert ein. Gerne wird während des Essens auch über dessen Zubereitung gesprochen oder über den »richtigen« Namen eines Gerichts diskutiert, von dem es verschiedene regionale Varianten gibt.

Ich war begeistert von Studenten, die sich in ihrer WG tagtäglich einen kulinarischen Höchstgenuss nach dem anderen gönnten. Oft kauften sie ganz bewusst lokales, saisonales und biologisches Obst und Gemüse vom Markt ein. Dort traf ich auch Carlo, einen jungen aufgeschlossenen und herzlichen Italiener, der den Spitznamen »Carlo Vegano« trug. Das war für mich die erste bewusste Begegnung mit einem überzeugten Veganer, der seinerzeit noch ziemlich alleine auf weiter Flur stand, aber immer gerne undogmatisch darüber sprach. Carlos Essen schmeckte mir immer köstlich und er prophezeite mir schon damals, die vegetarische Lebensweise sei der erste Schritt zum Vegansein. Ich solle nur abwarten. Mir schien eine rein pflanzliche Ernährung, ganz ohne Milchprodukte und Eier, damals ein wenig einseitig und für mich selbst nicht umsetzbar. Doch jedes Mal, wenn ich wieder bei Carlo Vegano etwas Feines aß, öffnete ich mich ein wenig mehr der für mich zu diesem Zeitpunkt noch extremen Ernährungsweise.

Obwohl ich »nur« Vegetarier war, spürte ich des Öfteren eine orthodoxe Ablehnung von ItalienerInnen, die mir erzählten, dass Fleischkonsum zu ihrer Esskultur gehöre. Mir wurde klar, wie stark unsere persönlichen Ernährungsgewohnheiten von unserer Familie, unseren Freunden und der jeweiligen Kultur unseres Landes geprägt sind. Wie eine Religion gehört für einige Menschen die Art ihrer Ernährung direkt zu ihrem Sein. Entsprechend empfindlich reagieren sie, wenn sich jemand diesen Essgewohnheiten entzieht und somit in Frage stellt. Es ging dabei gar nicht um die Frage, ob Tiere oder Menschen unter einer nicht vegetarischen Ernährung in Mitleidenschaft gezogen werden, sondern vielmehr, um die Angst, die bei den noch fleischessenden Menschen entsteht, wenn man ihr schon seit der Kindheit antrainiertes Essverhalten in Frage stellt. Die gelegentliche Entrüstung, die mir entgegenschlug, wenn das Thema auf den Vegetarismus kam, fiel oft sehr emotional aus, vermutlich weil wohl jeder Mensch irgendwo in seinem Herzen spürt, dass das Essen von anderen Lebewesen gegen die Natur des Menschen geht. Auch wenn die Allesesser sich meist in keiner Weise unmoralisches Verhalten gegenüber Tieren vorwarfen, reizte es sie doch, wenn sie auf jemanden trafen, der aus freien Stücken und aus Empathie mit anderen Spezies einen Sinneswandel bei seiner Ernährung vollzogen hatte. Wir Menschen tragen in unserem Herzen Liebe für die Lebewesen dieser Welt und jedes Mal, wenn wir bei anderen Menschen sehen, wie gelebte Liebe aussieht, gibt uns das Mut und Hoffnung, diese Liebe auch zu leben. Aber es kann auch zu Abneigung, Verneinung oder Lächerlichmachung kommen, weil wir es als persönliche Attacke gegen unser konditioniertes Sein empfinden und Angst haben, unseres Selbst beraubt zu werden. Ich selber spürte eine leichte Missachtung und

Verdrängung der Thematik, wenn ich mit Carlos »radikalem« Weg konfrontiert wurde, obwohl ich ihn als richtig und ethisch korrekt betrachtete und mich ohnehin vegetarisch ernährte. Vielleicht war der Grund, dass ich noch nicht genügend Kraft besaß, es ihm gleichzutun. Da spielten sicher mein persönlicher Stolz und mein Ego eine große Rolle, weil ich nicht so lebte, dass meine Gedanken und Gefühle mit meinem Tun im Einklang standen.

Carlo hatte mir endgültig die Augen geöffnet. Sein Beispiel beeindruckte mich tief und ließ auch mich in immer stärkerem Maß meine Ernährung in eine vegane Richtung umstellen. Aber in mir war der schon immer vorhandene Samen durch sein wahrhaftes Sein bewässert worden und konnte jetzt langsam reifen. Es folgten weitere Begegnungen mit Menschen, an deren Vorbild ich mich orientieren konnte, und ich las sehr viele Artikel und sah Dokumentarfilme zum Thema. Während meines Legambiente-Praktikums schrieb ich selbst einen Artikel: »Vegetarier – aus Liebe zu unserem Planeten«. Es war mein erster Versuch, möglichst deutlich darauf hinzuweisen, dass, wenn wir das Gleichgewicht unseres Ökosystems aufrechterhalten wollen, es unabdingbar ist, unsere Ernährung umzustellen. Bei meinen Recherchen stieß ich auch auf die berühmte Studie *Livestock's Long Shadow* der Ernährungs- und Landwirtschaftsorganisation der Vereinten Nationen (FAO) aus dem Jahr 2006. Sie besagt, dass mehr als 18 Prozent aller weltweiten Treibhausgase durch die Tierindustrie entstehen. Das sind 5 Prozent mehr als die weltweiten Treibhausgase, die vom Verkehr, also von Autos, Flugzeugen, Zügen, Schiffen usw. ausgestoßen werden.

Warum hatte niemand mir und den meisten anderen Menschen schon viel früher die Augen für diese essenziellen Zusammenhänge geöffnet? Die Kenntnis um diese Zusammenhänge sollte Teil des Alltagswissens sein, genauso wie es mittlerweile in Europa allgemein bekannt ist, dass Plastik und anderer nicht organischer Müll nicht in die Natur gehören (auch wenn sich leider nicht jeder daran hält).

Mich hat es schon immer fasziniert, Menschen mit Informationen wachzurütteln und mit Fakten auf die Realität, in der wir leben, hinzuweisen. Jedes Mal, wenn ich zu den Themen, die mich bewegen, etwas lese oder im persönlichen Gespräch erfahre, mache ich mich daran, weitere Informationen dazu zu recherchieren, vor allem, wenn ich kaum glauben kann, was ich gerade gelesen oder gehört habe. Komme ich zu einem Ergebnis, bin ich froh, weil ich dann das Gefühl habe, wieder ein wenig mehr von der Welt zu verstehen.

Obwohl der Fleischkonsum in Europa in den letzten Jahren stetig abnimmt und die Tageszeitung *Die Welt* darüber schreibt, wie Fleisch »zum Lebensmittel der Unterschicht« wird, wächst der weltweite Fleischkonsum seit Jahrhunderten kontinuierlich. Allein in China hat er sich in den letzten 45 Jahren verzwanzigfacht. Dabei verbraucht die Produktion von jedem Kilogramm Fleisch zwischen 4.000 und 15.500 Litern Wasser und ist für einen höheren Ausstoß von Treibhausgasen verantwortlich als eine Autofahrt von 250 Kilometern. Neben den Umweltschäden, die für Elend bei Menschen und Tieren sorgen, schrieb ich auch über den direkten Zusammenhang von nicht pflanzenbasierter Nahrung und dem weltweiten Hunger von einer Milliarde Menschen. Ich versuchte auf einfache Art und Weise darzustellen, wie der Konsum von Fleisch die drei- bis zehnfache Menge an Getreide verbraucht, die ausreichen würde, um einen Menschen ausgewogen und ausreichend zu ernähren. Aber auch, dass eine zehnfache Menge an Futtermitteln bis zu zehnmal mehr Landfläche, Pestizide, Wasser, Diesel für Traktoren, Flugzeuge und Schiffe und so weiter benötigt. Die Tierindustrie ist für über 80 Prozent der Entwaldung im Amazonasgebiet verantwortlich, um dort Futtermittel anzubauen. Der Großteil des oft gentechnisch manipulierten Sojas und Mais ist für den Export bestimmt, allein in der Europäischen Union stammen um die 80 Prozent aller Eiweißfuttermittel aus Nicht-EU-Ländern.

Mir war selbst nicht bewusst gewesen, wie unglaublich intensiv und in welchem Ausmaß die Tierindustrie in das Ökosystem eingreift, und ich wollte die LeserInnen mit dem Artikel nicht vor den Kopf stoßen. Meine Absicht war es vielmehr, ihnen ganzheitliche Informationen zum Komplex der Tierindustrie zu geben. Nur die Wahrheit kann uns wirklich frei machen, auch wenn sie manchmal sehr schmerzhaft ist. Wenn wir die aktuelle Situation der Welt, für die wir alle unsere Verantwortung tragen, kennen und nicht bloß wertend auf andere zeigen, sondern uns achtsam und mitfühlend verhalten, können wir viel verändern.

Immer mehr Menschen um mich herum änderten ihr Konsumverhalten, und zwar besonders hinsichtlich tierischer Produkte. Viele wurden Vegetarier, andere schränkten ihren Fleischkonsum zumindest erheblich ein. Das erschien mir nur logisch, denn schließlich hatten mich solche Informationen zum Umdenken angeregt – und warum sollten andere Menschen nicht genauso ein Herz für Tiere, ihre Mitmenschen und die Umwelt haben und diese Liebe in Form von Taten zum Ausdruck bringen wollen?

Die Stammzellenspende

Liebe in Form einer Tat konnte ich auch zum Ausdruck bringen, nachdem ich vor ein paar Jahren ein Plakat der Deutschen Knochenmarkspenderdatei (DKMS) gesehen hatte. Die DKMS verfolgt das Ziel, durch Stammzellenspenden Leukämiepatienten ein neues Leben zu schenken.

Meine Entscheidung, Lebensretter zu werden, stand sofort fest. Es dauerte zwar Jahre, bis ich wieder von der DKMS Post bekam, doch dann gleich mit der frohen Nachricht, dass ich in die nähere Auswahl als Spender in Betracht gekommen war. Nach einer Feintypisierung bestätigte sich diese Hoffnung. Ich musste mir ein Medikament spritzen, welches die Konzentration von weißen Blutkörperchen um das Vielfache des normalen Wertes steigen lässt, und dann wurde in einer vierstündigen Prozedur mein Blut viele Male gefiltert, um das pure Leben in Form von quickfidelen Stammzellen zu sammeln. Die beiden Ärztinnen kümmerten sich mit ganzem Herzenseinsatz um mich und lauschten mit einem Strahlen in ihren Augen meiner Lebensphilosophie.

Ich empfand es als große Ehre, einem Menschen eine Überlebenschance zu schenken, und wusste in dem Moment, dass Teilen einfach das schönste Geschenk ist, das man machen kann. Ich war um eine wunderbare Erfahrung in meinem Leben reicher geworden. Als ich dann noch erfuhr, dass die Patientin aus der Schweiz mit meinen Zellen überlebte, war ich überglücklich und wusste, dass dieses Gefühl von Verbundenheit zu unseren Mitmenschen kein Geld der Welt erbringen kann.

Das letzte Halbjahr meines Lebens mit Geld

Während der Semesterferien besuchte ich meine Familie in Berlin und übernachtete bei Fernelly, dem Ex-Freund einer guten Ex-Freundin. Am nächsten Morgen kamen drei Spanierinnen vorbei, die ein paar Fahrräder ausleihen wollten. Nieves kam aus Mallorca und war nur zu Besuch in Berlin. Weil wir mit der Locomotive Organisation nach Barcelona ziehen wollten, dachte ich, dass wir uns vielleicht irgendwann wiedersehen würden. Mein Plan war, am nächsten Tag nach Frankreich zu trampen und gemeinsam mit Benjamin an unserer Abschlussarbeit für die Uni zu schreiben. Aus irgendwelchen Gründen ging ich am Abend noch einmal zurück zu Fernellys WG und von dort aus zusammen mit ihm zu einer Party. Es dauerte keine zehn Minuten und da kam Nieves, die mir den ganzen Tag nicht aus dem Kopf gegangen war, zur Haustür rein. Uns beide zog es wie magisch an und es begann meine längste und schönste Partykonversation, die ich je hatte. Ich fühlte mich so geborgen in ihrer Nähe, so frei und angenommen. Es war Liebe auf den ersten Blick, den ersten Kuss und den ersten Kontakt unserer Seelen. Ich spürte, dass Nieves ein ganz besonderer Mensch war und ich viel von und mit ihr lernen konnte und dass wir gemeinsam wachsen konnten. Es war der Beginn der wichtigsten Beziehung meines Lebens, denn noch nie hatte ich so viel Liebe, Sicherheit und Anziehung zu jemandem gespürt. Ich verschob meine Tramperei um einen Tag und genoss dafür jede Sekunde, die ich mit Nieves hatte. Mir war, als ob die Welt aufgehört hätte, sich zu drehen.

Mit so viel guter Energie und von Liebe beseelt machte ich mich auf den Weg zur Autobahn. Ein Zahnarzt im Ruhestand sagte mir, dass er noch nie zuvor jemanden mitgenommen habe, aber als er mich sah, das Gefühl gehabt habe, einfach anhalten zu müssen. Im Rekordtempo legte ich die 1200 Kilometer zurück und war dankbar, noch am selben Abend wieder meinen Seelenbruder Benjamin in die Arme schließen zu dürfen, der sein Praktikumssemester in Mexiko verbracht hatte.

In den nächsten Wochen und Monaten, die wir zusammen verbrachten, ereignete sich Wunderbares in uns beiden. Wir führten hitzige Diskussionen über das bedingungslose Grundeinkommen und eine Welt ganz ohne Geld. Die Idee einer monatlichen Auszahlung – bedingungslos, unbürokratisch und mit dem Vertrauen der Gesellschaft, dass so die Menschen sich und ihre Fähigkeiten zum allgemeinen Nutzen am besten entfalten können – faszinierte mich, seitdem ich Götz Werner, Gründer der Drogeriemarktkette DM, im Radio über das Thema sprechen gehört hatte. Benjamin hingegen öffnete mir die Augen für eine Welt ohne Geld. Zunächst hing ich noch sehr an der Idee des Grundeinkommens, doch dann war es wie ein Sprungbrett, um noch viel mehr an die Menschen und ihre Fähigkeit zu glauben. Der Traum von einer Welt ohne Geld wurde mit jedem Gespräch mit Benjamin größer, und schon nach kurzer Zeit sah ich in dem Grundeinkommen, wenn überhaupt, nur eine Übergangslösung und glaubte mehr daran, dass wir Menschen irgendwann einmal überhaupt kein Geld mehr brauchen würden. Zunächst war das aber nicht mehr als eine ferne Zukunftsvision.

Meine Beziehung mit Nieves wuchs mit jeder E-Mail und wir fühlten, dass wir unseren Partner fürs Leben gefunden hatten. Wir besuchten uns ein paar Mal und kamen uns immer näher. Das Gefühl, getragen zu werden, sich gegenseitig im Herzen zu haben und aus einem ewigen Brunnen der Liebe zu schöpfen, gab uns Kraft, Sicherheit und innere Ruhe.

Seminare und Vorlesungen hatte ich nicht mehr zu besuchen und konnte mich so ganz meiner Bachelor-Abschlussarbeit widmen: Verhindert die gemeinsame Agrar- und Handelspolitik der Europäischen Union (EU) die Bemühungen der EU die UN-Millenniums-Entwicklungsziele umzusetzen?.

4. Der Beginn der Reise der Menschheit

Innerhalb weniger Wochen bekam ich gleich zwei Hochzeitseinladungen von alten Freunden in Mexiko, und noch dazu beide für März 2010. Weil Benjamin und Nicola zusammen mit mir in meinem kleinen Zimmer wohnten, verbrachten wir sehr viel Zeit zusammen. Mittlerweile war ich an dem Punkt, an dem ich einsah, dass meine Fliegerei in keinster Weise mit meinen ökologischen Ansprüchen vereinbar war. Meinen anfänglichen Gedanken, mit einem günstigen Ticket nach New York zu fliegen, um von dort weiter nach Mexiko zu trampen, gab ich auf. Doch wie sonst nach Mittelamerika kommen? Als wir eines Abends auf meinem Bett saßen, weil es keinen anderen Platz im Zimmer gab, begannen wir davon zu träumen, dass wir auch per Segelboot den Atlantik überqueren könnten. In uns brach ein Feuerwerk der Emotionen aus, gemeinsam träumten wir von einer völlig freien und uns noch unbekannten Art des Reisens, mit dem Vertrauen in unser Schicksal und die Menschen. Kurze Zeit später entschlossen wir uns, die Reise nicht nur so nachhaltig wie möglich zu gestalten, sondern auch ohne Geld durchzuführen, um auf die Verschwendung von Ressourcen aufmerksam zu machen und zu zeigen, dass alles möglich ist, wenn wir nur daran glauben. Eine Idee jagte die andere und innerhalb weniger Tage hatten wir uns ein Projekt erarbeitet, welches wir im Rahmen unserer Locomotive Organisation umsetzen wollten.

Anfangs war die Reise eine reine Kopfgeburt und doch war gerade dieser erste Schritt der wichtigste. Es war pures Vertrauen in unser Schicksal, gepaart mit einem felsenfesten Glauben an die Menschen, die diese Reise überhaupt erst ermöglichen sollten. Viele von unseren Freunden und Bekannten glaubten nicht an die Umsetzbarkeit unseres Traumes, denn wir Menschen schenken meist dem schon hundertmal Gehörten mehr Glauben als einer neuen Wahrheit – unsere Wahrheit war es, durch ein bedingungsloses Vertrauen in den Fluss des Lebens alles erreichen zu können.

Zeit und Ort hörten für uns am 19. Januar 2010 auf. Es war noch kalt draußen auf den Straßen von Den Haag, doch unsere Herzen glühten vor Liebe für die Menschen und unseren Planeten Erde. Wir machten uns auf die Suche nach dem, was uns alle verbindet, erfüllt von dem Wunsch und dem Streben nach Frieden und Einklang mit allem, was ist, und dem Traum, den wir nur zusammen leben können, denn wir sind alle eins, eine große Familie, eine Einheit, ein Ganzes.

Eine Welt in Frieden, fern von Hass, Gräuel, Armut und Leiden wird oft als Utopie bezeichnet, doch ich glaubte daran, dass, obwohl wir als Organismus im Kampf mit uns selbst stehen, auch in Frieden und Gerechtigkeit, Liebe und Herzlichkeit schwingen können. Doch was heißt schon utopisch, was heißt Kultur und Tradition? Sind es nicht wir, die das Heute gestalten, prägen, verändern und revolutionieren? Noch vor nicht allzu langer Zeit hätte sich kaum jemand vorstellen können, dass der Mensch jemals fliegen könnte, dass Frauen und Männer die gleichen Rechte besitzen würden. Menschen, die früher öffentlich ein heliozentrisches Weltbild vertraten, mussten um ihr Leben bangen. Es sind wir Menschen, die Veränderungen bringen, es sind wir, die die Verantwortung tragen für den globalen Klimawandel, für die Millionen, die tagtäglich leiden, und die Zehntausende, die den Tag nicht überleben, weil sie nicht genug zu essen und zu trinken haben. Es ist an der Zeit, das Ruder des Lebens in die Hand zu nehmen und in die richtige Richtung zu steuern!

Jeden Tag lernten wir dutzende liebe Menschen kennen. Jeden einzelnen von ihnen schätzten wir, ebenso wie jeden Sonnenstrahl, der uns auf dem Weg in den Süden Wärme schenkte. Unsere Seelen und Taschen waren befreit, leichter als je zuvor. Ohne irgendeine Adresse, ohne Schlüssel und ohne Termine, offen für alles ließen wir tausende Kilometer hinter uns zurück. Jeden Tag wurden wir reicher an Erfahrungen und menschlichen Begegnungen. Beschenkt von dem »Abfall« unserer Konsumgesellschaft ernährten wir uns hauptsächlich von dem, was andere für nicht mehr essbar hielten oder schlicht nicht aufaßen. Rund die Hälfte aller Lebensmittel in der EU wird verschwendet, weltweit sind es jährlich 1,4 bis 2 Milliarden Tonnen Nahrungsmittel. Schon ein Drittel der verschwendeten Lebensmittel wäre ausreichend, um die eine Milliarde hungerleidender Menschen mit genügend Nährstoffen zu versorgen.

Außerdem wird mehr als ein Drittel aller produzierten Kalorien weltweit von der Tierindustrie verbraucht. In einer 2011 veröffentlichten Studie im Auftrag der US-Regierung wurde berechnet, dass rund 98 Prozent der weltweiten Sojaproduktion sowie 50 Prozent allen Getreides und 40 Prozent des gesamten Fischfangs als Tier- und Fischfutter verwendet werden. Die Belastung der Umwelt durch die Tierindustrie und die von ihr freigesetzten Treibhausgase ist die gefährlichste und am schnellsten wachsende unter allen Umweltvergiftungen. Die katastrophalen Auswirkungen der industriellen Massentierhaltung auf das Ökoystem und damit auch auf uns Menschen wurden mir immer deutlicher und nachvollziehbarer. Ende 2009 erschien die Studie des renommierten Worldwatch Institute (WI) über den Einfluss der Tierindustrie auf das Klima. Darin wurden viel mehr Faktoren mit einbezogen als in der drei Jahre zuvor publizierten FAO-Studie, unter anderem die Fischaufzucht mittels Aquakultur, der gesamte Energieaufwand bei tierischen Produkten sowie selbstverständlich aktuellere Zahlen. Das Ergebnis war schockierend. Laut WI ist die Tierindustrie für mehr als die Hälfte aller weltweit durch die Menschen verursachten Treibhausgase verantwortlich – eine deutlich höhere Zahl als die von der FAO berechneten 18 Prozent.

Eines der Ziele unserer Locomotive Organisation war, auf diese und andere von uns Menschen verursachten Probleme hinzuweisen, -unser Bewusstsein in neue Bahnen zu lenken und Lösungen aufzuzeigen und sie selbst zu leben. Je mehr ich mich mit der Materie beschäftigte, desto überzeugter war ich von der Richtigkeit der WI-Studie. Die Produktion einer tierischen Kalorie verbraucht meist mehr als elfmal so viel Ressourcen, also Braunkohle, Steinkohle, Torf, Erdgas und vor allem Erdöl, wie die einer pflanzlichen Kalorie.

Zunächst werden die Futtermittel mit Unmengen von Wasser produziert. Dazu werden Leitungen gelegt und energieverbrauchende Pumpen eingesetzt. Um die Erträge zu steigern, greift man zu jeder Menge Chemie in Form von Dünge- und Schädlingsbekämpfungsmitteln, die mit Traktoren oder sogar mit Flugzeugen versprüht werden. Per Schiff und Lkw wird das Futter dann zu den Bauernhöfen beziehungsweise den meist gewaltig großen Tiermastanlagen gebracht. Diese brauchen Ressourcen wie Wasser und Strom für den Betrieb ihrer Geräte, etwa für Melk- und Fütterungsmaschinen, für Licht, Klimaanlage und so weiter. Haben die Tiere ihr vorgesehenes Gewicht erreicht, werden sie zum Schlachthof gebracht, von dort aus geht es weiter – wieder auf 18 Rädern – zum fleischverarbeitenden Betrieb oder gleich zu Großhändlern, bis sie in den Supermärkten landen. Während der ganzen Zeit darf die Kühlkette nicht unterbrochen werden, wofür wiederum Energie benötigt wird. Natürlich ist auch die Endverpackung ein Energiefresser. Sie macht aber noch den kleinsten Anteil des Gesamterdölverbrauchs aus. Dazu kommen natürlich noch die Millionen Kilogramm Antibiotika und anderer Medikamente, die eingesetzt werden, um maximalen Profit aus den qualvoll gehaltenen Tieren zu erwirtschaften. Viele der jährlich über 60 Milliarden Tiere, die von uns Menschen getötet werden, erreichen ihr furchtbar geringes Schlachtalter überhaupt nur dank hoher Dosen von Tierarzneimitteln. Ansonsten würden sie vor lauter Erschöpfung angesichts ihrer kaum als artgerecht zu bezeichnenden Haltung und ihres Turbowachstums zusammenbrechen. Doch nicht nur die Tiere leiden unter der Medikamentenzugabe, sondern indirekt auch das gesamte Ökosystem sowie die Fleisch- und Fischkonsumenten. Obwohl die Mehrheit der Menschen tierische Produkte isst, tragen die westlichen Länder mit einem jährlichen Pro-Kopf-Verbrauch von 80 Kilogramm Fleisch überproportional zum globalen Klimawandel bei. Weniger als 20 Prozent der Menschheit verbrauchen mehr als 80 Prozent aller weltweit genutzten Ressourcen.

Aber wieder zurück zu unserem Versuch einer Reise ohne Geld. In Algeciras im äußersten Süden Andalusiens fanden wir drei Lkw-Fahrer, die uns als Zweitfahrer kostenlos auf der Fähre mit nach Marokko nehmen konnten. Es war ein großer Moment, die Ankunft in einem neuen, uns dreien noch unbekannten Land, in einer noch fremden Kultur – der erste Schritt in die arabische Welt.

Marokko – Land der Gastfreundschaft

Man warnte uns vor Dieben, der Listigkeit der Leute und einer Kultur, die nicht zu teilen weiß, aber was wir sahen, waren lachende Gesichter, interessierte Blicke und sprachbegabte Zungen. Auf der Suche nach einem Schlafplatz begegneten wir Rafael aus Spanien und saßen wenig später mit ihm in einem Hotelzimmer, welches uns der herzliche Rezeptionist bis zum Ende seiner Schicht am nächsten Morgen kostenlos zur Verfügung gestellt hatte. Es schien uns alles wie von magischer Hand geplant, denn es war Nicolas Geburtstag.

Rafael erzählte uns dann noch eine Geschichte, die für unsere Reise, ja für unser Leben so viel Wahrheit bedeuten sollte:

Es war einmal ein Mann, der Wasser aus einem Brunnen schöpfte. Der Brunnen stand vor einem kleinen Dorf und neben dem Brunnen saß ein weiterer Bewohner der Ortschaft. Ein Reisender kam des Weges und fragte den Mann am Brunnen: »Wie sind die Menschen hier in dem Ort?« Daraufhin antwortete der Mann

65

am Brunnen mit einer Gegenfrage: »Erzähl du mir, wie die Menschen in deinem Dorf sind?« Der Fremde antwortete: »In meiner Stadt sind die Menschen sehr individualistisch, unfreundlich, hektisch und egoistisch.« Daraufhin antwortete der weise Mann am Brunnen: »Auch hier in unserem Dorf sind die Menschen hektisch, unfreundlich und egoistisch.«. Der Reisende zog seines Weges und kurz darauf kam ein zweiter Fremder zu dem Mann am Brunnen und fragte das Gleiche: »Erzähle mir mein Freund, wie sind Deine Brüder und Schwestern hier in diesem Ort?« »Erzähl Du mir wie die Menschen sind, wo du herkommst Bruder«, erwiderte der alte Mann am Brunnen. »In meiner Stadt leben wir wie eine große Familie, alle Menschen sind freundlich, helfen einander sind immer offen zueinander.« Der alte Mann lächelte und antwortete mit einem Strahlen auf seinem Gesicht: »Auch hier in unserem Ort leben wir wie eine Familie, alle Menschen sind hilfsbereit, freundlich und offen.«

Als der Mann am Brunnen und der andere Bewohner des Ortes wieder alleine waren, fragte der Mann den Weisen: »Mein Lieber Freund, erkläre mir wieso Du in kurzer Zeit zwei so unterschiedliche Geschichten über unseren Ort erzählst?« Strahlend antwortete der Alte: »Ich habe beiden Reisenden die Wahrheit erzählt, denn jeder Mensch findet im Leben das, was er mitbringt.«

Die Geschichte bewegte unsere Herzen, erklärte sie doch in wenigen Sätzen so viel über den Sinn des Lebens und unsere Art zu reisen und zu leben. Jeder Mensch, jeder Moment, jeder Ort ist Licht und wenn man es sucht, dann findet man es. Unser Reiseziel war es, das Licht und das Gute in den Menschen zu finden und selber zu leuchten, denn wenn wir leuchten, fällt es unseren Mitmenschen einfacher, selbst zu leuchten.

Wir fühlten uns willkommen in Marokko und willkommen auf der Erde. In der arabischen Welt begrüßt man sich mit *as-salāmu ʾalai-*

kum, zu Deutsch: »Der Frieden sei auf Euch«. Die Antwort darauf lautet *wa-'alaikumu s-salām*: »Und auf Euch der Frieden!« Jedes Mal, wenn wir diese Worte hörten oder selbst diesen Gruß aussprachen, zog ein wohliges Gefühl durch unsere Körper. Sprachen wir eine Marokkanerin oder einen Marokkaner an, begrüßte die- oder derjenige uns nicht nur mit einem Lächeln, sondern streckte uns gleich die Hand entgegen. Nach dem Handschlag legten die Menschen ihre Hand auf ihr Herz. Eine wunderschöne Geste der Verbundenheit, die mich ansteckte und mich dieses herzliche Begrüßungsritual übernehmen ließ. Wo wir auch auftauchten, wurden wir immer herzlich willkommen geheißen und oft zum Tee oder zum Essen eingeladen.

Eines Abends setzte uns ein Auto an einer verlassenen Tankstelle ab, und da wir hungrig waren, betraten wir das einzige Restaurant weit und breit, nahmen Platz und bedienten uns ungefragt von stehengelassenem Brot. Sofort kam ein Mann an unseren Tisch und fragte uns, ob wir Hunger hätten. Wir hatten kaum Zeit zu antworten, so schnell wurden uns schon drei Suppen, Brot, Tee und Oliven serviert. Es dauerte nicht lange und wir waren umringt von einer Gruppe von Männern, darunter selbst der junge Besitzer des Restaurants. Wissbegierig stellte man uns hunderte Fragen nach dem, was wir machten. Nirgends in Europa waren wir auf so viel Enthusiasmus und Interesse gestoßen, alle wollten genau wissen, wie die Lifesaver Bottle, eine Flasche die mehrere tausend Liter Wasser mittels eines Filters trinkbar macht, funktioniert und was es mit den Solarrucksäcken auf sich hatte. Wir fühlten uns wie im Schlaraffenland, denn ständig tischte man uns weitere Köstlichkeiten auf. Was für wunderbare Menschen, was für eine Ruhe und Gutherzigkeit lebten unsere marokkanischen Brüder uns vor! Wir konnten es noch gar nicht glauben, alles schien wie ein Traum, dabei war es Wirklichkeit, wie sie nicht schöner hätte sein können. Es war sogar eine Selbstverständlichkeit für sie, uns eine Übernachtungsmöglichkeit anzubieten.

Am nächsten Morgen wurde uns ein leckeres Frühstück serviert und unser Rucksack voller einzigartiger Momente war um ein weiteres schönes Erlebnis reicher. Per Autostopp ging unser Abenteuer weiter und plötzlich befanden wir uns in einer Landschaft, die uns an Europa erinnerte: grüne Hügel und Täler, Berge und viele Wälder, wunderschön und ohne dass wir wirklich wussten, wo wir uns befanden, denn wir hatten weder Karte noch Reiseführer oder GPS dabei. Tatsächlich waren wir in Fez, der Kulturhauptstadt Marokkos angekommen. Auf dem Dach eines Hotels durften wir nächtigen und tagsüber unser mobiles Solarkraftwerk aufbauen. Es war schön mit anzusehen, wie die warmen Sonnenstrahlen unsere Geräte mit Strom versorgten.

Nach vielen Stunden, die wir mit erfolglosen Trampversuchen an einer Autobahnauffahrt zugebracht hatten, entschlossen wir uns, einfach loszulaufen, in die dunkle Nacht, quasi dem Schicksal entgegen. Nach etwa zwei Kilometern Fußmarsch hielt ein Lkw an, ein urfreundlicher Fahrer stieg aus, packte unsere Rucksäcke in den Ladebereich und versprach, uns nach Casablanca mitzunehmen. Es sollte die engste Fahrt unserer Reise werden, denn Moussa, so hieß der Fahrer, hatte schon zwei weitere Passagiere aufgenommen. Also quetschten wir uns zu dritt in die zweite Reihe und versuchten in Hocke, Schneidersitz und anderen Verrenkungen im schmalen Bett des Brummis Platz zu finden. Als ob es das Normalste der Welt wäre, lud er uns dann sogar zu sich nach Hause ein. Wir bekamen nicht nur ein Zimmer angeboten, sondern gleich seine ganze Wohnung. Und obwohl es schon fast Mitternacht war, wurden wir in Moussas eigener Wohnung, die zwei Stockwerke höher lag, zum Essen eingeladen. Kurze Zeit später aßen wir, zusammen mit seiner hochschwangeren Frau und ihrer Mutter, den köstlichen Tagine.

Nach drei Tagen kam der Nachwuchs zur Welt. Nur wenige Stunden nach der Rückkehr aus dem Krankenhaus überreichten uns die glücklichen Eltern freudestrahlend ihr erstes Kind und wünschten sich, dass wir in unserer Muttersprache mit dem kleinen Engel sprachen. Sie nannten uns die »Drei Könige«, die anlässlich der Geburt ihres Sohnes den Weg zu ihnen gefunden hatten. Wir waren zu Tränen gerührt und dankbar für dieses große Vertrauen. Unser Glücksgefühl übertraf fast das der Familie, wir hatten noch nie ein so kleines und reines Wesen in den Armen halten dürfen. Für Moussa aber ging die Arbeit weiter, denn anstatt sich ein paar Tage freizunehmen, wozu wir ihn zu überreden versuchten, organisierte er sich eine Fahrt, damit er uns weiter in den Süden bringen konnte.

Geplante Obsoleszenz

Ein paar Tage darauf schritten wir, nach stundenlangem, erfolglosem Trampen, wieder dem Schicksal entgegen. Kein Auto- oder Lastwagenfahrer hatte uns mitnehmen wollen. Vor uns lag eine einsame Straße, die in die Sahara führte. Mit frisch gefüllten Flaschen vertrauten wir der Welt und marschierten los, als die Jungen, die uns das Wasser gegeben hatten, uns hinterrannten. Unsere Herzen schlugen höher, als sie uns Brot, Milch, Bananen, Äpfel und sogar Ölivenöl schenkten. Es schien, als ob sie alles, was sie besaßen, mit uns teilen wollten. Ihre Gaben kamen begleitet von einem Lächeln, ohne Erwartungshaltung, mit einem wunderschönen Lächeln, aus freien Stücken und aus purer Nächstenliebe! Wir waren tief beeindruckt und lernten mit jeder menschlichen Geste, die uns geschenkt wurde, bedingungslos empfangen zu können.

Als wir schon ein wenig auf der unfrequentierten Straße gelaufen waren, sahen wir ein Auto, das nur einige hundert Meter weiter mitten in der Wüste stand. Hatte der Fahrer ein Motorproblem? Wir eilten zu dem mittlerweile schon wieder eingestiegenen Fahrer, einem älteren Herrn, und fragten ihn, ob er uns mitnehmen könne. Zunächst wollte er nicht, da es auf dem Weg nach El Aaiún viele Polizeikontrollen gibt. Doch dann fasste er sich ein Herz und ließ uns einsteigen. Der knapp siebzigjährige Besitzer des Mercedes 240D hatte den Wagen vor ein paar Jahrzehnten neu gekauft und über drei Millionen Kilometer mit dem gleichen Motor zurückgelegt.

Heutzutage machen die meisten Autos schon nach einem Drittel der Strecke schlapp. In der Fachsprache nennt sich das »Geplante Obsoleszenz«, also absichtlicher beziehungsweise künstlicher Alterungsprozess eines Gerätes. Wir leben in schnelllebigen Zeiten und die Industrie hat schon seit langem begriffen, dass sich mit Produkten, die nicht mehr kaputtgehen oder einen langen Lebenszyklus haben, wenig bis überhaupt kein Geld verdienen lässt.

Das wohl berühmteste Beispiel für geplante Obsoleszenz ist das »Glühlampenkartell«, welches aus großen Firmen wie Osram, Siemens, General Electric und anderen bestand. Schon im Jahr 1924 definierten sie die Lebensdauer der Glühbirnen. Man hatte erkannt, dass immer langlebigere Glühbirnen dem Geschäft schaden, und so begrenzten sie deren Lebensdauer auf 1000 Stunden. Dabei gab es zu diesem Zeitpunkt schon Glühbirnen, die viele hunderttausend Stunden Licht schenkten. Eine Glühbirne in einer kalifornischen Feuerwache beweist seit über 110 Jahren, dass es auch anders geht. Aber das Kartell war erfolgreich und schaffte es, nach dem Zweiten Weltkrieg die Menschen daran zu gewöhnen, dass eine Glühbirne nach rund 1000 Stunden den Geist aufgibt. In den letzten zehn Jahren hat die kalifornische Glühbirne keine Sekunde geschwächelt – jedoch musste die Webcam, die das kleine Wunder ins Internet überträgt, schon mehrmals ausgetauscht werden. Diese Tatsache erscheint uns wie das Normalste der Welt, denn wir haben uns an die schlechte Qualität der Produkte mittlerweile gewöhnt und empfinden es schon fast als ein Wunder, wenn ein Handy, Computer oder Drucker ein Jahrzehnt funktioniert.

Per Boot zu den Kanarischen Inseln

El Aaiún, die Hauptstadt des von Marokko besetzten Territoriums Westsahara, war bewacht wie eine Festung. Wir versuchten unser Glück bei der Logistikfirma, die Sand nach den Kanarischen Inseln verkauft. Erfolglos zogen wir wieder nach Agadir, wo wir jetzt am meisten Chancen sahen, endlich per Boot auf die Kanaren zu kommen. Am Hafen sprachen wir mit allen Menschen, die uns begegneten, ob sie jemand kennen würden, der hinübersegeln würde, leider vergeblich. Am dritten Morgen am Hafen kam uns ein großer, schlanker und sportlicher Mann entgegen: »Ich kann euch nach Fuerteventura mitnehmen, wenn ihr noch zehn Tage Zeit habt.« Wir waren vollkommen aus dem Häuschen, Robin, der Kapitän, hatte mit diesem einen Satz unseren Traum in greifbare Nähe gerückt. Natürlich waren wir bereit, noch zehn weitere wunderbare Tage in Marokko zu verbringen.

Schon viele Marokkaner hatten uns erzählt, dass, wenn wir einen Schlafplatz bräuchten, wir einfach an der nächsten Tür klopfen sollten, dann würde man uns aufnehmen. Obwohl wir tief beeindruckt waren, wie viel Vertrauen und Herzlichkeit uns die Menschen in Marokko entgegenbrachten, hielten wir diese Erzählung für fast zu fantastisch. Eines Abends standen wir in einem kleinen Dorf und wussten nicht, wo wir schlafen sollten, also klopften wir an die Tür eines bescheidenen Häuschens. Sofort wurden wir hereingebeten. Der alte Herr, der uns öffnete, wohnte alleine und lud uns tatsächlich ein, bei ihm zu nächtigen. Stundenlang saßen wir mit ihm in seiner Küche, wo ein kleines Feuer im Boden brannte und er uns auch noch bekochte. Es war rührend und einzigartig, was wir auf unserer Reise erleben durften. So selbstlos und voller Hingabe für unbekannte Menschen da zu sein, war uns fremd und hinterließ tiefe Spuren in unserem Herzen. Jedes Mal, wenn wir irgendwo so freundlich aufgenommen wurden, stärkte das unseren Traum einer Welt, wo wir uns alle gegenseitig so behandeln.

In unserer letzten Nacht in Marokko fragten wir bei mehreren Restaurants, ob sie uns ihre Reste geben könnten. Und als ob uns ein Zauber begleitete, wurden wir kein einziges Mal mit leeren Händen weggeschickt. In weniger als einer Stunde hatten wir genügend Proviant für die Überfahrt gesammelt. Schnell fanden wir danach einen Fleck, wo wir uns für die Nacht niederlegen konnten. Am nächsten Morgen trauten wir unseren Augen kaum. Wie von Engeln gedeckt, stand da ein großes Frühstückstablett zu unseren Füßen. Es war der schönste Abschied von Marokko, wie wir ihn uns nicht besser hätten erträumen können.

In den fünf Wochen unseres Aufenthalts lernten wir Marokko, seine Menschen und all diese unzähligen wunderbaren Begegnungen lieben. Beseelt, erfüllt und zutiefst dankbar für diese unvergessliche Zeit bestiegen wir im Hafen von Agadir die *Robin des Mers*. Die erste Viertelstunde herrschte nur leichter Wellengang, doch schon bald machten sich die ersten Zeichen der Übelkeit bei uns bemerkbar, einer nach dem anderen stiegen wir hinab in unseren kleinen Schlafbereich. Die Wellen wurden immer heftiger und der Wind peitschte in das Segel. Zum ersten Mal spürten wir am eigenen Leib, was es bedeutet, eine Nussschale auf dem Meer zu sein. Am nächsten Morgen hatte sich der Sturm gelegt und uns ging es schon wieder viel besser. Weit und breit sahen wir nur Wasser, lauschten dem himmlischen Wind, genossen die Sonne und unser Glück. Es war wie eine Initiation, die uns das Meer zur Begrüßung geschenkt hatte.

Wie meine Kamera verschwand und wieder auftauchte

Am ersten Abend auf Fuerteventura saßen wir am Strand und plauderten mit einem bereits angeheiterten Deutschen namens Alexander, bis wir beschlossen, auf der Suche nach einem Schlafplatz zusammen weiterzuziehen. Als die anderen schon gut 50 Meter vorweg gelaufen waren, verabschiedete sich der Deutsche fluchtartig. Ich umarmte ihn trotzdem und dankte ihm für diese herzliche Begrüßung auf Fuerteventura und meinte, wir würden uns ja bestimmt wiedersehen. Wenige Minuten später bemerkte ich, dass mir meine D90 Spiegelreflexkamera fehlte und eilte zurück zum Strand. Aber ich fand sie nicht und auch ein Pärchen, welches unweit saß, hatte niemand kommen oder gehen sehen. Mit einem Kilo weniger Gepäck, war ich förmlich erleichtert und doch spürte ich irgendwie, dass sie vielleicht wieder zurückkommen würde. Benjamin und Nicola waren enttäuscht und ein wenig sauer auf mich, dass ich so schludrig mit der einen unserer beiden Videokameras umgegangen war. Ich sah jedoch keinen Anlass, unschöne Gedanken zu produzieren, denn ich war der festen Überzeugung, dass dies kontraproduktiv für alle Beteiligten seie und niemanden glücklicher stimmen würde. Obwohl ich noch nicht wirklich begreifen konnte, warum die Kamera weg sein sollte, wusste ich tief in meinem Inneren, dass alles im Leben irgend einen Sinn hatte und gut war.

In der Kamerahülle hatte ich für den Fall, dass sie mir abhanden käme, auch eine Nachricht gelassen und ich hoffte, dass sie von jemandem mit großem Herz gelesen wird. Ich spürte, dass die Kamera nicht weit weg war, aber das alles waren nur Gefühle, Gedanken und Hoffnungen. Auch am dritten Tag ohne Kamera war ich bester Dinge und da hörte ich auf einmal Worte, die mich froh stimmten: »Hey Mensch Du hast Deine Kamera vergessen«.

Ich war sehr berührt von der Größe und unglaublich dankbar für den Mut, den Alexander aufbrachte. Es zeigte mir abermals ganz deutlich, dass es sich im Leben einfach nicht lohnt, sich aufzuregen oder zu verzweifeln. Wir können im Leben nicht immer alles richtig machen, aber jeder Tag ist eine neue Chance, um es ein wenig mehr so zu leben, wie wir es uns vorstellen. In jedem Tag, jeder Begegnung, ja jedem Gedanken, den wir säen, liegt ein möglicher Neubeginn, sich selbst und alles andere wertzuschätzen und zu lieben.

Wahrhafte Liebe kann vielleicht erst wirklich reifen, wenn wir uns selbst annehmen wie wir sind, denn wie können wir andere Menschen lieben, wenn wir uns nicht selbst lieben können? Selbstzweifel, Gewissensbisse oder Ängste helfen dabei nur wenig, denn es gibt keinen Menschen, der perfekt ist. Wir sind alle nur Menschen und versuchen eben genau diese innere Harmonie zu leben, um ihr jeden Tag ein Stück näher zu kommen. Bevor wir also Energie aufwenden, über all unsere nicht gelebte Perfektheit zu sinnen, ist es viel angenehmer und befreiender im Heute, im Hier und Jetzt bewusst zu leben. Vielleicht hätte Alexander die Kamera auch zurückgegeben, wenn ich eine Anzeige erstattet hätte, aber ich glaubte fest an seine gute Seite und dass er wie alle Menschen auf der Welt ein großes Herz hat und in Wirklichkeit niemanden bestehlen, verletzen oder ärgern will. Ein uns allen bekanntes und zugleich uraltes Sprichwort besagt »Glaube versetzt Berge«. Mittlerweile ist es auch wissenschaftlich nachgewiesen, dass positive wie negative Suggestionen uns Menschen stark beeinflussen. Der sogenannte Rosenthal-Effekt ist ein sehr anschauliches Experiment, welches oft wiederholt und bestätigt wurde. Herr Rosenthal überzeugte die LehrerInnen von verschiedenen amerikanischen Grundschulen anhand von Scheintests, dass einige SchülerInnen hochintelligente ÜberfliegerInnen seien. Er prophezeite, dass sie in Zukunft hervorragende Leistungen zeigen würden und tatsächlich, schon am Ende des Schuljahres steigerte sich bei 45 Prozent der »ÜberfliegerInnen«, der IQ um 20 oder mehr Punkte, bei einem Fünftel sogar um mehr als 30 oder mehr Punkte. Wieso also nicht an die Stärken, Tugenden und das Gute in unseren Mitmenschen glauben, wenn wir ihnen dabei Kraft geben, sich selbst zu finden und zu entfalten?

Selbstverständlich fällt das leichter, wenn wir an unsere eigenen Eigenschaften und Qualitäten glauben. Erst wenn wir selber wie ein Feuer für etwas brennen, können wir auch andere Menschen begeistern. Mein Feuer war der tiefe Glaube, an die lichte Seite, die, wie auch unsere Schattenseite, in uns allen ruht. Vielleicht hatte ich den Deutschen auch ein wenig angesteckt, denn er erzählte mir auf dem Weg zu seiner Wohnung, dass er zwar ein Rabe sei und schon vieles habe mitgehen lassen, aber er wirklich nichts mit der Kamera anfangen könnte. Neben der unversehrten Kamera, schenkte er mir sogar noch ein Buch. Wir Menschen sind wie Ying und Yang, doch es liegt im Auge des Betrachters den Blickwinkel einzunehmen, der die lichte Seite eines jeden Menschen herauskehrt. Natürlich ist es viel einfacher andere Menschen zu kritisieren, sie klein zu machen, aber die wahre Stärke ist es, die Menschen zu loben und in ihnen das Gute zu sehen.

Auch wenn wir in unserem Leben meist viel zu wenig Lob gehört haben und oft sogar deutlich mehr Negatives von unserem Umfeld mitbekommen haben als Positives, können wir unser eigenes Verhalten gegenüber uns und unseren Mitmenschen verändern und wie ein Baum seine unzähligen Samen verteilen. Meine Weltanschauung wurde durch das Erleben von so viel Menschlichkeit gestärkt und beflügelt.

Liebe – das höchste Prinzip

Hocherfreut bekam ich Nachricht von meiner lieben Nieves, die uns besuchen wollte! Wir verabredeten ein Treffen in Las Palmas de Gran Canaria, und unser Kapitän Robin erklärte sich bereit, uns dorthin zu bringen. Leider musste Robin überraschend zu seinen Eltern nach Lanzarote fahren. Nachdem wir alle Häfen auf Fuerteventura abgeklappert hatten, ohne eine Alternative zu finden, entschloss ich mich, die Prinzipien der Reise für einen Moment ruhen zu lassen und meinem Herzen zu folgen. Meine Beziehung zu Nieves war mir wichtiger als alles Geld der Welt und so bezahlte ich die Fähre mit unserem Notgeld. Es war die richtige Entscheidung.

Mit Nieves erlebte ich auf Gran Canaria eine wunderbare Woche ohne Geld. Unsere Beziehung, die ja erst vor acht Monaten begonnen hatte, war von Beginn an eine Fernbeziehung und umso wichtiger war es uns beiden, einander Zeit und Muße zu schenken und gemeinsam zu träumen. Noch nie fühlten wir uns so geborgen, geliebt und angenommen, wie wir sind, wir waren uns sicher, dass keine Entfernung der Welt unsere Liebe schmälern würde. Die bedingungslose Liebe, die wir zueinander spürten, gab uns Kraft und Ruhe. Unsere Verbundenheit, war stärker als je zuvor, so dass wir uns in tiefer Liebe ziehen lassen konnten, als es Zeit aufzubrechen war.

In der Zwischenzeit waren Benjamin und Nicola dank eines sehr herzlichen Kapitäns auf Las Palmas gelandet. Ich empfing sie in der *Tomatera*, ein besetztes Haus, zu dem ich über sechs Ecken hingeführt worden war. Wir waren froh, dass wir so offen und herzlich angenommen worden waren und auch bleiben konnten, denn nun begann die Zeit der Bootssuche, die mit sehr viel Geduld verbunden war.

Der Wahnsinn der Schulden und der Wachstumsgesellschaft

Nach dem Tod der ursprünglichen Besitzerin war das nun besetzte Haus neben hunderten weiterer historischer Gebäude von einer Immobiliengruppe gekauft worden. Die spanische Regierung hatte sie sogar mit Subventionen unterstützt. Viele dieser Häuser waren der Abrissbirne zum Opfer gefallen und mussten neuen kahlen, seelenlosen und meist leer stehenden Bürotürmen weichen. Die anderen aufgekauften Häuser standen einfach leer und ließen Straßenabschnitte, ja ganze Viertel aussterben. Seit die Immobiliengruppe Insolvenz hatte anmelden müssen, sind die Banken die offiziellen Besitzer der Gebäude.

Aber wem gehören Banken eigentlich, wenn sie mit Staatsgeldern vor der Pleite gerettet worden sind?

Nach der US-Immobilienkrise, die im Frühsommer 2007 begann und durch den Bankrott von Lehman Brothers auch die Realwirtschaft der ganzen Welt erreichte, steckten Regierungen weltweit tausende Milliarden Euro in das kaputte, ja kranke Finanzwesen. Der Kapitalismus ist abhängig vom Wirtschaftswachstum, nur ständig neue Schulden können das System am Leben halten. Wirtschaftliches Wachstum ist für die meisten Menschen so normal wie das Aufgehen der Sonne. Eine Gesellschaft ohne Wachstum – oder sogar mit Schrumpfung der Wirtschaftsleistung – ist für keine der etablierten Parteien und Unternehmen, egal welcher Couleur, eine Option. Stattdessen wird heute verstärkt von nachhaltigem, grünem und sozialem Wachstum gesprochen. Es ist der ewige Kampf gegen die Symptome, ohne wirklich die Wurzeln zu behandeln.

Alle privaten und öffentlichen Schulden weltweit summieren sich zu 223 Billionen US-Dollar – das sind mehr als 300 Prozent des weltweiten Bruttoinlandprodukts. Woher kommen aber die Milliarden, die die Regierungen für die größte »Rettungsaktion« unseres nicht funktionierenden Systems genommen haben? Die Notenbanken erfinden sie einfach digital, denn heute existiert ein Großteil des Geldes ohnehin nur noch in Computern. Die Zahlen alleine sind Ausdruck der perversen Züge, die das Finanzwesen in den letzten Jahrzehnten angenommen hat.

Immer mehr in die Bredouille kommen vor allem die BürgerInnen, Menschen, die hart arbeiten und ehrlich Steuern zahlen statt, wie viele Menschen mit viel Geld, Steueranwälte zu beschäftigen, damit bloß kein Euro zu viel an den Fiskus geht. Jeder fünfte deutsche Haushalt steckt tief in roten Zahlen, ja über drei Millionen Haushalte können ihre Schulden nicht mehr bezahlen. Bei immer mehr Menschen äußert sich ihre Angst vor Arbeitslosigkeit, vor Versagen und vor einer ungewissen Zukunft in Stress, Depressionen und Burn-out. Mittlerweile sind psychische Probleme die häufigsten Gründe für Krankmeldungen. Das auf Wachstum getrimmte System hinterlässt so zunehmend seine Spuren an uns Menschen.

Wohin führt uns das ewige Wirtschaftswachstum, das die meisten von uns als so normal erachten? Wann fangen wir an, die Dogmen unserer Eltern und Großeltern zu hinterfragen und für uns selbst zu denken und zu handeln? Wann beginnen wir Menschen, die uns vorgelebten Normen abzustreifen, um uns frei zu entfalten? Wann fangen wir an, nach unserem Herzen zu leben und damit anderen Menschen ein Beispiel zu sein, das Gleiche zu tun?

Das Königreich Bhutan hat das Glück seiner Einwohner als Staatsziel festgeschrieben, doch fast überall auf der Welt bemessen wir Entwicklung und Fortschritt nicht daran, wie sich die Menschen fühlen, sondern anhand des Bruttosozialprodukts (BIP). Doch was hat unser Wohlbefinden mit Konsumgütern wie beispielsweise Flachbildschirmen zu tun? Wann haben wir genug, oder anders gefragt, kann es für den Kapitalismus überhaupt je ein Genug geben? Heutzutage gibt es in vielen Haushalten längst mehr als einen Fernseher, das Gleiche gilt für Handys, Computer, Drucker, Kameras, Fahrräder – die Liste ist unendlich. Würden alle Menschen auf der Erde so viele Autos wie wir in Europa oder Nordamerika besitzen, gäbe es weltweit nicht knapp 1,1, sondern mehr als 5 Milliarden Fahrzeuge! In Deutschland gibt es über 43 Millionen Privatfahrzeuge, das sind zwei Autos pro Familie – die im Schnitt 23 Stunden am Tag nur herumstehen. Wenn sie doch einmal gefahren werden, bringen sie durchschnittlich nur 1,3 Personen von A nach B. Noch dazu bedeuten mehr Autos oft nicht bessere Mobilität, denn von jeder Fahrstunde werden im Schnitt 20 bis 30 Prozent im Stau verbracht.

Wohin soll uns also die Fixierung auf ewiges Wachstum führen? Wann werden PolitikerInnen, UnternehmerInnen und vor allem wir »normalen« Menschen für uns selbst einsehen, dass es keine endlose Straße der materiellen Glückseligkeit gibt und dass der Weg mit sehr vielen Opfern gepflastert ist?

Die Menschheit rauscht gerade mit voller Geschwindigkeit auf einen Abgrund zu, bloß wollen das viele noch nicht wahrnehmen. Wollen wir wirklich warten, bis die Ressourcen der Erde erschöpft sind, wollen wir noch stärker die Zerstörung von Flora und Fauna vorantreiben, um in immer größeren Häusern, die gefüllt sind mit unnützen materiellen Dingen, zu leben?

Wollen wir wirklich eine Welt, die im totalen Materialismus erstickt und noch mehr mentale und physische Mauern zwischen uns und unseren Mitmenschen schafft und uns von unserem Wesen entfernt? Wann begreifen wir, dass unablässiges wirtschaftliches Wachstum keine Lösung, sondern eher das Problem ist? Der bekannte Spruch der alten Umweltbewegung bringt es nach wie vor auf den Punkt: »Erst wenn der letzte Baum gerodet, der letzte Fluss vergiftet, der letzte Fisch gefangen ist, werdet ihr merken, dass man Geld nicht essen kann.« Doch muss es wirklich so weit kommen? Sind wir wirklich so blind, dass wir der Realität nicht ins Auge schauen können?

Anstatt weiter nebeneinander wirtschaftlich zu wachsen, ist es Zeit, dass wir aus Einsicht und in Freiheit anfangen, wirtschaftlich zu schrumpfen und zusammen zu wachsen. Teilen statt Besitzen ist der Schlüssel für ein neues, gerechtes, ehrliches und vom Herzen kommendes Zusammenleben auf dem Planeten. Gemeinsam können wir Zusammenleben schaffen, das nicht auf Geld, Korruption, Bereicherung und Materialismus fußt, sondern auf unseren wahren Bedürfnissen und unserer Berufung, ohne dabei andere Lebewesen negativ zu beeinflussen.

Auch wenn manche Schwarzmaler mir vehement widersprechen würden, so glaube ich, wir Menschen brauchen keine wirtschaftliche, soziale, umweltbedingte Extremsituation oder Krise, damit wir aus uns heraus den Kurs ändern. Das System, in dem wir leben, ist nicht abgekoppelt von unserem Selbst, nein, wir alle sind Teil von ihm und es liegt in unserem Ermessen, das Ruder in die Hand zu nehmen und den Kurs zu ändern. Wir müssen auf niemanden warten, wir können selbst den Wandel leben, den wir in der Welt sehen wollen. Wir alle sind, ob wir das wollen oder nicht, Teil des Systems, kleine und große Kapitalisten, aber bei allem, was wir zum Leben brauchen, können wir uns entscheiden, es auszuleihen, gebraucht zu kaufen, gemeinschaftlich zu nutzen, es zu reparieren, anstatt es wegzuschmeißen oder unseren Lebensstil freiwillig zu minimieren, und zwar nur frei-willig! Das Zauberwort heißt »voluntary simplicity«, also Minimalismus oder Downshifting aus freien Stücken. Bewusster Umgang mit den Ressourcen und ein Grundverständnis, wie alles zusammenhängt, sind essenziell, um zu begreifen, dass sogar »herumliegendes« Geld auf einem Sparkonto, in Aktien, Rentenfonds, Staatsanleihen und allen anderen Formen der Geldanlage »arbeitet«. Natürlich ist Konto nicht gleich Konto, und die ökologisch und sozial orientierten Banken haben in den letzten Jahren erhebliche Zuwächse erlebt. Aber auch dort wird mit dem angelegten Geld gearbeitet und durch Investitionen – von den erneuerbaren Energien bis zum Eigenheim – die Wirtschaft und damit der Verbrauch von Rohstoffen vorangetrieben.

Anstatt weiter auf Wachstum zu setzen, können wir durch Konsumverzicht gemeinsam das alte System herunterfahren und gleichzeitig eine Kultur des Teilens entfalten. Es sind wir Menschen, die den Scheinen einen Wert geben und sogar glauben, dass ohne Geld und materielle Anreize die Menschheit nur noch in Hängematten entspannen würde. Es sind wir Menschen, die entweder Geldnoten oder unseren Brüdern und Schwestern Glauben und Vertrauen schenken!

Um wieder zu dem besetzten Haus zurückzukommen: Wer ist also der Besitzer? Ist es der Staat, sind es die Banken, oder ist es doch eher etwas, was uns allen gehört beziehungsweise niemandem? Wie können wir Tiere, Wälder und Teile der Erde besitzen? Sind wir noch nicht reif genug, gemeinschaftlich die Güter, Gebäude, Brachflächen, Schulen, Bürohäuser und alles, was wir in Zusammenarbeit mit anderen Menschen geschaffen haben, auch als Allgemeingüter zu betrachten und mindestens so wertzuschätzen, wie wenn sie unser alleiniges Eigentum wären?

Leben aus der Tonne

Die BewohnerInnen der Tomatera hatten ihre Entscheidung längst getroffen. Wir konnten sie in ihrem Beleben des Hauses nur bestärken und unterstützen. Wir organisierten nicht nur für uns genügend Essen, sondern für die ganze WG. Und zwar, indem wir Lebensmittel aus Abfalltonnen von Supermärkten holten und so vor der Vernichtung retteten; umgangssprachlich wird das auch »containern« genannt. Dabei wurde uns zum ersten Mal mit aller Deutlichkeit vor Augen gehalten, wie viel ein durchschnittlicher Supermarkt tagtäglich an Nahrungsmitteln wegwirft – beschönigend ausgedrückt, als »nicht mehr verkäufliche Ware« abschreibt. Es war jedes Mal wie eine Schatzsuche, tagtäglich gab es andere Köstlichkeiten und im Schnitt holten wir 30 bis 50 Kilogramm an noch genießbaren Nahrungsmitteln zwischen Pappkartons und Plastikmüll aus der Tonne. Vornehmlich fanden wir Milch, Joghurts, Fleisch sowie Unmengen an frischem Brot, Obst und Gemüse. Aber auch Kuchen, süßes Gebäck, Torten, Eis und andere Leckereien waren immer wieder mit dabei.

Leider stellte der Betrieb, von dem wir unser Essen »bezogen«, keine Ausnahme dar, sondern war nur einer von hunderttausenden Supermärkten, die jeden Tag noch genießbare Lebensmittel einfach wegschmeißen. Geradezu pervers ist es, dass es den meisten MitarbeiterInnen in Supermärkten sogar untersagt ist, den »Müll« für den Eigenverbrauch mitzunehmen.

Obwohl es in Europa zehntausende Vorschriften und Gesetze gibt und Deutschland allein mehr als 70.000 Artikel und Paragrafen kennt, ist es in keinem EU-Land illegal, Lebensmittel wegzuwerfen oder zu vernichten. Aber in fast allen Ländern der Welt ist es verboten, Dinge aus Abfalltonnen zu holen, denn sie gehören bis zu dem Zeitpunkt, zu dem die Müllabfuhr kommt, demjenigen, der die Tonnen bezahlt. Die Absurdität unseres »Rechtssystems« kennt keine Grenzen, denn anstatt dieser Unkultur einen Riegel vorzuschieben, werden die Unternehmen durch die Kriminalisierung des Containerns noch protegiert.

Wir waren uns unseres illegalen Treibens stets bewusst und beachteten die drei goldenen Regeln des Mülltauchens: immer alles mindestens so sauber zurücklassen, wie man es angetroffen hat, niemanden durch eine erhöhte Geräuschkulisse belästigen und natürlich keinen Vandalismus betreiben.

Mit einem Segelboot über den Atlantik

Fast täglich besuchten wir den Hafen von Las Palmas auf der Suche nach einer Mitfahrmöglichkeit zur Erfüllung unseres Traums von der Atlantiküberquerung. Hunderte Segelschiffe lagen fast das ganze Jahr unbenutzt vor Anker. Bei unseren Fragerunden im Hafen hörten wir ständig: »Nein, momentan werdet ihr kein Boot finden, ab November wieder.« Oder: »Da seid ihr leider zu spät, jetzt überquert niemand mehr den Atlantik.«

Es war nun schon fast Ende April, ganze drei Wochen waren wir schon hier, aber wir nutzten die Zeit gut, gaben Vorträge, halfen uns gegenseitig, uns die jeweiligen Muttersprachen von uns beizubringen, und genossen die Zeit. Als wir wieder einmal die Mülltonnen des Hafens durchsuchten, entdeckten wir einen Rucksack mit Geografiebüchern und zwei Schiffsflaggen, die eine war von Panama und die andere tatsächlich von Mexiko! Wir wussten, dass die Flaggen ein Zeichen an uns waren, es fühlte sich an wie: »Wartet nur noch ein bisschen, Euer Boot ist auf dem Weg.« Am nächsten Morgen gingen wir dann noch motivierter und energiegeladener als je zuvor zum Hafen und waren uns sicher, dass diesmal etwas Besonderes passieren wird. Noch nie waren wir drei so vertrauensvoll und zuversichtlich, wir klapperten ein weiteres Mal jeden Steg ab und beim letzten sahen wir ein stattliches rot-weißes Segelboot. Als wir niemanden auf Deck antrafen, gingen wir zur berühmt-berüchtigten »Sailorbar«, dem Knoten- und Angelpunkt der Seglerszene. Der Moment, auf den wir so lange gewartet hatten, stand unmittelbar bevor, denn da saßen sie, zwei dunkelbraun gebrannte Italiener in Weiß gekleidet – für einen Moment hatten sie für uns ein bisschen was von Engeln. Nicola zögerte nicht eine Sekunde, sie anzusprechen, und schon saßen wir mit ihnen an einem Tisch. Nach einer herzlichen Begrüßung dauerte es weniger als eine Minute und Marco und Francesco wollten uns auf ihrem Boot, der *Fetse*, mitnehmen. Es war ein magischer Moment, denn was lange nur als Traum in unseren Herzen existierte, sollte nun Wirklichkeit werden. Wir halfen unseren beiden Kapitänen bei den letzten Vorbereitungen und Polierarbeiten an dem 13,5 Meter langen Boot. Ein letztes Mal schliefen wir auf unserer Lieblingsterrasse des besetzten Hauses direkt unter dem Sternenhimmel. Wir verabschiedeten uns von den lieben Seelen, die wir hatten kennen lernen dürfen und die uns für einen Monat in ihre kleine Familie aufgenommen hatten. Es herrschte eine herzliche und emotionale Stimmung, es fiel uns schwer zu gehen, aber wir waren erfüllt vor Glück und Freude über die gemeinsame Zeit, die wir hier verbracht hatten.

Der Abschied von Europa, einer verdrehten Welt

Am 10. Mai 2010 um 11 Uhr war es so weit, die *Fetse* stach mit ihrer fünfköpfigen Crew in See. Weil wir starken Gegenwind hatten und nur mit Motor vorankamen, machten wir Stopp im Süden der Insel an einem Privathafen, an den sich eine auf künstlichem Boden errichtete Siedlung anschloss. Die Mehrheit der Häuser war unbewohnt, denn sie gehörten wohlhabenden Leuten, die viele Immobilien besitzen und sie meist nur zeitweise nutzen. Nichtsdestotrotz kümmerte sich offensichtlich jemand um den »Privatort«, denn die akkurat gemähten Rasen der Gärten zeigten ein sattes Grün und wunderbare Blumen schmückten diese künstliche Oase des Friedens. Schöne und großzügig angelegte Spielplätze waren auch vorhanden, bloß fehlten die Kinder, alles war wie eine gepflegte Geisterstadt.

Solche seelenlosen Dörfchen und Häuser gibt es viele in Spanien. Mehr als 13 Prozent der Immobilien stehen leer, obwohl täglich hunderte Familien auf die Straße gesetzt werden, weil sie ihre Hypothekenkredite nicht mehr bedienen können. Die Bauwut hat dazu geführt, dass weite Teile der spanischen Küsten und anderer schöner Gegenden zersetzt sind durch Ferienhäuser und -siedlungen. Im ganzen Land stehen über 3,4 Millionen Immobilien leer, weitere drei Millionen immerhin die meiste Zeit des Jahres, weltweit sind es um die hundert Millionen, Tendenz steigend. Unser wohlhabender Kapitän Marco erklärte uns, dass es vollkommen normal sei, wenn man die finanziellen Möglichkeiten habe, mehrere Häuser, Autos, Boote und andere Großgüter zu kaufen, auch wenn man sie nicht brauche. Diese Einstellung scheint wohl unter vielen MillionärInnen sehr verbreitet, und wir können von Glück sprechen, dass es »nur« ein paar Millionen von ihnen auf der Welt gibt – wie sähe die Welt aus, wenn jeder Erdenbewohner solche Zweit- und Drittanschaffungen tätigen könnte und würde?

Auch ich bin mit der Annahme aufgewachsen, dass wir Menschen das Recht haben zu kaufen und zu besitzen, was wir uns leisten können. Außer wenn er durch Diebstahl oder Betrug unrecht erworben worden war, hielt ich materiellen Besitz und das Streben danach lange Zeit für ganz normal. Doch langsam begriff ich, dass wir auf einem endlichen Planeten leben und uns nicht unendlich Ressourcen zur Verfügung stehen – schließlich bewohnen wir unsere wunderbare Erde zusammen mit sieben Milliarden anderen Menschen. Besonders die Reise zeigte mir, dass ich aus ethischen, ökologischen und sozialen Gründen einfach nicht mehr so leben konnte wie vorher. Der sogenannte »CO_2-Fußabdruck« oder auf Englisch »Carbon Footprint«, der den Umfang aller Treibhausgase misst, die von einer Organisation, einem Staat oder einer Person direkt oder indirekt ausgestoßen werden, ist ein guter Indikator, wie sehr wir tatsächlich am Klimawandel beteiligt sind. Die Höhe dieser Bilanz ist bei uns Menschen vor allem bedingt durch Faktoren wie Transport, Ernährung, Konsum und Wohnen, kalkuliert aber auch alle anderen Treibhausgase mit ein, die in unserem Leben direkt oder indirekt durch uns entstehen. Im Schnitt weist eine Person in Deutschland eine CO_2-Bilanz von rund 9 Tonnen pro Jahr auf, das globale Mittel liegt bei knapp 5 Tonnen und in Nordamerika sind es fast 18 Tonnen pro Person. Um die globale Erwärmung auf 2 °C zu begrenzen und die Zerstörung unseres Ökosystems einigermaßen in Schach zu halten, dürfte die Bilanz von allen ErdenbewohnerInnen, allerdings bis 2050 nur maximal 1,3 Tonnen Treibhausgase pro Jahr betragen.

Doch es ist zu spät, pessimistisch zu sein, und wir sollten den Kopf nicht in den Sand stecken, sondern unser Bewusstsein in Taten umwandeln, weniger konsumieren, weniger fliegen, unsere Ernährung stärker pflanzlich, regional, saisonal und natürlich biologisch ausrichten, Autos, Wohnräume, Bücher und andere Dingen teilen. Jeden Tag erwachen mehr Menschen und verändern ihr Leben, tragen dazu bei, dass sich ihre CO_2-Bilanz verringert, und leben ganz nach Gandhis Leitsatz »Sei selbst der Wandel, den Du in der Welt sehen möchtest.«. Ich kenne Menschen, die ihre Ferienhäuser mit vielen Parteien das Jahr hindurch teilen, Menschen, die ihr Wohnhaus mit Freunden teilen oder einfach für eine bestimmte Zeit tauschen. Ich habe Häuser gesehen, die im Einklang mit der Natur und der Umgebung gebaut worden sind, aus Material, das lokal zur Verfügung steht, und die hinsichtlich ihrer Strom- und Wasserversorgung autark sind und sogar mehr Energie produzieren, als sie selbst benötigen.

Es ist Zeit umzudenken und unser Handeln ganzheitlich zu hinterfragen, um neue Wege zu gehen. Wir Menschen sind fähig, in Harmonie mit uns selbst, der Natur und allen Lebewesen auf der Erde zu leben. Eine Gesellschaft ist machbar, in der nur das Nötigste produziert wird, und zwar so umweltfreundlich und langlebig wie nur irgendwie möglich. Eine Welt ist machbar, die nach ethischen Werten ausgerichtet ist, wo Frieden, Freiheit und Gerechtigkeit für alle Menschen herrschen, wo nicht das Geld regiert und es keine Grenzen, sondern eine große Gemeinschaft gibt. Jemand sagte mir einmal: »Gott hat nur zwei Hände, und das sind die deinigen.«

Mit diesem Gefühl und einer tiefen Verbundenheit zu allen Menschen verließen wir am nächsten Morgen das Privatdorf und segelten los nach Brasilien.

Die Entscheidung für ein geldfreies Leben

Wir ließen Las Palmas und damit Europa zurück und waren bereit, neue Horizonte zu entdecken. Wir waren bereit für neue Ufer, neue Abenteuer und das große, weite Meer! Ein Mast, drei Segel und zwei Menschen ließen unseren Traum der Atlantiküberquerung wahr werden. Was für ein Gefühl der Freiheit – der Wind trug uns, die Sonne schien und unsere Herzen und Gedanken flogen. Die 21 Tonnen schwere *Fetse* glitt ruhig über das Meer. Wir lernten, wie man Segel hisst und den Kurs verändert, doch es gab nicht viel zu tun, denn der Wind trieb uns konstant mit 15 bis 25 Knoten (rund 20 bis 40 km/h) an. Wir kochten, putzten und wuschen ab. Nachdem wir uns erst einmal an das ständige Auf und Ab gewöhnt hatten, bekamen wir von Tag zu Tag mehr Routine in dem Schiffsinneren und schafften es schließlich, beim Kochen gleichzeitig Pfanne und Topf Herr zu werden.

Jeden Abend um neun Uhr begann die erste Nachtschicht. Dann hieß es Ausschau halten, ob nicht andere Schiffe unseren Kurs kreuzen und im Weg sind, der Autopilot gut arbeitet und die *Fetse* den Kurs behält. Alle drei Stunden wechselten wir uns ab. Es war eine schöne Aufgabe, den Wind und die Segel im Auge zu behalten und mit durchschnittlichen 6 bis 8 Knoten (etwa 9 bis 13km/h) beständig den Kapverden näher zu kommen. Die Sternenhimmel waren gigantisch, die Luft war klar, das Plankton funkelte im Wasser und alles schien wie von einem Zauber erfüllt. So rauschten wir in vollkommenem Frieden dahin und die Tage vergingen wie im Flug. Das Vertrauen in die Welt, die Natur, in uns selbst und in die Verbundenheit mit allem wuchs beständig. Die Ruhe des Meeres gab mir Kraft und die tiefe Überzeugung, auch nach der Reise ohne Geld leben zu wollen, um frei zu sein.

Ursprünglich hatten wir geplant, fünf bis acht Monate unterwegs zu sein, um dann weiter für unsere Organisation zu arbeiten und wieder Geld zu benutzen. Aber in Wirklichkeit, so zeigte sich, war die Reise eine Art Probefahrt. In den Monaten ohne Geld wuchs in mir die Erkenntnis, dass ich mein Leben auch nach der Reise grundlegend anders gestalten wollte. Wie schon Hermann Hesse wusste, galt es auch für mich, das Unmögliche zu versuchen, um das Mögliche zu erreichen. Ohne Geld zu leben, erschien mir immer mehr als Lösung statt als Problem. Ich dachte über menschliche Beziehungen aller Art nach und merkte, dass das ewige Thema Geld sich oft zwischen Familien, Freundschaften und Ehen stellt und sie vergiftet. Ungerechtigkeit, Kriege, Raub und Zerstörung unserer Mutter Erde stehen oft im Zusammenhang mit Geld. In den knapp vier Monaten unserer Reise wurde uns so vieles klar, und ohne Geld schien uns die Welt der Möglichkeiten sogar immer größer zu werden. Ich war gespannt darauf, dem Alltagsleben mit der gleichen Philosophie, Herz und Leidenschaft wie während der Reise zu begegnen. Las Palmas war quasi die beste Probezeit, es ging uns so gut und wir hatten so viel Zeit, kreativ zu sein, nachzudenken, zu schaffen und zu lernen – warum also nicht immer so leben, wo wir doch erst die Eisbergspitze dieses freien und so wunderbaren Lebens kennen gelernt hatten?

Nach weniger als einer Woche erreichten wir São Vicente, eine der 15 Kapverdischen Inseln, die nur 500 Kilometer vor der Küste des Senegal liegen. Es war ein besonderer Ort, an dem sich afrikanische Einflüsse mit solchen aus Portugal, der früheren Kolonialmacht, mischten. Wir pausierten noch in einer schönen Bucht der Insel Brava, wo nur rund 6000 Menschen leben und wo Früchte erst mit dem Kauf geerntet werden. Dann segelten wir los, denn in ein paar Wochen sollten unsere Kapitäne vor der Küste Brasiliens wohlhabenden Italienern das Segeln beibringen.

Die Atlantiküberquerung

Der Wind blies uns mit voller Kraft in Richtung Amerika, jeden Tag kamen wir dem Äquator ein Stück näher. Langsam wurde alles zur Routine, Nachtschichten, Putzen, Kochen, Wasser filtern, Abwaschen, Fegen, Schreiben und Entspannen. Während der Überfahrt las ich Texte von Mahatma Gandhi, die mich tief beeindruckten. Gandhi, wie auch Martin Luther King, Dag Hammarskjöld und Jiddu Krishnamurti, war für mich ein großes Vorbild, an dem ich mich zu orientieren versuchte. Wir hatten viel Zeit zum Nachdenken, zum Diskutieren und Philosophieren, das Meer, das Rauschen, die frische Luft, alles wirkte wie Balsam für unsere Seelen, Geist und Körper.

Wir nahmen Kurs auf Fernando de Noronha, eine kleine Insel rund 350 Kilometer vor der brasilianischen Küste, um Wasser zu tanken, das mittlerweile knapp geworden war. Die Tage verflogen wie die tausenderlei verschiedene Wolkenkonstellationen und dann erreichten wir auch schon die einsame Trauminsel, die sich erst seit relativ kurzer Zeit dem sanften Tourismus geöffnet hat. Es schien, als wären wir in einem Paradies gelandet, Vögel, die wir noch nie gesehen hatten, segelten über atemberaubende Felsformationen, palmgesäumte weiße Strände und dichtesten Regenwald, der sich wie eine grüne Decke über die ganze Insel legt. Mit strikten Regeln und rund 40 Euro Kosten pro Tag für Touristen wird der Fremdenverkehr begrenzt und somit der Nationalpark beschützt, es gibt keine Hotels, sondern nur kleine Unterkünfte, und die Anzahl der Autos ist eingeschränkt.

Dann dauerte es nur noch zwei Tage, bis wir den südamerikanischen Kontinent erblickten. Hinter uns lagen fast ein Monat Bootsleben, 4100 Kilometer und über 600 Liter Diesel, aber vor allem unvergessliche Momente. Vor uns lag Lateinamerika. Wir schliefen noch eine Nacht auf dem Boot im Hafen von Recife, um am Morgen noch mal eine Generalüberholung der *Fetse* zu machen. Als dann alles blitzblank, gewaschen, gereinigt und an seinem Platz war, verabschiedeten wir uns von unseren beiden Kapitänen, die uns sicher auf die andere Seite gebracht hatten.

Unser persönliches Fazit aus der Atlantiküberquerung war, dass Segeln eine wunderbare Fortbewegungsmethode ist, auch um große Distanzen zu überbrücken, aber keine wirklich umweltfreundliche. Wir stellten fest, dass leider auch von Segelbooten zu viel Müll absichtlich oder unabsichtlich ins Meer gelangt. Dabei stammen »nur« 20 Prozent der rund 140 Millionen Tonnen Müll in den Weltmeeren von Booten und Schiffen, der Rest, zu 75 Prozent Plastikmüll, wird von den Küsten und über die Flüsse in die Meere geschwemmt. Die Konzentration von zum Teil kleinsten Plastikpartikeln in den Meeren ist laut Schätzungen des UN-Umweltprogramms

(UNEP) auf über 18.000 pro Quadratkilometer Wasseroberfläche angestiegen. Im pazifischen Müllstrudel, der die Größe von Frankreich und Deutschland hat, übersteigt die Menge an Plastik die Menge an Plankton teilweise um das Sechsfache. Entgegen früheren Annahmen kommt es aber zu einem schnellen Abbau von Kunststoffen durch Sonne, Regen und andere Einflüsse, bei dem Giftstoffe freigesetzt werden. Die mehreren hundert Millionen Tonnen Kunststoffmüll befinden sich so nicht nur an der Meeresoberfläche, sondern verteilen sich im ganzen Meer und lagern sich auf dem Meeresboden ab. Genauso wie bei allen anderen tierischen Produkten, die wir Menschen konsumieren, werden wir so am Ende zur Mülldeponie unseres eigenen Abfalls, wenn wir Fische und Meeresfrüchte essen. Des Weiteren wirken sich Farben, Lacke und auch die Schiffsabgase umweltschädlich aus. Aber der größte Schaden an der Umwelt passiert, bevor ein Boot überhaupt zu Wasser gelassen wird. Die Herstellung der einige hunderttausend Euro teuren *Fetse* beispielsweise beanspruchte, wie die aller anderen Güter, eine Menge Ressourcen, die abgebaut, transportiert und verarbeitet werden müssen.

Ankunft in Brasilien

Die Straßen von Recife waren voller Leben, Musik war allgegenwärtig und wir spürten wahre Lebensfreude. Es schien uns, als ob hier immer Fiesta wäre. Gegen Abend offenbarte sich uns jedoch die andere Seite Brasiliens, das eben auch ein Land ist mit Millionen Menschen, die in extremer Armut leben: klebstoffschnüffelnde Kinder und Erwachsene, bettelnde Elendsgestalten und eine schiere Belagerung der Straßen durch obdachlose Kinder, Jugendliche, Erwachsene und Senioren – wir waren schockiert. In vielen Teilen der Altstadt sahen wir alle 20 Meter jemand auf der Straße schlafen und an der alten Bahnstation lagen über 50 Menschen unter einem kleinen Vordach. Noch nie hatten wir so viel bittere Armut an einem Fleck gesehen. Trotz eines gigantischen Wirtschaftswachstums und fast

100 Millionen Menschen, die mittlerweile zur Mittelschicht zählen, gibt es auch Millionen, die zu Verlierern geworden sind. Landflucht aufgrund der exportorientierten Landwirtschaft, moderne Sklaverei und Menschenrechtsverletzungen sind an der Tagesordnung.

Wir wollten niemanden in Versuchung führen, uns zu beklauen, während wir schliefen, und fanden in einer abgesperrten Straße, unweit einer Polizeistation, einen mehr oder weniger sicheren Schlafplatz. Wir ernährten uns von den Fruchtresten der Obstständen und in den großen Einkaufszentren, wo es immer jede Menge Reste in den mensaartigen Speisesälen gab. Von Tag zu Tag konnten wir uns gegenüber den im Allgemeinen nicht allzu polyglotten BrasilianerInnen besser verständlich machen.

Per pedes versuchten wir, von der alten Stadt bis zum Strand zu kommen. Auf dem Weg begegneten wir Polizisten, die uns vehement davon abrieten, unseren Weg fortzusetzen, denn Brasilien hat ein großes Problem mit Gewalt. Allein in den letzten 30 Jahren sind mehr als eine Million Menschen ermordet worden, das sind pro Stunde vier bis sechs Menschen, und die Angst vor dem Tod sitzt tief in der Gesellschaft. Schon völlig verschwitzt erreichten wir eine weitere Polizeipatrouille, die hier direkt vor dem »Eingang« in eine Favela für Ordnung sorgte. Die Polizisten sagten uns, es sei nicht möglich, weiterzugehen. Zum Glück kam dann auch gleich ein Polizist in seinem Privatauto und setzte uns ab in der sicheren Zone der hohen Häuser, die kilometerlang den Strand flankieren. Hier leben die Wohlhabenden in hoch gesicherten goldenen Käfigen, die Gebäude sind mit hohen Mauern umgeben und werden von bis zu sechs Wachmännern geschützt. In ihren großen klimatisierten Autos mit getönten Scheiben fahren sie zu den unzähligen Einkaufsparadiesen, ihrer Arbeitsstelle oder zum Fitnessstudio. Wir waren oft die einzigen, die die Bürgersteige, die in schlechtem Zustand waren, nutzten. Auf einer nächtlichen Essensbeschaffungstour trafen wir den einzigen Straßenkünstler, den wir bis dato gesehen hatten. Er faszinierte die AutofahrerInnen und verdiente bis zu 80 Euro am Tag, mehr als die meisten Brasilianer in einer Sechs-Tage-Woche verdienen. So führte uns das Schicksal zu seinem Freund Paulinho, der uns eine Übernachtungsmöglichkeit in seiner Wohnung anbot.

Obwohl Nicola schon einige Male mit dem Gedanken gespielt hatte, die Reise abzubrechen, traf er nun endgültig diese Entscheidung. Es fiel ihm nicht leicht, und auch uns tat es weh, ihn ziehen zu sehen. Jede Reise mit Freunden ist intensiv, aber unsere war es auf ganz besondere Art und Weise. Über fünf Monate waren wir nun schon zusammen unterwegs, Tag und Nacht. Wir konnten nichts voreinander verbergen, und das war nicht immer leicht. Es gab Meinungsverschiedenheiten und vor allem die große Enttäuschung von Nicola, dass Benjamin und ich mit einer bürokratischen Organisation nichts mehr zu tun haben wollten. Nicola war im Gegensatz zu uns nicht überzeugt von der Idee, ohne Geld zu leben, und es dauerte ihm einfach alles zu lange, denn Mexiko war noch weit weg und die Rückkehr nach Europa ungewiss.

Nach dem Abschied voneinander, der uns allen nahe ging, zogen Benjamin und ich alleine weiter. Weit von Recife entfernt waren wir noch nicht, und an einer großen Tankstelle für Lkw-Fahrer versuchten wir unser Glück. Wir sprachen mit vielen Brummifahrern, aber im Land der Dauergewalt war die Angst stark und niemand nahm uns mit. Es begann eine Zeit des Wartens, Hoffens und Fragens. Glücklicherweise fanden wir immer genug Essensreste. Schließlich aber lernten wir Wilson kennen, einen betrunkenen, etwas verrückten, aber liebenswürdigen Lkw-Fahrer, der uns sogar zum Essen einlud. In der Nacht ließ er uns im leeren Laderaum seines Lasters schlafen. Nur durch eine kleine Tür an der Seite fiel ein wenig Licht in das große Dunkel.

Benjamin hatte es schwerer als ich, denn er war mit Nicola nicht ganz im Frieden auseinandergegangen. Dazu war die Atmosphäre auf dem Autohof bedrückend, die Themen drehten sich hauptsächlich um Frauen, Sex, Geld, Fracht, Autos oder Fußball. Alkohol und Prostituierte waren die besten Freunde der auf Arbeit wartenden einsamen Seelen. Niemand verstand unsere tiefe Liebe zu unseren beiden Freundinnen und noch weniger unsere Treue zu ihnen. Am Morgen der dritten Nacht wurde ich durch die Frage geweckt: »Raphael, wo ist mein Rucksack?« Benjamins Rucksack wie auch seine Kamera und unser Laptop waren verschwunden. Wir begannen herumzufragen, und in kürzester Zeit sprach die ganze Raststätte über uns, es tat ihnen leid, aber helfen konnten sie uns auch nicht. Als wir von einer Internetsitzung zurückkamen, um zu kontrollieren, ob sich vielleicht jemand per E-Mail gemeldet hatte, und um herauszufinden, wo das nächste französische Konsulat war, sahen wir nur noch die Rücklichter des Lkws unseres »Freundes« Wilson. Jetzt waren auch noch Benjamins letzte Kleider und sein Schlafsack weg. Es war der Tiefpunkt der Reise, Benjamin war enttäuscht über den Diebstahl und den Verlust all seiner Tagebuchnotizen, ihm blieben nur noch die Kleider am eigenen Leib und es schien unmöglich, irgendetwas von seinem Hab und Gut wiederzubekommen, denn der Hauptverdacht fiel auf den meist alkoholisierten Wilson. Alle rieten uns, die Polizei zu verständigen, und zusammen mit den Beamten suchten wir noch auf anderen Tankstellen nach dem Lkw-Fahrer, aber die Suche blieb erfolglos, Wilson war mittlerweile über alle Berge.

Das Schicksal wollte es, dass wir noch einmal mit Nicola zusammentrafen, denn wir wurden zur Bundespolizei am Flughafen gebracht, wo einige Stunden später sein Flug nach Europa ging. Ich war ein wenig traurig, dass Nicola nun tatsächlich ging, aber gleichzeitig unglaublich stolz, wie er im Laufe der Reise über sich selbst hinausgewachsen war. Auch wenn es ein heftiger Abschied war, sind wir drei zusammengewachsen und haben gemeinsam so viel erlebt, dass diese unvergessliche Zeit uns auf ewig zusammenschweißte.

5. Die Geburt von »Forward the (R)evolution«

Es war das Ende unserer gemeinsamen Reise – und gleichzeitig der Beginn von *Forward the (R)evolution*. Wir alle kennen das Gefühl des Nachtrauerns um zerronnene Beziehungen, den Verlust von Menschen, Dingen, die uns wichtig sind, und alles andere, an dem wir hängen. Wie auch in der Natur muss der Samen oder Kern einer Pflanze aber aufbrechen, um einen Trieb wachsen und gedeihen zu lassen. So finster die Nacht auch sein mag, danach kommt immer Licht. Wir verbrachten noch einige Tage bei Paulinho, um Kraft zu schöpfen und all das Geschehene zu verarbeiten. Draußen schüttete es in Strömen, wie wir es noch nie gesehen hatten, der Regen schien kein Ende zu nehmen. Es war, als ob die Natur ein wenig mittrauerte – und zugleich etwas Neuem einen fruchtbaren Start ins Leben geben wollte. Denn drei Tage lang verließen wir praktisch nicht die Wohnung, sondern arbeiteten in Schichten an unserem neuen Internetauftritt. Der Computer lief fast rund um die Uhr, wir schrieben viel, verarbeiteten das Geschehene, schöpften neue Kraft und bereiteten uns auf den zweiten Teil der Reise vor. *Forward the (R)evolution* wurde zu unserem kleinen Manifest einer Welt ohne Geld. Der Name bedeutet für uns, dass wir alle Teil der Evolution der Menschheit sind, die wir durch unsere eigene Revolution weiter vorantreiben können.

Tiefpunkt der Reise

Mit neuer Motivation ging es für uns an eine andere Tankstelle. Wie an der ersten wurde auch hier unsere Geduld auf die Probe gestellt.

Jeden Tag hörten wir neue leere Versprechungen, uns blieb nichts als die Hoffnung, dass uns irgendwann wirklich jemand mitnehmen würde. Am Morgen des fünften Tages spürte ich langsam, aber sicher meine Kräfte schwinden. Nichts ist stärker als unser Wille und unsere Hoffnung, aber nach knapp einer Woche waren unsere Kraftreserven beinahe erschöpft. Ich wusste, dass an diesem fünften Tag des Wartens etwas passieren musste, denn jedes Mal wenn wir wieder einen Lkw-Fahrer fragten und wir stehen gelassen wurden, mussten wir lernen, sein Nein nicht persönlich zu nehmen. Das fiel uns von Mal zu Mal schwerer, auch wenn wir versuchten, uns gegenseitig Halt zu geben. Der lang ersehnte Lkw-Heiland hieß Darli, eine Ableitung des englischen Wortes »Darling«. Sein Name war Programm, er nahm sich ein Herz und in seinem 24-Tonnen-Stahlkoloss ging es endlich in Richtung Norden. Uns fiel ein großer Stein vom Herzen, die Erleichterung war riesig. Vielleicht war es Karma, vielleicht einfach eine Herausforderung des Schicksals an unseren Glauben – und der war nun stärker als je zuvor. Die Reise ging weiter, aber in uns formte sich ein neues Verständnis von unserem Dasein auf Erden. Es war der Anfang von etwas ganz Besonderem.

Noch nie fühlte es sich so schön an, aus dem Fenster zu schauen und die Landschaft zu genießen, vorbei an unendlichem Grün, Tälern, Hügeln, Flüssen, großen Weiden; vereinzelt standen hier und da Häuser und Hütten und immer wieder passierten wir kleine Dörfer. Es gab offiziell nur zwei Sitzplätze und so versteckte sich immer einer von uns auf dem Boden, wenn wir an den wenigen Polizeiposten vorbeifuhren. Das Land schien wie verzaubert, keine Raststätte verweigerte uns Essen. Darli war Mitte dreißig und hatte acht Kinder von verschiedenen Frauen, die im tausend Kilometer weit entfernten Süden auf ihn warteten. Er fuhr wie ein Automat, machte keinen einzigen Fehler, klagte nicht. Zähes Durchfahren war sein Motto, so wie das aller Fahrer im unendlich großen Brasilien. Durchfahren ist im wahrsten Sinne des Wortes zu verstehen, denn hier gibt es keine vorgeschriebenen Pausen, das Limit ist der eigene Körper, der mit Kaffee und Chemie bis zum Limit gepusht wird. Gesund ist das nicht, legal auch nicht, aber das System will es so, der Markt fordert es von den Fahrern, denn wer nicht mitmachen will, verliert seinen Job an die gedopten Fahrer. Der Druck der Arbeit ist, wie bei Millionen Menschen, enorm hoch, und wer es nicht schafft mitzuhalten, fliegt raus.

Die Arbeitsbedingungen in Brasilien sind bescheiden und oft nicht human. Seit Lula, dem »linken« Präsidenten des Landes, gibt es wenigstens einen Mindestlohn von etwas mehr als 200 Euro pro Monat, immer noch viel zu wenig. Wir trafen Menschen, die 15 Tage am Stück arbeiteten, mehr als 12 Stunden am Tag, um dann für zwei Tage zu ihrer Familie fahren zu können, die oft Stunden entfernt irgendwo auf dem Land lebte, und dann wieder 15 Tage am Stück schufteten. Der Lohn eines solchen modernen Sklaven sind 510 Reais, kein Real mehr, als der Mindestlohn fordert. Trotzdem ist es nicht schwer, jemanden zu finden, der unter diesen Bedingungen arbeitet, denn der Wunsch, sich endlich den Traum eines Großbildfernsehers, Motorrads oder einer Mikrowelle zu erfüllen, ist groß, und ihn haben noch Millionen andere BrasilianerInnen, die noch keine »Arbeit« gefunden haben.

Nach über 1300 Kilometern Fahrt setzte uns Darli in einem staubigen kleinen Dörfchen ab; wie viele Ortschaften lag es direkt an der Landstraße. Mit neuem Mut und gestärktem Vertrauen, dass das Trampen von nun an besser laufen würde, hielten wir unsere Daumen in die Luft, und tatsächlich ging es jetzt viel leichter. Mit zehn Autos, Lkws und Pick-ups gelangten wir in kurzer Zeit nach Belém, einer großen Stadt direkt an der Mündung des Amazonas in den Atlantik.

Brasilien, das Wirtschaftswunderland

Wir fragten bei der einzigen Fährgesellschaft, die von hier aus einmal täglich zur anderen Seite dieses gewaltigen Flusses fuhr. Die Chefin hörte sich ein paar Minuten unsere Geschichte an, bevor sie uns ohne irgendeine Gegenleistung zwei Tickets ausstellte.

Auf den letzten 600 Kilometern bis zur Grenze zu Französisch-Guayana passierten wir riesige Monokulturen schnellwachsender Eukalyptusbäume, die hier überall gepflanzt, nach fünf Jahren gefällt und fast ausschließlich nach China exportiert werden. Wir sahen Menschen in Sicherheitsanzügen, die aus Plastikkanistern auf ihrem Rücken Pestizide und andere Chemie auf den Feldern versprühten, und erfuhren, das aus der Region tagtäglich mehr als 100 Eisenbahnwaggons voll mit Rohstoffen abtransportiert werden. Brasilien ist eines der rohstoffreichsten Länder der Welt und alle paar Sekunden verliert der Amazonas ein fußballfeldgroßes Stück Land an Großgrundbesitzer, die die oft jahrtausende alte Vegetation, in der viel CO_2 gespeichert ist und die unzähligen Spezies als Lebensraum dient, zu Monokulturen für Soja, Mais oder Zuckerrohr umwandeln. Ein Großteil der landwirtschaftlichen Produkte wird ausgeführt und dort, wo nichts angebaut wird, entstehen riesengroße Weideflächen für Rinder, deren Fleisch ebenfalls meist für den Export bestimmt ist. Mittlerweile werden nur noch 2 Prozent des weltweiten Sojaanbaus für den menschlichen Verzehr angebaut, der Rest wird zu Tierfutter. Und jeden Tag kommen unzählige Hektar neuer Felder dazu, um den ewigen Hunger nach tierischen Produkten in der Welt zu stillen.

In der Nacht wurden wir in einem kleinen einsamen Dörfchen abgesetzt und von den Einwohnern freundlich aufgenommen. Sie luden uns zum Essen ein und boten uns eine Schlafmöglichkeit an und erzählten uns, dass sie dank des von Präsident Lula initiierten Programms »Licht für alle« nun schon seit über fünf Jahren Strom hatten. Vieles hat sich seitdem verändert, mit der Elektrizität kamen auch der Fernseher, der Kühlschrank und damit der Konsum.

Der Regenwald war atemberaubend schön, geradezu majestätisch, die Laute von Grillen, Vögeln, Affen und anderen Tieren versetzten uns in eine andere Welt. Nach mehr als fünf Stunden Fahrt durch Schlamm und über wackelige Holzbrücken gelangten wir an den Oyapock. In dem kleinen Grenzort, der direkt am Fluss liegt, fragten wir in einem Hotel, ob wir auf der Terrasse schlafen könnten, und bekamen sogar ein Zimmer angeboten. Mit der Autofähre gelangten wir dann ohne Probleme in die Europäische Union.

Französisch-Guayana – Europa in Lateinamerika

Tatsächlich betraten wir technisch gesehen von Brasilien aus direkt EU-Gebiet. Französisch-Guayana ist eine Region Frankreichs und leidet unter beziehungsweise profitiert von den gleichen EU-Regeln wie das Mutterland. Obwohl wir immer noch auf lateinamerikanischem Boden waren und dichter Regenwald mehr als 90 Prozent der Landesfläche bedeckt, gelten hier französische und EU-Gesetze, und nicht nur die Gendarmen, übrigens ausschließlich hellhäutig, kamen aus Frankreich, auch der Großteil der Produkte in den Supermarktregalen. Der Import von Waren aus Brasilien ins Nachbarland Guayana existiert quasi nicht, und wenn er doch stattfindet, dann ist er illegal. EU-Richtlinien sorgen dafür, dass brasilianische Waren erst nach Europa verschifft werden, um dann wieder zurück nach Südamerika in die Supermärkte einer der letzten französischen Überseebesitzungen zu gelangen. Selbst Obst und Gemüse aus Brasilien muss eine kleine Odyssee machen, um hier verkauft werden zu können.

Es wäre ja noch verschmerzbar, würde sich der Im- und Exportirrsinn auf den verhältnismäßig übersichtlichen brasilianisch-guayanesischen Warenaustausch beschränken. Das Gegenteil ist leider der Fall, längst ist er gängige Praxis unserer Zeit. Hunderttausende Tonnen von Lebensmitteln, Rohstoffen und sonstigen Gütern werden tagtäglich per Lkw, Eisenbahn, Schiff und Flugzeug quer durch die ganze Welt transportiert. Nicht selten geht ein Großteil der in einem

Land hergestellten Waren direkt in den Export, nur um dann genau die gleichen Waren aus anderen Ländern zu importieren. Der globale Warenverkehr hat sich seit 1960 mehr als verfünfzehnfacht und ist damit stärker gestiegen als das Welt-BIP. Französisch-Guayana ist dabei ein extrem deutliches Beispiel des rücksichtslosen und verschwenderischen Kapitalismus.

Durch seine Äquatornähe ist Guayana optimal geeignet für Raketenstarts; wahrscheinlich ist dies der Hauptgrund für Frankreichs Interesse an dem kleinen Land. Über 1000 Kommunikationssatelliten umkreisen mittlerweile die Erde und jedes Jahr werden es mehr – ein Geschäft mit Zukunft. Kein Wunder, dass der europäische Weltraumbahnhof, von wo aus die Trägerraketen ins All geschossen werden, für über ein Viertel des BIP des französischen Überseedepartements sorgt.

Unser Hauptanliegen war es, einen Reisepass für Benjamin zu organisieren sowie ein Visum für Suriname. In der Hauptstadt Cayenne machten wir zum ersten Mal auf unserer Reise Gebrauch von Couchsurfing. Rasch hatten wir auf unsere Anfrage eine positive Antwort bekommen. Bei Johanna und Gabriel fühlten wir uns auf Anhieb wohl und ihr Garten war wie ein kleines Paradies. Die Freunde unserer Gastgeber wurden auch unsere Freunde, wir teilten alles und verbrachten viel Zeit miteinander, es war ein kleiner Urlaub von ständigen Ortswechseln und unermüdlichem Trampen.

Für unseren Blog wollten wir eine richtige Domain und konnten nach ein paar E-Mails auswählen, bei welchem »grünen« Webhoster wir www.forwardtherevolution.net registrieren wollten.

Die Energie des größten und ältesten Urwaldes der Erde ist eine ganz besondere: Alles ist hier größer, gewaltiger, bunter und eindrucksvoller; wir waren unserer Mutter Erde nahe und entdeckten auf jedem Ausflug in den Dschungel Neues und Beeindruckendes. Flora und Fauna, Insekten und Tiere, alles schien wie in einem Märchenland, wie in James Camerons Film *Avatar – Aufbruch nach Pandora*, nur in echt, denn das Paradies auf Erden ist schon da und wir müssen nur unsere Augen öffnen und es wahrnehmen! Als wir durch das -Dickicht marschierten, umgeben von den gigantischen Blättern, Blüten, Sträuchern und über 40 Meter hohen sich zur Sonne streckenden Urwaldriesen, vernahmen wir auf einmal ein sich uns näherndes Geräusch, es klang wie ein kleines Orchester über den Wipfeln. Zum ersten Mal hörten wir Regen auf uns zukommen, ein faszinierendes Naturschauspiel! Vogelspinnen, Riesenameisen, handtellergroße Käfer, schillernde Schmetterlinge und fußballgroße Pampelmusen, alles war besonders hier.

Seit Beginn unserer Reise hatten wir uns selten gewaschen und wenn, dann immer im Meer, in Flüssen oder im süßen Regenwasser. Da wir auf der Reise des »Weniger ist mehr« waren, hatten wir auch Seife aufgegeben – und zum ersten Mal im Leben gab ich so meinem Körper die Chance, seine eigenen wahren Düfte zu entwickeln. Tatsächlich begann ich nach Kokos zu duften. Es war wahrlich ein echter Genuss, sich zum ersten Mal selbst zu riechen. Mit Parfums und Deodorants unterbinden wir jeden natürlichen Geruch unseres Körpers. Die Freisetzung des eigenen Geruchs funktioniert aber nicht von heute auf morgen, denn unser Körper schwitzt zunächst einen Großteil der ihm über Haut oder Nahrung zugeführten Giftstoffe wieder aus. Essen wir Menschen tierische Produkte, über die wir Unmengen an Medikamenten und anderen Giftstoffen aufnehmen, kommt es häufiger zu unangenehmen Gerüchen. Aber auch Shampoos, Feinspüler, Duschgels sind voll mit toxischen Chemikalien, die unseren Körpern schaden und dadurch oft übelriechenden Geruch bei Menschen verursachen, wenn sie sich viele Tage nicht duschen.

Obwohl uns in der größten Tageszeitung von Französisch-Guayana ein Artikel gewidmet wurde und sogar das Staatsfernsehen über uns berichtete, wollte man uns kein kostenloses Visum für Suriname ausstellen. Es sollte das erste und einzige Mal sein, dass wir, um in ein Land einzureisen, vorher bei der Botschaft ein kostenpflichtiges Visum beantragen mussten.

Wie die »moderne« Landwirtschaft die Erde zerstört

Wir waren begeistert von der Lebensenergie und Vielfalt, die uns aus allen Ecken förmlich entgegenströmte. Doch auch in Suriname erzählte man uns, dass das Trampen sehr schwierig, ja sogar unmöglich sei – nicht das erste Mal, dass man uns das Vertrauen in die Menschen ausreden wollte. Und tatsächlich war es wie überall an den mehr als dreihundert Stellen, wo wir seit nunmehr sieben Monaten mit einem breiten Lächeln am Straßenrand standen: Wir hatten, wie es viele nennen würden, »Glück« und wurden immer schnell mitgenommen. Auf dem Weg in die Hauptstadt Paramaribo, den wir auf der Ladefläche eines kleinen Lkws zurücklegten, passierte uns der erste wirkliche Unfall der Reise: Wir landeten in einem mit Wasser gefüllten Graben neben der Fahrbahn, doch der Fahrer und wir kamen unversehrt mit dem Schrecken davon.

Da in Suriname viele Hindus leben, die Ende des 19. Jahrhunderts von den niederländischen Kolonialherren als Vertragsarbeiter aus Indien ins Land geholt wurden, mussten wir nicht, wie sonst in Lateinamerika, in Einzelheiten unseren vegetarischen Lebensstil erklären.

In einer Reisfabrik wurden wir vom Manager zu feinsten vegetarischen Köstlichkeiten eingeladen. Dabei erklärte er uns, wie das Reisbusiness funktioniert. Wir waren erstaunt über diese Einblicke. Eine Tonne Reis kostet nur 300 Euro, die Gewinnspanne ist also offensichtlich so hoch, dass es sich lohnt, die Plastikverpackung für den Reis aus Holland zu importieren. Die Reisfabrik war ein perfektes

Beispiel dafür, wie unnachhaltig, ineffizient und verrückt die globalisierte Welt funktioniert. Zunächst wurden Erdölprodukte wahrscheinlich aus dem Nahen Osten oder vielleicht sogar aus Venezuela nach Europa verschifft, dort wird daraus die Verpackung hergestellt, die wiederum nach Surinam exportiert wird, nur um dann von hier die Reispackungen in die Niederlande zu transportieren. Das globale Wirtschaftskarussell dreht sich auf Hochtouren, doch meist bleibt uns verborgen, wie unser Konsum so langsam den Planeten auslaugt. Hinter der Reisfabrik, wo wir nächtigen durften, wurden wir Augenzeugen, wie leere Kanister von Rattengift und anderen Chemikalien sowie der gesamte Müll der Fabrik direkt am Ufer verbrannt oder direkt in den Fluss geworfen wurden. Wie im Großteil der weltweiten Landwirtschaft werden auch in der Reisproduktion oft aus China importierte hochgiftige Pestizide genutzt, auf deren Gefährlichkeit die auf den Behältern angebrachten Totenkopfschilder mit der Aufschrift »sehr toxisch« hinweisen.

Vollkommen legal und sogar gefördert von Regierungen sprühen Agrarkonzerne und Bauern, letztendlich im Auftrag der Konsumenten, weltweit mehr als 900 verschiedene chemische Wirkstoffe in mehr als 100.000 Pestizidprodukten auf Böden, über Getreide, Gemüse, Obst und Baumwolle. Seit dem Beginn des »Chemiezeitalters« vor rund 60 Jahren ist der weltweite Absatz von Pestiziden auf mehr als 40 Milliarden US-Dollar angestiegen. Neben Herbiziden, Fungiziden, Insektiziden werden seit der »Grünen Revolution« auch vermehrt genetisch manipulierte Samen mit weitreichenden Folgen eingesetzt. Was für BASF, DuPont, Monsanto und Co. ein Milliardenbusiness ist, zerstört zunehmend das so fragile und einzigartige Ökosystem unseres Planeten. Die Umweltverschmutzung durch Schädlingsbekämpfungsmittel schadet so nicht nur der Umwelt, sondern jährlich mehr als 40 Millionen Menschen erleiden Vergiftungen durch Pestizide. Bei mehr als 250.000 Menschen verlaufen sie jedes Jahr tödlich. Leidtragende sind aber nicht nur die Bauern und alle diejenigen, die dort leben, wo es diese toxische

Landwirtschaft gibt, sondern auch die VerbraucherInnen. Die Pestizide gelangen über das Futter in den tierischen Organismus und werden dort in Fettdepots gesammelt, um über Fleisch, Milch, Butter und Eier schließlich am Ende der Nahrungsmittelkette zu landen: beim Menschen.

Mit jedem Kauf eines Produkts oder einer Dienstleistung tragen wir oft ahnungslosen Konsumenten Verantwortung für die Zerstörung unseres Planeten und damit unserer eigenen und vieler Millionen anderer Spezies. Es ist schwer, in der globalisierten Welt den Überblick zu behalten, wie wir mit unserem Konsumverhalten die Erde beeinflussen, aber eines ist sicher, wenn wir den Konsum reduzieren und mehr regional, saisonal und biologisch erzeugte Lebensmittel einkaufen, können wir viel ändern.

Unser Aufenthalt in Suriname war nur von kurzer Dauer, rasch ging es weiter nach Guyana – schließlich lag noch ein weiter Weg bis nach Mexiko vor uns.

Beim Überqueren der Grenze fragte mich der diensttuende Beamte, was mein Beruf sei, und ich antwortete: »Mensch«. Er lachte herzlich und stempelte unsere Pässe. Ein Traumstart in ein wunderbares Land.

Nachdem Nieves und ich monatelang nur im Herzen und via E-Mail verbunden gewesen waren, stieß sie jetzt zu uns und fortan ging es zu dritt weiter. Eine Couchsurferin hatte uns ihr ganzes Apartment samt ihrem Ehebett zur Verfügung gestellt. Teilen, geben und empfangen, das ist Leben! In einem Waisenhaus durften wir mit den Kindern über die Reise sprechen und Fragen beantworten und waren ganz gerührt von den funkelnden Augen, die uns mit großer Begeisterung zuhörten.

Der indirekte Energieverbrauch

Im Süden des Landes sahen wir mitten im Urwald schwarzgraue Wolken in den Himmel aufsteigen, sie kamen von einer Aluminiumfabrik. Schon bei der Herstellung von Aluminium werden Unmengen an Luftschadstoffen, Abraummüll und ein zerstörtes Ökosystem mitproduziert. Das Aluminium-Erz Bauxit lagert meist unter den Regenwäldern und wird im Tagebau gefördert; dabei fallen Bäume, seltene Tier- und Pflanzenarten dem Abbau zum Opfer. Um eine Tonne Aluminium herzustellen, werden 4 bis 5 Tonnen Bauxit, mehr als 15.000 Kilowattstunden (kWh) Strom und 1,3 Tonnen Braunkohle benötigt. Dabei entsprechen 15.000 kWh der Menge an Strom, die ein Mensch in Europa in 10 Jahren zu Hause verbraucht. Der Anteil am weltweiten Stromverbrauch für die Aluminiumindustrie liegt bei über 3 Prozent. Aluminium lässt sich gut recyceln, über 95 Prozent der Energie können dadurch eingespart werden. Ökologisch gesehen ist eine Aluminiumwiederverwertung also selbst dann sinnvoll, wenn man das Metall per Lkw vier Mal um die Welt fahren würde, statt immer neues Aluminium zu produzieren. Nicht nur Metalle sind energieintensiv in der Herstellung, auch Papier verbraucht viele Ressourcen. Für ein Kilo Papier werden rund 10KWh verbraucht, eine Tageszeitung von rund 56 Seiten entspricht so einem Energieverbrauch von etwa 2KWh, ähnlich der Menge an Strom, die eine Durchschnittsperson in Deutschland pro Tag im Haushalt verbraucht.

Ich begriff immer mehr, dass der indirekte Energieverbrauch, in Form von Produkten und Dienstleistungen, die ich in Anspruch nahm, sich viel stärker auf meinen ökologischen Fußabdruck auswirkte als der Strom, den ich daheim verbrauchte. Nicht nur Produkte im Haushalt, sondern auch alle Waren, Güter, Dienstleistungen und Lebensmittel, haben einen kumulierten Energieaufwand, die sogenannte »graue Energie«. Berücksichtigt wird dabei der Verbrauch von Energie, die in Form von Erdöl, Kohle, Gas, Atomkraft usw. auf allen Ebenen benötigt wird, bis eine Ware oder eine Dienstleistung erworben wird, sowie das eventuell anfallende Recycling. Im Fall einer Getränkedose wird der Energieaufwand für Herstellung, Transport, Lagerung, Verkauf und Entsorgung in die Bilanz miteingerechnet. Das bedeutet zum Beispiel, dass auch die Energie, die die Traktoren beim Fällen der Bäume verbraucht haben, dazugezählt wird, ebenso ein Teil der grauen Energie der Traktoren. Auch die Bagger und die Lastwagen, die das Bauxit fördern und in die Aluminiumfabrik transportieren, gehören dazu. Aber auch das Design und die Werbung für die Dose verbrauchen Energie, ebenso die Arbeiter, die zur Abbaustätte oder in die Fabrik fahren. Mit anderen Worten, die Bilanz beinhaltet den gesamten Energiebedarf eines Produktes vor und nach seiner Nutzung. Dabei ist gerade dieser Teil des Energieverbrauches sehr intensiv, denn gemeint sind alle Vorprodukte bis zur Rohstoffgewinnung und der Energieeinsatz aller angewandten Produktionsprozesse sowie die Entsorgung oder das Recycling. Ein noch extremeres Beispiel von unsichtbarer Energieverschwendung ist die Anschaffung eines gewöhnlichen Neuwagens, denn die graue Energie für einen Mittelklassewagen entspricht dem Stromverbrauch einer vierköpfigen Familie in zehn Jahren! Das Statistische Bundesamt hat berechnet, dass im Schnitt jeder Euro, den wir ausgeben, ungefähr eine Kilowattstunde an grauer Energie verbraucht, das heißt ohne den direkten Kauf von Energie.

Die Menschen der Region klagten uns ihr Leid über die bereits seit Jahrzehnten dauernde Schädigung von Leib und Leben durch die Aluminiumindustrie: Wasser, Luft und Erde seien verschmutzt, was zu höheren Raten bei Krebs und anderen Krankheiten führe. Wieder ist es nicht die Bevölkerung, die hierfür Verantwortung trägt, sondern letzten Endes sind wir es, da wir die internationalen, profitorientierten Konzerne durch unser Konsumverhalten darin bestätigen, überall auf der Welt Rohstoffe zum kleinstmöglichen Preis einzukaufen, um uns später das »veredelte« Produkt günstig zu verkaufen. Die Praktiken der Firmen, die weltweit Rohstoffe für unseren Konsumhunger fördern, werden sich nicht ändern, wenn wir uns nicht ändern. Nur wenn wir uns bewusst werden, wie unser Lebensstil mit dem Wohl unserer Mitmenschen, der Tiere und der Umwelt zusammenhängt, können wir auch ganzheitliche Entscheidungen treffen. Umweltzerstörung ist ein globales Phänomen. Nur wenn wir global denken, können wir auch lokal richtige Entscheidungen treffen. Die Verantwortung für das Schicksal der Erde liegt in unseren Händen.

Durch den dichten Urwald

Auf dem Weg nach Venezuela, auf dem wir erfreulicherweise rasch vorankamen, begegneten wir unglaublich herzlichen Menschen. Ein älterer Herr lud uns ein, bei seinem jüngeren Bruder zu übernachten. Tief beindruckt von der Menschlichkeit, die uns mal wieder vorgelebt wurde, betraten wir das Zimmer, wo wir schlafen konnten. Der Raum war beinahe leer. Auf dem Betonboden standen drei paar Schuhe, darüber hingen an einer Leine einige T-Shirts und zwei Hosen. Auf dem Balken, der die Latten zusammenhielt, standen noch einige Hygieneartikel und sonst nichts.

Schnell kamen wir Venezuela näher und mitten im Urwald wurden wir von einem Fahrer direkt bei seiner Schwester abgesetzt, die uns in ihrem Restaurant gleich mit Köstlichkeiten verwöhnte. Nach einer traumhaften Nacht im Freien unterm Sternenhimmel wurden wir schon um halb vier Uhr morgens für die Weiterfahrt geweckt. Wir ahnten nicht, was auf uns zukommen würde, als wir uns vertrauensvoll und gespannt auf den langen, für Holztransporte ausgelegten Lkw setzten. Außer ein paar Benzinfässern und einem riesigen handgeschweißten Metalltank, der mit Diesel gefüllt war, war die Ladefläche leer. Es wurde die holprigste und kräftezehrendste Fahrt überhaupt. Erleichtert erreichten wir nach vier Stunden einen kleinen Imbiss, wo man uns, ohne dass wir überhaupt fragen mussten, großzügig Essen schenkte.

Vor einer großen Grube voller Plastikmüll fragte uns der freundliche Imbissbesitzer, was denn nun umweltfreundlicher sei: alles zu verbrennen oder doch lieber vergraben? Leider konnten wir ihm keine Antwort geben, beides schien uns vollkommen falsch. Aber wir verstanden, dass Milliarden Menschen ernsthaft vor dieser Überlegung stehen, denn nur in wenigen Teilen der Welt existiert ein funktionierendes Recyclingsystem.

Am Fluss, wo wir uns badeten, hörten wir laute und große Maschinen, die dabei waren große Minen für den Goldabbau zu bauen. Viele kleine Goldjäger waren aber schon aktiv und nutzten das so schädliche und zerstörerische Quecksilber, was bei der Goldwäsche genutzt wird und dann in die Flüsse und ins Grundwasser gelangt. Aber es wäre zu einfach, diese Menschen zu verurteilen, denn es sind wir alle, die die Nachfrage an Rohstoffen überhaupt erst schaffen.

Der weitere Weg führte uns über die schlammigsten Straßenabschnitte unserer Reise und war nur noch per Geländewagen mit Allradantrieb zurückzulegen; zum ersten Mal verstanden wir den Sinn dieser Fahrzeuge. Plötzlich hörte der dichte Regenwald auf, es war das Ende des uns so ans Herz gewachsenen Amazonasgebiets, das uns tausende Kilometer begleitet hatte. Vor unseren Augen öffnete sich eine wunderbare Landschaft mit Regenbogen, Regenwolken, Sonne und unglaublich schönen Weiten. Unsere Fahrer meisterten alle noch so unpassierbaren Abschnitte der rudimentären Straße und setzten uns an der Grenze zu Brasilien ab. Unsere Herzen waren erfüllt von so viel Menschlichkeit, die wir in dem sonst so unbekannten und wenig bereisten Guyana erlebt hatten.

Aufgrund von Territoriumsstreitigkeiten zwischen Venezuela und Guayana mussten wir ein letztes Mal nach Brasilien einreisen und spürten wieder ein allgemeines Misstrauen und die Angst, die tief in der brasilianischen Gesellschaft steckt. Nach stundenlangem erfolglosem Warten auf ein Auto wurden wir tatsächlich gefragt: »Seid ihr wirklich keine Mörder?«, doch wir konnten den Fahrer überzeugen, dass wir gute Menschen sind, und so ging es schnurstracks nach Venezuela!

Venezuela – Petrodollars und Sozialprogramme

Die Sonne schien uns ins Gesicht, als ob sie uns mit einem »Herzlich willkommen in einem weiteren spannenden Land unseres traumhaften Planeten« begrüßen wollte. An der Grenze wollte niemand unsere Pässe sehen, also fragten wir selbst nach und bekamen ohne jeden Papierkrieg ganz unbürokratisch den Einreisestempel!

Allgegenwärtig war das damalige venezolanische Staatsoberhaupt Hugo Chávez, überall hingen Plakate, die ihn mit einem breiten Lächeln und kämpferisch erhobener Faust zeigten. Er war der berühmteste, für die einen beliebteste, für die anderen berüchtigtste und verhassteste Präsident Lateinamerikas und präsent wie kein anderer in den Köpfen seiner Landsleute. Rasch merkten wir, dass die Venezolaner stark politisch interessierte Menschen waren, und waren froh, endlich in dem uns so vertrauten Spanisch über die Reise, das Land und die Leute reden zu können, denn manchmal hatten wir das Gefühl, dass wir nicht überall für voll genommen worden sind, wenn wir von unserer Reise ohne Geld von Europa nach Amerika erzählten.

Alte Autos, Abgaswolken und freundliche Menschen, so sahen unsere ersten Eindrücke aus. Kurz nach Grenzübertritt hielt auch schon ein nagelneuer Pick-up für uns an. Hier war es völlig normal, Leute auf der Ladefläche zu transportieren, und so wurden wir nach hinten gewiesen und hatten somit die VIP-Plätze, zumindest die mit der besten Aussicht, für die Gran Sabana, die gleich nach der Grenze beginnende wunderschöne Hochebene. Als es heftig zu regnen begann, wurden wir freundlicherweise nach innen eingeladen. Wie wir schon geahnt hatten, waren der Fahrer und seine Frau aus der Oberschicht und komplett gegen den »Diktator«. Sie hörten gar nicht mehr auf, sich über ihn und seine Politik zu echauffieren. Obdach fanden wir in der ersten Nacht in einem Restaurant der indigenen Yanomami, die seit der Präsidentschaft von Chávez endlich das Recht, ihre eigene Sprache lehren zu dürfen, bekommen haben sowie weitreichende Autonomie über große Teile ihres Landes.

Nachdem wir abgesetzt worden waren und zunächst keine Mitfahrmöglichkeit finden konnten, setzten wir unseren Weg zu Fuß fort. Die Sonne brannte auf unsere helle Haut, während wir Kilometer um Kilometer am Straßenrand entlangliefen. Endlich hörten wir dieses wohltuende Geräusch eines bremsenden Autos, die roten Rücklichter leuchteten auf und wir rannten los. An Bord passierten wir überfüllte Tankstellen, an denen bis zu 50 Autos in Schlange standen, um sich mit dem spottbilligen Benzin einzudecken. In Venezuela liegen die größten Erdölvorkommen Amerikas, zudem ist fast nirgends die energetische Kosten-Nutzen-Rechnung zu ihrer Förderung so günstig wie hier. In Nordamerika und weiten Teilen der Erde ist dieser »Erntefaktor« (Energy Returned on Energy Invested) bei der Erdölförderung, also die Höhe der Energie, die für Bohrungen und Verarbeitung aufgewendet werden muss, in den letzten Jahrzehnten dramatisch angestiegen. Wurden in den dreißiger Jahren in den USA mit dem Einsatz von einem Barrel noch über 100 Barrel Erdöl gefördert, sind es heute weniger als 10 Barrel, die durch ein Barrel gewonnen werden. Bei der Gewinnung von Erdöl aus Teersand und Ölschiefer beträgt die Energieausbeute sogar nur noch 1 zu 4. Es ist also eine Frage der Zeit, bis das Verhältnis 1 zu 1 wird und spätestens dann zu massiven Problemen der Weltwirtschaftslage führen würde. Für weniger als umgerechnet einen Euro lässt sich der Tank eines jeden noch so großen Pick-ups füllen. Wie auch in Deutschland bezahlt man in einer Tankstelle mehr für einen Liter Wasser als für Benzin, nur dass hier eine Wasserflasche etwa so viel kostet wie eine gesamte Tankfüllung. Mittlerweile gibt es auch kaum noch private Zapfsäulen in Venezuela, denn obwohl überall noch die Schilder von BP, Shell, Exxon und anderen Mineralölkonzernen an den Tankstellen angebracht sind, hat Chávez diese verstaatlicht oder ihnen die Arbeit so schwer gemacht, dass sie freiwillig gegangen sind. Venezuela ist eines der wenigen Länder, die sich gegen die übermächtigen Erdölkonzerne stemmen.

In Venezuela füllen die Petrodollars aber vor allem die Staatskasse, aus der »El Comandante« Chávez Sozialprogramme seines Landes bezahlte. Wir erfuhren, dass das Studieren hier nur den symbolischen Preis von einem Bolivár Fuerte (0,20 Euro) kostete. Für erfolgreiche oder aus ärmeren Familien stammende Studenten standen sogar noch Stipendien zur Verfügung. Seit die Sozialistische Partei vor über zehn Jahren die meisten Parlamentssitze gewinnen konnte, wurden in allen 24 Bundesstaaten Universitäten gegründet und hunderte neue Krankenhäuser gebaut. Millionen Venezolaner, auch in den noch so abgelegenen Gegenden, haben dank des von China ins All beförderten Satelliten »Simón Bolívar« kabellose Telefonverbindungen zum Spottpreis. Außerdem wurden auf dem Land »Informationszentren« errichtet, in denen es kostenlosen und nicht zensierten Internetzugang gab, den auch wir nutzten. Der wohl wichtigste Beitrag für die Menschen in Venezuela ist aber zweifellos die Subventionierung der 17 Grundnahrungsmittel.

Trotzdem liest man in den europäischen Medien nur selten etwas Positives über Chávez' »Bolivarische Revolution« oder über Venezuela. Das ist wahrscheinlich kein Zufall. Europa und Nordamerika und das kapitalistische System dominieren die Welt und unternehmen alles Mögliche, das dies auch so bleibt. Wer hat noch nicht gehört oder gelesen, dass es in Venezuela keine Pressefreiheit gibt? Fakt ist, dass wir in keinem Land, das wir auf unserer Reise besuchten, so viel Negatives in Zeitungen, im Fernsehen und im Radio über die Regierung hörten. In vielen Punkten ist die Kritik an Chávez' Führungsstil wie auch seiner Politik gerechtfertigt, genauso oft treffen aber auch die Lobeshymnen zu, die auf ihn in regierungsfreundlichen Medien gesungen werden, doch in den westlichen Medien fehlte es uns an neutraler, objektiver Berichterstattung.

Kommentare des Präsidenten wie »Wenn das Klima eine Bank wäre, wäre es längst gerettet worden« gelangen nur selten in die Schlagzeilen. Es wäre offenbar Propaganda für einen Systemwechsel, wenn die guten Initiativen, Ideen, Regeln, Gesetze oder was auch immer eines »feindlichen Systems« in die mehrheitlich kapitalistisch geprägten westlichen Köpfe gelangen würde.

Ein Beispiel für eine sinnvolle Umweltschutzmaßnahme der venezolanischen Regierung: Obwohl in Venezuela die industrielle Grundschleppnetzfischerei verboten wurde, wird sie weiterhin in weiten Teilen der Erde eingesetzt. Diese für die Fischindustrie lukrative Methode ist dafür verantwortlich, dass Millionen Tiere als unbrauchbarer Beifang einfach wieder tot ins Meer gekippt werden. Weiterhin sind die Schleppnetze für die Zerstörung des Meeresbodens verantwortlich, jedes Jahr für eine Fläche von der doppelten Größe Deutschlands. Weltweit holt die Fischindustrie jedes Jahr mehr als 90 Millionen Tonnen Meerestiere und Fisch aus den Ozeanen, wobei rund 40 Prozent davon Beifang sind. Die toten Tiere werden meist als Müll wieder ins Meer geworfen. Neben hunderter Meereslebewesen, die in den letzten Jahrzehnten schon ausgestorben sind, gehören rund Dreiviertel aller Fischsorten zu den besonders gefährdeten Arten. Die Aquakultur-Fischzucht ist keine Lösung für dieses Problem, denn für die Produktion nur eines Kilogramms Thunfisch wird die zwanzigfache Menge an wild gefangenem Fisch benötigt.

Unser nächstes Ziel war die Hauptstadt Caracas, eine der gefährlichsten Städte der Welt. Zwischen 9 und 15 Millionen illegale Waffen befinden sich in den Händen der knapp 30 Millionen EinwohnerInnen Venezuelas und jedes Jahr werden um die 20.000 Menschen ermordet. Auch wenn es nicht wie in Brasilien von obdachlosen Menschen wimmelte, waren die Kontraste zwischen den Reichen und Armen deutlich zu spüren. Bei meiner lieben Gastmutter Rubi aus Mexiko konnten wir für einige Tage Kraft tanken. Wie alle anderen Wohnhäuser dieser Gegend wurde auch dieses von einem Sicherheitsmann bewacht; wir waren sozusagen in einem Privatgefängnis mit Ausgangsgenehmigung. Drei bis sechs Meter hohe Mauern mit elektrischem Stacheldraht, Videokameras sowie zwei Stahltüren pro Eingang sollen die Bewohner schützen. Als wir einmal versuchten, Kontakt zu den Hausnachbarn aufzunehmen, öffneten nur die wenigsten, und diejenigen, die sich trauten, uns die erste Stahltür zu öffnen, hielten guten Sicherheitsabstand hinter der zweiten.

Auch außerhalb dieses Areals schien der Ausnahmezustand zu herrschen; alles, was auch nur irgendwie geklaut und zu Geld gemacht werden kann, zum Beispiel Stromkästen, metallene Mülleimer, ist mit dicken Stahlschlössern gesichert. Fast jedes Geschäft beschäftigt einen oder meist sogar mehrere Wachleute, die mit Pumpguns und kugelsicheren Westen den ängstlichen Kunden ein Gefühl von Sicherheit vermitteln sollen. Wir waren froh, dass wir beim Autostopp sofort Erfolg hatten und diese Stadt hinter uns lassen konnten. Wenige Stunden später erreichten wir die Grenze zu Kolumbien. Beim Grenzübertritt sollte jeder von uns umgerechnet 5 Euro Ausreisesteuer bezahlen. Nachdem wir den Beamten unser Projekt erklärt hatten, verzichteten sie nicht nur auf diesen Betrag, sondern organisierten uns gleich noch eine Mitfahrgelegenheit.

Als wir Venezuela verließen, wusste ich, dass die Zeiten der »klassischen« Revolution, ob sie nun von unten oder von oben kommt, vorbei sind. Jetzt ist die Zeit der (R)evolution, die in aller Stille, ständig und unaufhaltsam einfach passiert. Nichts ist stärker und nachhaltiger als ein Wandel, der den Herzen der Menschen entspringt!

Von Kolumbien nach Panama

In Kolumbien angekommen, schlenderten wir durch die dunklen Straßen von Maicao und fragten in einer Bar nach Leitungswasser, um es mit unserer Lifesaver Bottle zu filtern. Ein Gast lauschte neugierig unseren Erzählungen und lud uns für den nächsten Tag zu einer TV-Sendung ein – es stellte sich heraus, dass er Moderator beim Frühstücksfernsehen war. Anschließend durften wir noch in einer Universität zwei Vorträge vor sehr interessiertem Publikum halten: eine große Freude und Ehre für uns.

In Cartagena stieß Camille, Benjamins Freundin, zu unserem Trio. Damit sie einen angenehmen Start hatte, suchten wir ein Hostel, in dem wir für eine Gegenleistung für ein paar Tage kostenlos unterkommen konnten. Ein aus Wien stammender Hostelbesitzer hörte gespannt meinem Bericht zu und es war ihm ein Vergnügen, uns umsonst einzuquartieren. Wie schon Nieves brachte auch Camille ein klein wenig mehr Komfort in unsere Reise; ab jetzt achteten wir eher darauf, immer rechtzeitig nach einem sicheren und am besten überdachten Schlafplatz zu suchen. Um den Weg nach Panama abzukürzen, suchten wir nach einem Segelschiff, das uns dorthin bringen würde. Obwohl viele Boote vor Anker lagen, machte man uns keine Hoffnung, ohne Geld mitgenommen zu werden.

Einige Tage später saßen wir unter Deck der *Stahlratte*, mit 45 Metern Länge das größte Schiff von allen, die im Hafen lagen. Ludwig, ein wahrer Bilderbuchkapitän aus Kiel, hatte uns auf sein Prachtschiff eingeladen, um mit uns Tacheles zu reden. Wir sprachen gar nicht wirklich über die Reise, sondern vielmehr über die dahinterstehende Philosophie. Im Kern waren wir uns einig, aber Meinungsverschiedenheiten blieben, und das war auch gut so. Die *Stahlratte*, die sogar einmal unter Greenpeace-Flagge über die Meere geschippert war, hatte unser Herz gewonnen, und wir fühlten uns vom ersten Moment an wohl auf dem vor über 100 Jahren in Holland gebauten ehemaligen Fischkutter. Alles stimmte, alles war perfekt, es musste einfach klappen! Am Ende zogen wir ohne hundertprozentige Zusage ab, aber Ludwig wollte uns eine Chance geben. Wir sollten noch zahlende Touristen finden, die mit nach San Blas wollten, denn von den 20 Betten war für die in einer Woche angesetzte Überfahrt noch nicht einmal ein Drittel belegt.

In der Zwischenzeit stellte man uns in einem Hostel kostenlos für knapp eine Woche ein Zimmer zur Verfügung, und auch obwohl wir öfter unsere Hilfe anboten, schien es wohl zu kompliziert, an uns Aufgaben zu delegieren. Als wir von dort aufbrachen, lud uns der Besitzer aber noch auf eine Pizza ein.

Es war das erste Mal, dass wir wirklich in einem »Backpacker-Paradies« angekommen waren. Hier, in dem wunderschön restaurierten Teil Cartagenas, fühlten sich die mit Laptops, iPhones, BlackBerrys und Kreditkarten ausgerüsteten *Lonely Planet*-LeserInnen sichtlich wohl, alles schien perfekt. Die Sause, das Essen und auch die Hostels kosteten nicht viel, man blieb unter sich, Spanisch wurde nur von einem Bruchteil gesprochen. Ja, sogar Swimmingpools und Whirlpools gehörten zu der Ausstattung vieler Hostels.

Die Gleichgültigkeit gegenüber dem Weltgeschehen und den lokalen gesellschaftlichen Problemen war frappierend. Denn hinter der schillernden Fassade der Altstadt leben viele Menschen in bitterster Armut und mit massiver Umweltverschmutzung. Während die einen mit einem Cocktail im Pool sitzen, haben die Bewohner der nur drei Kilometer entfernten Favelas keinen Zugang zu fließend Wasser und müssen das kostbare Nass oft mühsam holen gehen. Wassermangel ist ein globales Problem und jedes Jahr sterben durch verseuchtes oder nicht vorhandenes Wasser mehr Menschen als im Krieg.

Am 12. September stachen wir mit der Crew und 15 Seelen aus verschiedenen Ländern der Welt in See, darunter vier Rucksackreisende, die wir organisiert hatten. Wir halfen, wo wir konnten, wuschen, kochten und gingen in der Kombüse zur Hand. Trotzdem blieb uns Zeit, zusammen mit den anderen Passagieren die traumhafte Überfahrt zu genießen. Schon am nächsten Tag erblickten wir Kokospalmen, so weit das Auge reichte. Die einheimischen Kuna pflanzen diese Bäume schon seit vielen Jahrzehnten überall auf den Inseln an, um die Früchte lukrativ nach Kolumbien zu verkaufen. Ebenso paradiesisch und faszinierend war die Unterwasserwelt der 365 Inseln: Korallen, Rochen, Seesterne, Fische aller Art und Farben, es war atemberaubend und ich fühlte die Harmonie im Kosmos, wo jedes Lebewesen, jeder Stein und jede Koralle seinen Platz hat. Hier war nichts und niemand überflüssig, alles befand sich im Einklang mit der Natur.

Wir befanden uns in den Hoheitsgewässern der Kuna, der am wohl besten organisierten und eine der freiesten indigenen Ethnien in ganz Lateinamerika. Von den USA unterstützt, erhielten sie vor knapp 100 Jahren weitgehende Autonomie von Panama. Der Legende nach war es ein Deutscher, der ihnen einst erklärte, was Arbeit ist und die Kuna benutzen seitdem tatsächlich das Wort »Arbeit«. Das Wort stammt ursprünglich aus dem Germanischen und bedeutet Mühe, Leiden und Beschwernis. Mit dem Wort kam auch das Konzept von einem Arbeitsverhältnis mit Bezahlung auf.

Auch wenn die Kuna sehr viel Wert auf ihre Tradition legen, so ist ihnen das Geld mittlerweile sehr wichtig, denn nach der traumhaften Reise mit der *Stahlratte*, auf der wir schon mit einem Kuna über die kostenlose Mitfahrt zum Ufer gesprochen hatten, saßen wir plötzlich versehentlich in einem anderen Kanu. Der Besitzer wollte uns einfach nicht ziehen lassen, doch zum Glück war uns einer der Kuna wohlgesinnt und am Ende durften wir ohne zu zahlen gehen. Es fühlte sich nicht gut an und zeigte uns einmal mehr, wie verbittert Menschen werden können, wenn es um Geld geht. Wir waren froh, dass es das einzige Mal auf der Reise war, wo es zu einem solchen Missverständnis kam.

Natürlich wurde uns auch hier versichert, dass sich hier niemand ohne zu bezahlen fortbewegen kann. Noch vor den Augen der ZweiflerInnen wurden wir gleich von dem ersten Auto mitgenommen. Wir waren auf dem Weg nach Panama-Stadt und hatten nun endlich die Zielgerade nach Mexiko erreicht, wo wir rechtzeitig zur UN-Klimakonferenz in Cancún im November ankommen wollten. Und uns fehlten nur noch ein paar tausend Kilometer! Ob es einfach an dem weiblichen Zuwachs in Gestalt von Nieves und Camille lag, jedenfalls funktionierte das Trampen noch nie so leicht wie jetzt und so erreichten wir die Hauptstadt des Landes mit bloß drei Autos, wobei wir nur fünf FahrerInnen gefragt hatten.

Panama ist ein kleines Land mit genauso vielen Einwohnern wie Berlin und doch ist es für den Weltmarkt ein sehr wichtiges Land, denn der 80 Kilometer lange künstlich geschaffene Panamakanal ist für mehr als 15.000 Schiffe das Nadelöhr zum Pazifik beziehungsweise zum Atlantik.

Das Zentrum von Panama-Stadt lag nur ein paar Kilometer von unserem Übernachtungsort bei einem Couchsurfing-Gastgeber entfernt, doch wir staunten nicht schlecht, als ein Polizist uns anhielt und uns fragte, wohin wir denn gehen wollten. Wie eine Schneise zieht sich eine große Verkehrsstraße durch die Stadt und hält das verwahrloste Armen- vom Reichenviertel auf Distanz. Klassensegregation im Jahr 2010. Unbeirrt gingen wir weiter und machten keine einzige schlechte Erfahrung, außer mit den Polizisten, die uns fast jedes Mal ansprachen, sei es, weil wir nicht mit dem Auto unterwegs waren, denn Weiße laufen normalerweise nicht, oder weil sie uns schlicht warnen wollten, wie gefährlich es auf der »anderen« Seite sei. Der Casco Viejo, das alte Stadtzentrum, ist wunderschön und befindet sich seit einigen Jahren im Fokus von profitorientierten Immobilienmaklern; viele arme Menschen, die hier seit ihrer Geburt leben, mussten dem Kapital weichen. Auf Biegen und Brechen und mit unmoralischen Angeboten werden die Menschen aus ihren Wohnungen und Häusern vertrieben. Mittlerweile gab es nur noch wenige, die ausharrten, die meisten waren gegangen worden. Bedürftige Menschen, die nur 20 US-Dollar pro Tag bezahlt bekommen, renovieren dann die wunderschönen und historischen Bauten zu Luxusapartments, Hotels und Restaurants. Gentrifizierung – also Strukturwandel eines Stadtbezirkes, in dem reichere Menschen ärmere Menschen verdrängen und die Mieten steigen lassen – ist zu einem weltweiten Phänomen – und Problem – geworden.

In Panama, wie fast überall in Lateinamerika, haben die allermeisten ArbeiterInnen keine Versicherungen, es gibt keine Sicherheitskontrollen - alleine das Ergebnis zählt. Mehr als zwölf Stunden harter und höchstgefährlicher Arbeit gehören zum Alltag. Auch dies ist wieder ein Beweis dafür, wie ungerecht unsere Welt ist und dass wir meist keinen Bezug zu dem haben, was wir kaufen, benutzen oder mieten, bzw. wie wir alle selbst Teil des Systems sind.

Fast immer waren die Autos voll, nachdem wir vier eingestiegen waren. Einer unserer Fahrer, ein Radiomoderator, erklärte uns, dass alle lateinamerikanischen Politiker, die Präsidenten eingeschlossen, korrupt seien, man aber Verständnis für sie haben müsse, denn diejenigen, die einer Firma einen Auftrag zum Bau einer Straße, eines Gebäudes oder einer Brücke organisieren, bescheren den Unternehmen viel Geld. Ein kleiner Teil sollte dann doch wirklich an den Vermittler gehen, das sei doch nur fair. Natürlich sollte dabei nicht übertrieben werden, aber etwa 10 Prozent der Auftragssumme schienen ihm durchaus angemessen. Grundsätzlich jedoch, so erläuterte uns der kategorische Nichtwähler, sei ihm Politik komplett egal. Er müsse doch ohnehin jeden Morgen aufstehen und arbeiten, sich um sein Brot sorgen, »das ändert sich auch nicht mit einem besseren oder schlechteren Präsidenten«. Eine Einstellung, die wohl viele Menschen mit ihm teilen. Aber geht es uns nicht gut genug, damit wir uns nicht mehr nur um unser eigenes Brot kümmern sollten, sondern auch um das Wohlbefinden unserer Mitmenschen?

Dem Tod ganz nahe

Für uns begann die Zeit des »zentralamerikanischen Feuerwehr-Hoppings«, wie wir es nannten, denn die freundlichen Feuerwehrleute ließen uns fast ausnahmslos bei sich nächtigen. Ein Notarzt, der in Bereitschaft für Krankenwageneinsätze arbeitete, erzählte uns, wie sein eigenes Nahtoderlebnis nach einem Verkehrsunfall sein Leben verändert hatte. Materielles war unwichtiger geworden, Familie, Freunden und Hobbys dagegen widmete er von nun an mehr Zeit; jegliche Angst war wie weggeblasen. Seine Dankbarkeit für das Geschenk des Lebens war dafür umso größer, er war wie verwandelt, glücklicher und herzlicher geworden. Millionen Menschen haben weltweit ähnliche Erfahrungen gemacht. Ob man an ein Leben nach dem Tod glaubt oder nicht, Studien haben herausgefunden, dass die große Mehrheit der Menschen, die eine Nahtoderfahrung gemacht haben, ihr Leben auf der Erde mehr lieben gelernt und nachhaltig verändert haben. Auch wenn wir vier noch kein solches Erlebnis hatten, waren wir dem Leben sehr dankbar – und damit jedem Menschen, dem wir begegnen durften.

Die Palliativpflegerin Bronnie Ware begleitete unzählige Menschen in ihren Tod und schenkte den Sterbenden immer ihr Ohr. In ihrem Buch *5 Dinge, die Sterbende am meisten bereuen* fasste sie die häufigsten Einsichten ihrer PatientInnen zusammen. Die meisten Menschen bereuen auf ihrem Sterbebett, dass sie nicht den Mut und die Kraft hatten, ihr eigenes Leben und ihre Träume gelebt zu haben, anstatt immer nur Dinge zu tun, von denen sie glaubten, sie würden von anderen erwartet. Besonders Männer bereuten, dass sie zu viel gearbeitet und sich zu wenig um ihre Kinder und PartnerIn gekümmert hätten. Bronnie Ware beschreibt, wie sehr sich die meisten Sterbenden gewünscht hatten, ihre Gefühle frei äußern zu können und sich ihrer Umwelt ohne Angst zu öffnen. Außerdem vermissten alle ihre Freunde, wenn sie kurz vor dem eigenen Tod standen, und hatten sich gewünscht, viel mehr Zeit und

Liebe für ihre Freundschaften aufgebracht zu haben. Zu guter Letzt begriffen viele Menschen erst kurz vor ihrem Tod, dass sie jederzeit die Freiheit hatten zu wählen, aber aus Gewohnheit und Bequemlichkeit sich meist lieber mit Situationen abgefunden haben, anstatt neue Wege zu gehen.

Costa Rica – Pura Vida!

Für Nieves und mich war es das erste Mal, ununterbrochen über Monate zusammen sein zu dürfen. Unsere Liebe wuchs ständig und all die Erfahrungen, die wir machten, ließen unsere Verbundenheit weiter gedeihen. In uns wuchs der Wunsch, dass wir eine Familie gründen wollten, doch zunächst ging es für uns weiter in Richtung Mexiko.

In Costa Rica wurden wir bei strömendem Regen vor einem Restaurant abgesetzt, wo wir auf ein herrliches Willkommensessen eingeladen wurden. In der Nacht sprachen wir in Golfito, einem netten verschlafenen Örtchen, mit den Feuerwehrleuten, die uns ohne zu zögern unsere Betten zeigten. Wir wollten unseren Augen kaum glauben, es war wie in einem Fünf-Sterne-Luxushotel: eigenes Bad, Betten, ja sogar vier Hemden der Feuerwehr schenkten sie uns!

Am nächsten Tag besuchten wir die Universität des Ortes und waren positiv überrascht von dem ökologischen Bewusstsein der Ticos, wie sich die Costaricaner selbst nennen. Überall hingen Hinweisschildchen: »Schalte das Licht aus und Deinen Geist ein«, »Wasser ist kostbar und jeder Tropfen zählt« usw. und fünf Studenten sortierten sogar Müll. Schon seit vielen Jahrzehnten wird in dem kleinen Land ein umweltfreundliches Bewusstsein angeregt und in Bildung, Gesundheit und Ökologie investiert. Die Lebenserwartung ist hier, zusammen mit Kuba, in ganz Lateinamerika am höchsten, die Analphabetenquote am niedrigsten. Es ist wohl kein Wunder, dass der begeisterte Ausruf »pura vida!« (»pures Leben!«) hier zum geflügelten Wort wurde.

Costa Rica ist eines der ganz wenigen Länder, die keine Armee haben und somit kein Geld für Panzer und sonstige Kriegswaffen verschwenden. Weltweit geben die Staaten im Namen ihrer BürgerInnen mehr als 1750 Milliarden US-Dollar für Rüstung aus, mit 682 Milliarden entfällt dabei der Großteil auf die Vereinigten Staaten. Aber am Ende des Tunnels ist Licht zu sehen, denn immer weniger Menschen wollen für das Militär arbeiten und weltweit sind, seit über 15 Jahren, zum ersten Mal die Rüstungsausgaben gesunken. Das weltweite Budget an Entwicklungshilfe fällt hingegen mit nur rund 130 Milliarden US-Dollar jährlich eher bescheiden aus. Dieser Sachverhalt spiegelt deutlich wider, wo nach wie vor der Schwerpunkt unserer Zeit liegt. Dabei gehen sogar viele der Hilfsmilliarden in Projekte, Maschinen und Ähnliches, was vor allem den Geberländern selbst zugutekommt.

Wir spürten, dass der costaricanische Paradigmenwechsel, weg vom Militär hin zu mehr Menschlichkeit, sehr positive Auswirkungen auf das Land und die Leute hatte. Ein Vorbild und in meinen Augen ein Ausblick auf die Zeit, in der wir Menschen uns nicht mehr als Feinde, sondern wie Brüder und Schwestern behandeln und uns gegenseitig helfen und unterstützen, wo wir können.

Die Plastiktütenindustrie

Unser nächster Fahrer, José, war der Besitzer einer Plastiktütenfabrik, einem Produkt, welches wir fast alle auf der Welt benutzen und das in der Regel eine Durchschnittslebensdauer von weniger als einer halben Stunde hat. Obwohl es Alternativen gibt, verkauft José immer noch die normalen Plastiktüten, die nicht biologisch abbaubar sind, bis zu 450 Jahre lang das Ökosystem belasten und Milliarden von Tieren das Leben kosten. Bei den Tüten handelt es sich um ein typisches globalisiertes Produkt: Das Ausgangsmaterial, der Kunststoff Polyethylenterephthalat (PET), wird überall in der Welt hergestellt, in diesem Fall in den USA, von wo es nach Costa Rica in die Fabrik von unserem Fahrer gelangt. Jedes Jahr produzieren wir Menschen mehr als 40 Millionen Tonnen an PET für alle möglichen Produkte, wobei die Anzahl der daraus entstehenden Plastiktüten zwischen 500 Milliarden und einer Billion schwankt und nur weniger als 3 Prozent recycelt werden.

José war ein ganz gewöhnlicher lieber Mensch, er schien uns kein skrupelloser Geschäftsmann zu sein. Auch wenn seine Tüten die Umwelt belasten, sind es doch wir, die Konsumenten, die mindestens genauso viel Verantwortung für den Berg an Plastik in der Welt haben. Sein Unternehmen ist lukrativ und verdient auf Kosten der Natur, jedes Jahr verkauft José mehr Tüten, macht mehr Gewinn und war sich offenbar keineswegs über die Umweltschäden bewusst. Aber warum auch? Er funktionierte, er machte seine Arbeit gut, er tat das, was die Gesellschaft von ihm verlangte, genau wie die Supermärkte auf die Wünsche ihrer Kunden nach Plastiktüten eingehen. Dabei ist die Lösung keinesfalls einfach nur der Austausch durch Stoffbeutel. Einer unveröffentlichten Studie einer britischen Umweltbehörde zufolge muss ein Stoffbeutel rund 170-mal benutzt werden, um den gleichen ökologischen Fußabdruck wie 170 Plastiktüten zu haben. Da ein solcher Einkaufsbeutel aber im Durchschnitt nur 55-mal zum Einsatz kommt, ist der bei seiner Herstellung anfallende Kohlendioxidausstoß in den meisten Fällen sogar höher als bei den dünnen Einwegplastiktüten. Am besten ist es also, den Stoffbeutel viele hundert Male zu nutzen oder auf Kisten, Körbe oder Rucksäcke zurückzugreifen, die lange halten. Die Komplexität unseres Ökosystems macht es nicht immer einfach, den nachhaltigsten Weg zu gehen, aber der Wille dafür ist unabdingbar, denn wenn wir unseren ökologischen Fußabdruck nicht verringern wollen, ist kein Ende der Wegwerfmentalität in Sicht.

Wir machen es uns zu einfach, wenn wir den Schwarzen Peter den FabrikantInnen der Welt zuschieben. Ich erinnere mich, wie mir einmal jemand, der bei einem großen Energiekonzern arbeitete, erzählte, dass es überhaupt keinen Unterschied mache, ob er oder jemand anderes die Arbeit erledigen würde. Selbst wenn er kündigen würde, so sein Argument, so würde in kürzester Zeit ein anderer für ihn einspringen. Also könne er auch gleich an seinem Arbeitsplatz bleiben.

Auch wenn nach wie vor ein Großteil der Menschen so denkt und handelt, nimmt die Anzahl derjenigen stetig zu, die die Freiheit haben und sie sich auch nehmen, eine Arbeitsstelle auszusuchen, hinter der sie mit ganzem Herzen stehen. Das Bewusstsein, wie wir alle und mit allem zusammenhängen, wächst ständig, und mittlerweile zählen für viele nicht mehr nur das Gehalt oder die Arbeitsbedingungen, sondern wie ethisch, moralisch und nachhaltig die Unternehmen wirtschaften. So gibt es auch eine steigende Anzahl von Menschen, die ganz bewusst in ihrer Firma bleiben, um sich dort für Umweltschutzthemen einzusetzen. Es sind gerade die großen Konzerne, bei denen noch sehr viel Potenzial für mehr Nachhaltigkeit vorhanden ist. Mit Ausnahme bestimmter Branchen, von der Tierindustrie bis zu Rüstungsunternehmen, hängt also mehr davon ab, was man in einem Unternehmen tut, und weniger, welchem Geschäftszweig es zugehörig ist.

Die dunkle Seite des Ökotourismus

Auf unserem Weg passierten wir atemberaubende grüne Landschaften, Hügel und Berge. Costa Rica ist das Mekka des Ökotourismus, wohlhabende Menschen aus den reichen Industrieländern fliegen tausende Kilometer, um in einem der unzähligen Eco Resorts Urlaub zu machen. Auch wenn die Idee des umweltfreundlichen Tourismus als solche nicht verwerflich ist, sieht die Realität des grünen Fremdentourismus anders aus. Auch im »Biourlaub« gilt es, den gutwilligen Touristen Geld abzunehmen, und wenn dies besser klappt mit dem Versprechen, dass es sich um ökologisch nachhaltige Ferien handelt, dann wird das auch ausgenutzt. Am Ende sind alle glücklich: die Touristen, die sich ein gutes Gewissen erkauft haben, die Hotelbranche, die gut verdient hat, und Costa Ricas Wirtschaft, die durch die Milliarden, die die TouristInnen im Land lassen, weiter wachsen kann. Der Großteil der UrlauberInnen kommt aus den USA – und nicht selten auch wegen billiger Prostituierter, Kasinos und Drogen. Seit 1990 hat sich die Besucherzahl des Landes verzehnfacht, doch seit der Finanzkrise im Jahr 2008 haben sich viele Investoren zurückgezogen und unzählige Bauruinen zurückgelassen. Dabei ist gerade der Bau eines Hauses unglaublich energieintensiv, und die graue Energie, die bei der Errichtung sowie der Herstellung der verarbeiteten Materialien verbraucht wird, ist in der Regel um die 40-mal größer als der jährliche Energiebedarf des erbauten Hauses. In anderen Worten: Die durchschnittlich pro Jahr in einem Haus genutzte Energie macht nur einen Bruchteil der gesamten Energiemenge aus, die das Haus schon verbraucht hat, bevor jemand eingezogen ist.

Der Beginn meiner veganen Ernährung

In San José angekommen, irrten wir durch die Straßen der Hauptstadt und amüsierten uns sehr über die Wegbeschreibungen der Ticos, denn die Häuser tragen hier keine Nummern oder »richtige« Adressen. Die Anschrift unseres Couchsurfing-Gastgebers las sich folgendermaßen: »Von der Nationalbank in der Nähe des Universitätsgeländes 400 Meter nach Süden und dann 50 Meter nach Osten«. Nachdem wir erfolgreich den Weg zu ihm gefunden hatten, empfing er uns herzlich mit einem köstlichen vegetarischen Essen. Für mich sollte es das letzte sein, denn den am 1. November gefeierten Weltvegantag nahm ich zum Anlass, mich fortan endlich ausschließlich vegan zu ernähren. Ich hatte immer mehr das Gefühl, scheinheilig zu sein und mir selbst gegenüber nicht authentisch, wenn ich einerseits von Harmonie und Einklang mit den Tieren sprach und andererseits selber tierische Produkte konsumierte.

Seitdem ich mich erinnern kann, spürte ich eine Beziehung zu den Tieren, wollte ihnen kein Leid zufügen, aber meine Vedrängungsmechanismen funktionierten gut und so beschäftigte ich mich einfach nicht mit der Tierindustrie und stempelte Veganer als vorbildlich, aber leider viel zu extrem ab. Jahrelang war ich überzeugt, als Vegetarier schon alles zu tun, was in meinen Kräften stand, um die Tiere vor Leid zu bewahren, aber gerade in den letzten Monaten beschäftigte mich das Thema sehr und der Weltvegantag half mir dabei, den letzten Schritt zu gehen.

Seitdem ich auf der Erde bin, hatte ich dieses Mitgefühl mit den Tieren – und trotzdem dauerte es über 27 Jahre, bis ich begann, wenigstens in meiner Ernährung meinen Idealen treu zu werden. Da ich seit unserer Etappe auf den Kanarischen Inseln ohnehin nur sehr wenig Nahrung tierischer Herkunft zu mir nahm, fiel mir der Verzicht auch überhaupt nicht schwer. Im Gegenteil, ich fühlte mich wohler als je zuvor, denn endlich verhielt ich mich beim Essen so, wie ich es mit meinem Gewissen vereinbaren konnte. Die letzte Ausrede, an die ich mich vor meiner Entscheidung geklammert hatte, war, dass ich bis nach der Reise mit der Umstellung auf rein pflanzliche Ernährung warten wollte. Ich glaubte, ich könnte mich auf so einer Reise ohne Geld unmöglich ausgewogen und gesund vegan ernähren. Aber auch dieser Zweifel sollte vollkommen unberechtigt sein. Ich war erfüllt davon, mich endlich zu diesem Schritt durchgerungen zu haben. Endlich aß ich, was ich mit ganzem Herzen und ohne mir selber untreu zu sein, vertreten konnte. Es war ein großer Schritt in Richtung eines harmonischeren Lebens, im Einklang mit der Natur und den Tieren. Da auch Benjamin schon länger mit dem Gedanken gespielt hatte, sich vegan zu ernähren, und mich nicht, wie beim Umstieg auf die vegetarische Kost, vorwegpreschen sehen wollte, entschied er sich kurzerhand ebenfalls zu einer Essensumstellung. Es war schön, diesen wichtigen Schritt gemeinsam mit ihm zu gehen, so wie alles, was wir im Leben teilen, einfacher ist und mehr Freude bereitet.

Wenn wir nun nach Essensresten fragten, erwähnten wir, dass die Hälfte von uns nur Veganes isst, also nichts, was von Tieren stammt. Da die meisten Menschen in Lateinamerika aber wenig oder gar nichts über die vegetarische, geschweige denn die rein pflanzliche Ernährung gehört hatten, schauten uns die Leute oft mit großen Augen an und zeigten ihre Ahnungslosigkeit über diese Form der tierfreien Ernährung. Wir erklärten dann immer gerne, dass es bedeutet, keine tierischen Produkte zu essen, also kein Fleisch, Fisch, Milchprodukte, Eier, Honig und auch nichts, was Gelatine oder andere tierische Substanzen enthält. Da für viele, die wir trafen, Hühnchen zu wenig Fleisch hatten, erwähnten wir meistens auch, dass wir auch keine Hühnchen aßen. Nicht wenige fragten uns dann, was wir denn überhaupt essen würden. Natürlich konnten wir meist gar nicht aufhören, all die veganen Köstlichkeiten, die es zu essen gibt, aufzuzählen.

Wenn es sich irgendwie ergab oder wir gefragt wurden, erwähnten wir auch gerne, warum wir uns vegan ernährten. Man hörte uns interessiert zu, denn den meisten war der Zusammenhang der Ernährung mit Welthunger, Klimawandel und der Zerstörung unseres Ökosystems nicht geläufig. Da es aber in Lateinamerika ohnehin viele klassische Gerichte gibt, die komplett vegan sind, hatten wir auch keine Probleme, auch weiterhin satt zu werden. Benjamin und ich fühlten uns reiner und friedlicher mit unserer tierlosen Kost und stellten wieder einmal fest, dass wir alles schaffen können, wenn wir nur wirklich wollen, wenn unser Wille stark genug ist.

Ananas, Chemie und EU-Normen

Costa Rica ist weltweit einer der fünf Hauptproduzenten von Ananas. Mit einer Anbaufläche von über 45.000 Hektar ist diese Frucht ein wichtiger Bestandteil der Exportwirtschaft des Landes. Deutschland beispielsweise bezieht 70 Prozent seiner Ananasimporte aus dem kleinen mittelamerikanischen Land. Noch nie hatten wir die riesigen Ananas-Monokulturen gesehen und waren erfreut, als uns Yeudy, der seit Jahren im Ananasgeschäft arbeitet und selbst Plantagenbesitzer ist, in seinem Auto mitnahm. Er erzählte uns alles, was man über die Ananasindustrie wissen muss.

Viele der schlecht bezahlten ArbeiterInnen stammen aus dem benachbarten, viel ärmeren Nicaragua. Eine Sechs-Tage-Woche ist Standard, in der Hochsaison wird aber auch oft sieben Tage die Woche angepackt, zwölf und mehr Arbeitsstunden pro Tag sind dann völlig normal. Über 95 Prozent der Ananaslandwirtschaft werden konventionell betrieben, also mit dem Einsatz von Chemie, die Flüsse, Seen und das Grundwasser verunreinigt. Costa Rica importiert Unmengen an Pestiziden und Dünger, und der aggressive Einsatz von Chemikalien verwandelt die Böden in ein fast steriles Medium und ist für Kontamination und Erosion verantwortlich. Zur Trockenzeit kommt es immer häufiger zu Wasserknappheit, weil zur Bewässerung der Ananasplantagen Unmengen an Wasser aus Flüssen und dem Grundwasser entnommen werden. Der Einsatz von Pestiziden führt bei den ArbeiterInnen häufig zu Juckreiz, Hautausschlägen und Übelkeit. Die hochgiftigen Chemikalien, die oft aus Europa oder den USA stammen, sind aber auch für Krebs, Fehlgeburten, Unfruchtbarkeit und schwere Krankheiten der Menschen verantwortlich, die auf den Feldern arbeiten oder in ihrer Nähe wohnen.

Die gesamte Ananasindustrie ist auf einen möglichst hohen Ertrag aus, so dass die Früchte sogar künstlich zum Blühen gebracht werden. Bedingt durch strenge Importauflagen der Europäischen Union müssen die Bauern weit mehr Chemie einsetzen als notwendig. Yeudy erklärte uns, dass keine Ananas nach Europa eingeführt werden dürfen, die nicht perfekt gewachsen sind, beispielsweise muss die Krone die gleiche Größe haben wie die Frucht. Selbstverständlich sind auch die Farben der Früchte genormt. Den Profit dieser arbeitsaufwendigen Landwirtschaft streichen die Mittelsmänner und die Großfirmen ein, denn Yeudy und seine Kollegen verkaufen die Ananas für nicht einmal 0,25 Euro pro Stück an die Exportfirma. Die Kisten, in denen die Königsfrüchte gelagert und nach Europa geschifft werden, kosten pro Stück ungefähr einen Euro und werden aus den USA importiert. Da nur fünf bis zehn Ananas in die Pappkisten passen, geht also ein Großteil des Gewinns direkt ins Ausland.

Da Yeudy Werkzeuge, Maschinen, Kisten, Chemikalien und anderes importieren muss, geht insgesamt mehr als ein Viertel seines Verdienstes an die reichsten Länder der Welt. Der Lohn für die fleißigen ArbeiterInnen liegt bei gerade mal 200 Euro monatlich. Weil es viele Ananas gibt, die aufgrund der EU-Normen nicht verkauft werden können, dürfen sich die Arbeiter seiner Felder jede Woche eine Ananas mit nach Hause nehmen. Mit einer frisch gepflückten Ananas verabschiedete sich unser lieber Königsfruchtexperte und weiter ging es nach Nicaragua.

Auf Ometepe, einer Vulkaninsel auf dem größten See Mittelamerikas, lernten wir die erste vegane Kommune kennen. Die LNUs, wie sie sich selbst nennen, besitzen ein faszinierendes Wissen über Pflanzen, Kräuter, alternative Medizin und überhaupt über die Natur. Sie zeigten uns, wie die hauchdünnen Zwiebelschichten als Pflaster und Zitronen als Deodorant genutzt werden können und welche der unzähligen einheimischen Wildpflanzen essbar sind. Wir waren erfüllt von der schönen Begegnung und wussten, dass wir noch viel von der und über die Natur lernen konnten.

Zurück auf dem Festland wurde uns klar, dass die Schauergeschichten, die man uns in Costa Rica über Nicaragua erzählte, total übertrieben und nicht wahrheitsgemäß waren. Vorurteile über unsere Mitmenschen scheinen auch noch im 21. Jahrhundert in vielen Köpfen präsent zu sein. Auch in Europa gibt es diese Vorurteile. Es scheint, dass alles, was zum eigenen Kulturkreis gehört, aufgewertet wird, indem wir die »Anderen« schlecht machen. Dabei ist es viel schöner und wohltuender, das Gute in den »anderen« Menschen, Kulturen und Ländern zu suchen und zu loben.

Die Textilindustrie

Von einem Fahrer wurden wir zu ihm nach Hause eingeladen und erfuhren über die katastrophalen Umstände der »Free Zone«, eines von Steuern befreiten Industrieparks unweit seines Wohnorts. Textilfirmen aus aller Welt siedelten sich hier an, um Heerscharen von ArbeiterInnen für weniger als 30 Euro sechs oder auch sieben Tage die Woche im Akkord arbeiten zu lassen. Die meisten der über 50.000 unausgebildeten und dem System hilflos ausgelieferten Menschen kommen jeden Tag von nah und fern, um bei irgendeinem Jeanshersteller an der Nähmaschine zu sitzen. Noch ungesünder und gefährlicher ist die Bleichung der Jeans. In riesigen Trommeln mit Bimssteinen und verschiedenen Laugen oder Enzymen werden die Hosen bearbeitet. In den stickig-heißen Fabriken tragen nur wenige die eigentlich vorgeschriebenen Masken. Jedes Jahr sterben ArbeiterInnen aufgrund der unmenschlichen Arbeitsbedingungen, doch genaue Zahlen gibt es nicht, denn die Firmen wollen mit den Todesfällen nichts zu tun haben und verschleiern diese sogar noch. Ohne Arbeitsverträge sind die meisten der ArbeiterInnen den Konzernen komplett ausgeliefert: Wird jemand krank, verletzt sich oder bekommt sonstige gesundheitliche Probleme, wird sie oder er einfach fristlos entlassen. Dabei wusste die Frau unseres Fahrers, die Personalmanagerin in einer der Firmen mit knapp 1000 Beschäftigten war, dass etwa ein bis drei ArbeiterInnen pro Jahr sterben. Der Druck ist gewaltig, denn wer schneller arbeitet als der Durchschnitt, erhält einen Bonus von 30 Euro pro Monat – wer sich allerdings bei der Akkordhetze Hände oder Finger durchsticht, erhält keine Hilfe, sondern die Entlassung.

Am nächsten Morgen begleiteten wir seine Frau bis zum Eingang ihrer Firma, dabei passierten wir ein großes Schild, das erklärte: »Nur die besten Arbeiter«. Zehntausende strömten in die großen Hallen, viele von ihnen alleinerziehende Mütter, die vor lauter Arbeit sowie der An- und Abreise von bis zu vier Stunden pro Tag keine Zeit mehr für ihre Kinder haben. Ihre Textilfirma arbeitet mit großen, weltweit aufgestellten Branchenprimussen zusammen. Besser bezahlt werden dadurch die flinken Hände nicht. Ob No-name-Firma oder Levi's & Co., für nicht einmal 2 Euro pro Jeans kaufen die Konzerne die Hosen von der Fabrik, um sie dann unter ihrem Label für bis zu 150 Euro zu verkaufen. Per Lkw werden die Jeans in die USA transportiert und von dort in die ganze Welt, wobei selbst die für den zentralamerikanischen Markt bestimmten Stücke diesen Umweg über die Staaten machen.

Doch nicht nur die ArbeiterInnen werden gnadenlos ausgenutzt, sondern auch die Natur leidet unter der Textilproduktion. Bis zu 12.000 Liter Wasser werden für die Herstellung einer Jeans verbraucht beziehungsweise verschmutzt. Giftiges Abwasser läuft ununterbrochen in den nahegelegenen See und verunreinigt die Wasserquelle von hunderttausenden Menschen.

Auch außerhalb der Free Zone werden wir Zeugen der Ungerechtigkeit der globalen Marktwirtschaft. Fleißige KaffeearbeiterInnen, die ihre rohen Kaffeebohnen in der Sonne zum Trocknen ausbreiteten, berichteten uns, wie viel sie pro Kilo Kaffee bekommen: lediglich beschämende 5 Prozent des Kaffeepreises, den man in den Industrieländern zahlt, landet bei den AnbauerInnen.

Nach langem Suchen nach einem Schlafplatz in Tegucigalpa, der Hauptstadt von Honduras, wurde uns erlaubt, in einem großen Krankenhaus zu übernachten. Die Sicherheitskräfte warnten uns, dass wir auf unsere Sachen aufpassen sollten. Der Zustand des öffentlichen Krankenhauses war katastrophal, es fehlten Türen, Waschbecken, Stühle, Klodeckel und Lampen, überall schliefen Menschen auf dem Boden, in der Decke klafften große Löcher. Wir hofften, dass wenigstens die medizinische Austattung der ÄrztInnen ein wenig besser war.

Frühmorgens sahen wir viele bedürftige Menschen, Kinder und ganze Familien auf den Straßen des Zentrums. 70 bis 80 Prozent der Bevölkerung leben unter der Armutsgrenze und Honduras gehört damit nach Haiti zu den ärmsten Ländern Lateinamerikas. Doch wie überall: Wo viele wenig haben, haben wenige viel. Pünktlich um acht Uhr hatten mit großen Schnellfeuergewehren ausgestattete Polizisten die Altstadt übernommen und die Obdachlosen verdrängt. Im Nu verwandelte sich das Viertel zum Shoppingparadies für die Wohlhabenden des Landes.

In Belize wurden wir von einem Großgrundbesitzer mitgenommen, dem viele Rohrzuckerplantagen gehören. Er erzählte uns, dass er sich ein Fairtrade-Siegel gekauft habe, weil sich der Zucker dann besser und teurer in Europa verkaufen ließe. Auf die Frage, ob sich in seinem Betrieb irgendwas für die ArbeiterInnen geändert hätte, antwortete er mit nein. Eine weitere Illusion, die den bemühten KonsumentInnen in den reichen Ländern zu denken geben sollte. Nicht überall, wo »bio« oder »fair« draufsteht, ist es auch drin, will heißen, geht es wirklich gerechter und umweltfreundlicher zu. Natürlich stellt praktisch jedes fair gehandelte Produkt in irgendeiner Weise eine Verbesserung für die in der Landwirtschaft arbeitenden Menschen dar, aber oft sind die Vorteile nur gering. Außerdem dürfen Produkte auch dann ein Fairtrade-Siegel tragen, obwohl nur 20 Prozent der Zutaten aus fairem Handel stammen. Ein weiterer Nachteil ist, dass viele so zertifizierte Produkte überhaupt nicht bio sind und dementsprechend für die ArbeiterInnen, die Natur und die in den Anbaugebieten wohnenden Menschen eine Gefahr darstellen und zu schlechterer Lebensqualität führen können.

6. Endlich in Mexiko

Rund elf Monate nach Beginn der Reise in Den Haag erreichten wir Mexiko. Ein lieber Fahrer wollte uns einen Gefallen tun und, wie schon andere Menschen auf der Reise, Geld schenken, er verstand überhaupt nicht, warum wir seinen Schein ablehnten. Viele, denen wir von der geldlosen Reise erzählten, konnten uns einfach nicht glauben und verstanden oft, dass wir einfach nur mit wenig Geld reisten, aber uns über mehr freuen würden. Es belegte die Tatsache, dass wir Menschen oft Dinge hören oder lesen, die uns unvorstellbar erscheinen, und dann einfach in unseren Köpfen Gelesenes so zurechtbiegen, dass es in unser Weltbild passt.

Das (Kriegs-)Geschäft mit den Drogen

Seit Jahren tobt in Mexiko ein erbitterter Kampf zwischen den Drogenkartellen, dem Militär und der Polizei. Insgesamt sind seit Beginn der Offensive des ehemaligen Präsidenten Calderón mehr als 150.000 Menschen ums Leben gekommen, ohne dass sich am eigentlichen Ziel der Maßnahme, nämlich der Eindämmung der Rauschmitteltransporte in die Vereinigten Staaten, viel geändert hätte. Nach wie vor gelangen mehr als 70 Prozent aller Drogen, die in die USA importiert werden, via Mexiko über die Grenze.

Weltweit ist der Drogenhandel eines der florierendsten Geschäfte überhaupt, mit dem jährlich, laut Schätzungen der UN, rund 430 Milliarden Dollar umgesetzt werden. Beschaffungskriminalität und Auseinandersetzungen zwischen konkurrierenden Banden wie auch mit der Staatsgewalt führen zu Terror und regelrechten Kriegen, unter denen auch die unbeteiligte Zivilbevölkerung leidet. In vielen Teilen der Welt sitzt die Hälfte oder sogar noch mehr der Häftlinge direkt oder indirekt wegen Drogenvergehen hinter Gittern. Die meisten von ihnen sind Abhängige, die ihre Sucht auf kriminellem Weg zu finanzieren versuchen, oder kleine Handlanger, die das Rauschgift an den Mann bringen und häufig aus sozial schwachen und marginalisierten Teilen der Gesellschaft stammen. Jedes Jahr steigt der Konsum der kriminalisierten Substanzen und es ist eine marktwirtschaftliche Binsenweisheit, dass der Markt bedient wird, bis die Nachfrage aufhört. Bis dahin wird kein Gesetz der Welt, keine Polizei oder Militärsondereinheit den Kampf gegen die Drogen gewinnen können. Es ist ein wenig wie mit der Hydra in der griechischen Mythologie, der man zwar einen Kopf abschlagen kann, aber nur damit ihr zwei neue wachsen. Wenn wieder einmal ein großer Drogenboss gefasst wurde, was ohnehin selten passiert, nehmen rasch noch brutalere und skrupellosere Kriminelle seinen Platz ein. Es ist auch kein Kampf der Guten gegen die Bösen, denn die Profiteure des illegalen Drogenhandels sind nicht nur die oft als Problem dargestellten kriminellen Banden, sondern Politiker, Militärs, Juristen, Geschäftsmänner aller Couleur und Klassen. Das Zauberwort heißt Korruption, alles und fast jeder ist käuflich, Bereicherung und die Gier nach Geld und Materiellem sind das Öl des immer kranker werdenden Motors unseres Systems.

Nur der legale Selbstanbau von weichen Drogen wie Marihuana, eine kontrollierte Abgabe aller härteren Rauschmittel und gute Beratungs-, Entzugs- und Behandlungsangebote können das Problem entschärfen.

Klimakonferenz in Cancún

Die UN-Klimakonferenz in Cancún (COP16) hatte bereits begonnen, überall begegneten wir massiver Präsenz von Polizei und Militär, die dafür sorgten, dass sich DiplomatInnen und MitarbeiterInnen von Nichtregierungsorganisationen und den Vereinten Nationen ungestört in klimatisierten Räumen des Moon Palace, dem offiziellen Tagungshotel, beraten konnten. Das Fünf-Sterne-Hotel wurde, wie die meisten Hotels in der Region, auf den Mangrovenwäldern gebaut, die eigentlich unter Naturschutz stehen und extrem wichtig für die Flora und Fauna der Küste sind.

Auf riesigen Plakaten warben große Konzerne für ihre »nachhaltigen« Produkte; die VerbraucherInnen sollten beruhigt weiter konsumieren können. Greenwashing vom Feinsten: Es wurde suggeriert, durch den Kauf bestimmter Produkte oder Dienstleistungen tue man sogar aktiv etwas gegen den Klimawandel und helfe somit der Umwelt und dem Planeten. Fast alle Unternehmen haben mittlerweile verstanden, dass sie etwas ändern müssen, und dass am nachhaltigen Wirtschaften, ob ehrlich oder unehrlich gemeint, kein Weg vorbeiführt.

Auf einer von der mexikanischen Regierung finanzierten Messe sahen wir ein »ökologisches« Musterhaus, das demonstrieren sollte, wie Komfort und Ökologie unter einem Dach vereinbar sind. Leider wurde hier nicht auf den indirekten Energieverbrauch eingegangen und so wurden viele moderne Geräte als energiesparend angepriesen, ohne deren Ressourcen- und Energieverbrauch ganzheitlich darzustellen. So beläuft sich beispielsweise bei einem Computer die Graue Energie bei vier Jahren Gebrauchszeit auf rund 1,25 kWh pro Tag.

Endlich erreichten wir das Klimaforum, die alternative Klimakonferenz – ein Paradies inmitten des Urwaldes. Der Slogan der zweiwöchigen Veranstaltung lautete: »Lasst uns das System ändern, nicht den Klimawandel.« Wir erwarteten das umweltfreundlichste Zusammenkommen von Menschen überhaupt. Die Realität sah leider anders aus. Ein halbes Dutzend junger Menschen war damit beschäftigt, Trockentoiletten zu bauen, doch die wurden erst fertig, als die Konferenz schon fast zu Ende war, und so gab es nur die herkömmlichen Dixi-Klos. Des Weiteren verpestete der eigens für das Event organisierte Stromgenerator die Luft – und die Stimmung im Naturidyll –, auch gab es kein biologisch abbaubares Spülmittel. Leider war auch der Ort des Geschehens denkbar ungünstig gewählt worden: Ein Polofeld, wo sich normalerweise die High Society trifft, wurde für sage und schreibe 35.000 US-Dollar gemietet. Ursprünglich wuchs hier ein traumhafter Urwald, der nun einem mit Chemie bearbeiteten Rasen weichen musste. Wir durften uns als Freiwillige einbringen und kostenlos teilnehmen. Alle TeilnehmerInnen bekamen ausgerechnet *Plastik*armbändchen – wir konnten es nicht fassen, dass selbst auf dieser alternativen Veranstaltung so wenig auf ganzheitliche Nachhaltigkeit geachtet wurde.

Aber die VeranstalterInnen der über 100.000 US-Dollar teuren Konferenz gaben sich Mühe, und wenigstens das Essen war biologisch und vegetarisch. Die Stimmung unter den über hundert anderen, äußerst motivierten Öko-AktivistInnen aus der ganzen Welt war gut. Manche waren wie wir mit dem Segelboot von Europa getrampt, andere mit dem Fahrrad gekommen. Eine Gruppe war in einem mit altem Küchenöl angetriebenen Schulbus aus den USA angereist. Obwohl alle Freiwilligen tolle Projekte, Ideen und Visionen mitbrachten, verloren wir leider alle viel zu viel Zeit für Organisation und unwichtige Details und durch Egoprobleme.

Mit der Klimakonferenz endete unsere wunderbare gemeinsame Reise, Camille wollte zurück nach Europa, Benjamin per Fahrrad und wir per Anhalter nach Mexiko-Stadt. Die gemeinsamen Monate haben uns nachhaltig verändert und für immer vereint.

Die schönste Nachricht unseres Lebens

In Mexikos Hauptstadt erfuhren wir von dem größten Glück auf Erden: Nieves war schwanger, im September sollten wir Eltern werden! Ein unbeschreibliches Gefühl der Dankbarkeit und Liebe erfüllte uns. Mit offenem Herzen freuten wir uns auf das Wesen, das sich den Weg zu uns gesucht hatte.

Wir genossen die herzliche Gastfreundschaft verschiedener Freunde, und schnell hatten wir genügend Restaurants und Märkte ausgemacht, bei denen wir in Hülle und Fülle für die Tonne bestimmte Lebensmittel retten konnten. Wir waren erstaunt, dass trotz der Armut und der bescheidenen Gehälter der MitarbeiterInnen in der Gastronomie fast niemand die Lebensmittelreste mitnehmen wollte, wenn es denn erlaubt war. Unser Verhalten hatte positive Folgen, denn schon bald fingen auch sie an, den frisch gepressten Orangensaft und all die übrig gebliebenen Köstlichkeiten nicht zu »entsorgen«, sondern für den Eigenverbrauch mit nach Hause zu nehmen. Erklärt wurde uns das vormalige Nichtmitnehmen der Reste mit dem Stolz der MitarbeiterInnen: Gegenüber ihren KollegInnen und ihrer eigenen Familie war es ihnen wichtig zu zeigen, sich selbst Essen kaufen zu können und nicht auf »Almosen« angewiesen zu sein. Es hatte also zuvor ein Umdenken einsetzen müssen, und wir waren froh, den Stein ein wenig ins Rollen gebracht zu haben. Um unser Netzwerk von Läden und Restaurants, bei denen wir Lebensmittel retteten, dauerhaft aufrechterhalten zu lassen, erstellten wir eine Karte mit Abholzeiten und dem jeweiligen AnsprechpartnerIn.

Auf der Suche nach einem Frauenarzt für Nieves bekamen wir drei Absagen, bevor uns ein sympathischer Gynäkologe sofort in sein Herz schloss. Er wollte keine Gegenleistung haben, denn es war ihm vom ersten bis zum letzten Besuch eine Freude, uns helfen zu können. Nieves bekam alles, was man als schwangere Frau eben so braucht, von Untersuchungen bis hin zu Folsäuretabletten, die in Mexiko für Schwangere ohnehin kostenlos sind.

Auf dem Weg zurück nach Europa ging es für uns zunächst durch Mexikos Norden, wo seit Jahren Gewalt und ein ständiges Gefühl der Angst – nicht zuletzt wegen der blutigen Drogenbandenkriege – die Einheimischen so eingeschüchtert haben, dass sie sich fast nicht mehr aus dem Haus trauten. Wir hörten von korrupten Polizisten, die auch bei tödlichen Verkehrsdelikten gegen die Zahlung von ein paar tausend Euro wegschauten. Mir wurde einmal mehr bewusst, wie stark Geld uns Menschen manipulieren kann und wir, durch den ständigen Drang nach mehr Geld, unsere Herzen vergessen. Wir besuchten die beiden Pärchen, die schon vor fast einem Jahr geheiratet hatten und mit ihrer Einladung die Initialzündung für die Reise gewesen sind. Schon nach wenigen Wochen der Reise war uns klar, dass wir es nicht rechtzeitig nach Mexiko schaffen werden, aber wie schon Konfuzius wusste, ist der Weg das Ziel, denn alles im Leben hat seinen Sinn.

USA – Kapitalismus extrem

Wir liefen über die Brücke, die über den Rio Grande führt, in die Vereinigten Staaten. Gleich der erste Ort trug den Namen Presidio, was auf Spanisch Zuchthaus heißt – ein treffender Hinweis gleich beim Betreten des Landes mit den meisten Häftlingen weltweit. Über 2,3 Millionen Menschen sitzen in den USA hinter Gittern, der größere Teil von ihnen sind Schwarze und Hispanoamerikaner. Während Weiße mit über 70 Prozent zwar nach wie vor die Bevölkerungsmehrheit bilden, stellen sie unter den Strafgefangenen die Minderheit. Erklärungen der von uns nach dieser Diskrepanz Befragten rutschten oft sehr schnell in eine unterschwellige oder teils sogar offene Stigmatisierung und Diskriminierung ab, denn viele weiße US-AmerikanerInnen beschrieben uns Afroamerikaner und Hispanics als faul und kriminell. Das Wissen, wie stark wir allein durch unsere Gedanken andere Menschen beeinflussen, ist leider noch kein Allgemeingut, aber mir wurde immer klarer, dass es nicht nur die Handlungen und Worte sind, die uns berühren, verändern und zu dem werden lassen, was wir sind.

Rund 10 Prozent aller Sträflinge sitzen in privaten Haftanstalten ein– profitorientierte Sicherheitsfirmen verdienen ordentlich daran, wenn das »Haus« voll ist. Mehr Insassen bedeuten auch mehr Gewinn und es besteht ein Interesse daran, sie möglichst lange hinter Gitter zu behalten. Seit 1980 hat sich die Zahl der Inhaftierten vervierfacht – und alles sieht so aus, als ob sich daran in absehbarer Zeit nichts ändern wird, denn wer einmal eingesperrt war, hat es in der amerikanischen Gesellschaft nicht leicht, einen Job zu finden. Der Eintrag im Führungszeugnis lastet schwer und lässt vielen Ex-Gefangenen nur den Ausweg in die Kriminalität.

Die USA sind auch sonst ein Land der Extreme, ein Land mit Millionen Millionären oder sogar Milliardären, der Geldadel unserer »zivilisierten« Welt. Gleichzeitig gibt es Millionen von Menschen, die ausgestoßen, verarmt und von der Gesellschaft alleingelassen werden. Darunter sind viele psychisch wie physisch kranke Veteranen, verheizt in unzähligen Kriegen, in denen die US-Regierungen egal welcher politischen Couleur seit Jahrzehnten die Weltpolizei spielen, während sie die Menschen in ihrem eigenen Land vergessen.

Groß waren auch die Fahrzeuge, die uns auf unserer Reise per Autostopp begegneten. Auf den Straßen fuhren überdimensionierte Trucks und Pick-ups, die durchaus mehr als 30 Liter auf 100 Kilometer verbrauchen, was sich viele Menschen bei Benzinpreisen von umgerechnet 70 Eurocent pro Liter leisten konnten.

Unsere erste Fahrerin war eine Mexikanerin, die seit 14 Jahren in den Staaten lebt. Sie erzählte uns, wie sie fünf Jahre lang drei Jobs gleichzeitig hatte; unter der Woche arbeitete sie acht bis zehn Stunden und am Wochenende noch einmal zwölf Stunden pro Tag, alles ohne Ferien. Leider war sie kein Einzelfall, sondern nur eine von Millionen legaler und illegaler Immigranten, die das gleiche Schicksal teilen. Viele Menschen in den USA arbeiten fast rund um die Uhr und sind dennoch oft nicht krankenversichert, weil es keine Priorität für sie hat oder das Geld dafür schlicht nicht reicht. Im Durchschnitt verdienen die bei Fastfood-Ketten angestellten Menschen ohnehin nur 8 US-Dollar (ca. 5,60 Euro) pro Stunde, das ist nicht viel mehr als der gesetzliche Mindestlohn.

Wir wurden eingeladen, bei ihrer Tochter, die als McDonald's-Managerin arbeitete, zu übernachten. Obwohl sie seit Jahren in der größten Fastfood-Kette der Welt beschäftigt ist, bekommt sie keine einzige Mahlzeit geschenkt. Dafür freuen sich die AktienbesitzerInnen über Milliardengewinne, die mittlerweile in den mehr als 34.000 McDonald's-Filialen erwirtschaftet werden.

In den USA gibt es mehr als 100 Fastfood-Unternehmen, die über 160.000 Restaurants betreiben. Knapp 50 Prozent aller AmerikanerInnen konsumieren dort wöchentlich und 6 Prozent sogar täglich. Um es den Kunden möglichst einfach zu gestalten, gibt es überall die Möglichkeit, ohne auszusteigen Essen zu kaufen. »Drive-thru« heißt das Zauberwort und wurde 1930 zum ersten Mal in den Staaten eingeführt. Mittlerweile wurde es den SitzenbleiberInnen aber auch in vielen anderen Bereichen sehr bequem gemacht: Banken, Apotheken, Baumärkte, Cafés, Supermärkte, Mülleimer, Briefkästen kann man im Vorbeifahren benutzen, ja sogar heiraten kann man in Las Vegas, ohne seinen fahrbaren Untersatz verlassen zu müssen. Man spürt, Zeit ist ein knappes Gut im Land des »Fortschritts« und der unbegrenzten Möglichkeiten. In einem Bioladen erzählte uns eine Verkäuferin von einem Kunden, der ein Vitaminpräparat suchte und dieses das Nahrungsergänzungsmittel unbedingt in Pillenform und nicht als Pulver kaufen wollte, weil er keine Zeit habe, das Pulver in ein Glas Wasser zu schütten und umzurühren.

Ein texanischer Trucker berichtete uns von seiner Arbeit, dem Pferdetransport. Die noch lebendigen Vierbeiner haben oft eine lange Reise von mehreren tausend Kilometern hinter sich und kommen teilweise sogar aus Alaska. An der mexikanischen Grenze dürfen dann rund 70 bis 80 Prozent von ihnen einreisen und werden von dort weiter bis nach Mexiko-Stadt gebracht. Alle Pferde mit Wunden oder Insektenbefall werden nicht ins Land gelassen und wieder zurückgekarrt, das sind dann aber meist »nur« zehn bis zwanzig Tiere. In Mexiko werden die Tiere dann getötet und zerlegt, gekühlt geht es meist per Flugzeug nach Frankreich und in die vielen anderen Ländern, in denen Pferdefleisch als Delikatesse gilt. Der weltweite Hunger nach Tieren hat sich in den letzten Jahren weiter beschleunigt. Über 60 Milliarden Tiere werden von Menschen jedes Jahr getötet, sieben Millionen davon sind Pferde.

Obwohl Nieves am liebsten schon von Mexiko aus nach Europa zurückgekehrt wäre, hatte ich mich mit meinem sturen Kopf durchgesetzt, noch weiter in die Staaten zu reisen und dort zu versuchen, ohne Geld zurück nach Europa zu kommen. Mein Ego war stark, gab es doch für mich nichts, was unmöglich gewesen wäre, so glaubte ich. Aber langsam kam ich zur Einsicht. Den Traum vom Boottrampen vom Golf von Mexiko an der Ostküste entlang beziehungsweise direkt zurück nach Europa gab ich auf, um es mit einem Flugzeug zu versuchen. Wir besuchten kleine und große Flughäfen, sprachen mit Piloten, schrieben in Foren und schrieben vielen Menschen via Couchsurfing-Webseiten. Doch wir hatten kein Glück. Auch das Trampen gestaltete sich schwieriger, aber das war kein Wunder in einem Land, in dem Panik, Angst und Schrecken vor dem Unbekanntem herrschten und in den Medien ständig von Gräueltaten, Terrorangst und von Feinden gesprochen wird.

Die Vereinigten Staaten sind Weltmeister in vielen Disziplinen. Es wird mehr gekauft und weggeschmissen als irgendwo sonst auf der Welt. Nirgendwo sonst gibt es so viele Übergewichtige wie im Land der unbegrenzten Essmöglichkeiten. Mehr als zwei Drittel der Bevölkerung tragen zu viele Kilos mit sich herum und machen es zum übergewichtigsten Land auf Erden. Man könnte ja meinen, dass bei so viel Appetit nichts auf dem Teller zurückbleibt, doch das Gegenteil war der Fall: In den USA werden mehr Lebensmittel verschwendet als in irgendeinem anderem Land der Welt. Leider ist die Denkweise der meisten RestaurantmanagerInnen oder LadenbesitzerInnen von Angst und Vorgaben von oben beeinflusst. Wenn wir nach Resten fragten oder uns einfach von auf dem Tisch zurückgelassenem Essen bedienten, bekamen wir immer die gleiche Antwort: Es sei leider verboten, denn man könnte ja vor Gericht dafür haftbar gemacht werden, wenn der Esser krank wird von dem, was für den Müll bestimmt oder schon dort gelandet war. Trotzdem trafen wir immer wieder auf liebe und herzliche Menschen, die sich nicht um solche bürokratischen Fesseln kümmerten, sondern uns die Reste gaben oder uns schlicht mit Freude einluden.

Auf dem Weg nach Houston nahm uns ein Herr mit, der für die mächtige Ölindustrie arbeitet. Er erklärte uns, woher die ganze Angst in den Köpfen der US-AmerikanerInnen komme. In seiner Kindheit habe niemand Haus oder Auto abgeschlossen, doch dann seien irgendwann die nationalen Nachrichten in die Nachrichtensendungen gelangt, und das habe alles geändert. Ab diesem Zeitpunkt sei es egal gewesen, wo in den USA ein Überfall, Einbruch oder Verbrechen passiert gewesen sei, es sei gezeigt worden und es hatte die Angst vor dem Unbekannten und dem Fremden immer weiter zunehmen lassen. Obwohl er sich darüber vollkommen bewusst war, hatte die Angst auch ihn längst ereilt. Er lebte mittlerweile in einer »Gated Community«, also einem von der Außenwelt durch Zäune, Kameras und Sicherheitspersonal abgeschotteten Wohnbezirk, wo die Reichen unter sich bleiben. Er gestand auch, dass die dort stehenden Villen von 400 Quadratmetern und mehr für ihn und seine Frau zu groß seien, aber kleinere Häuser gebe es laut ihm nicht. Ein Wohnen in Gegenden, wo Migranten und Schwarze leben, sei aber undenkbar für ihn, denn dort es sei viel zu gefährlich. Ein Rassist sei er aber nicht, versicherte er uns. Vielmehr sah er sich selbst und Millionen andere als Opfer des Systems.

Der Wahnsinn, den wir in den USA antrafen, überstieg unsere Vorstellungskraft. Der ständige dort herrschende Kontrollwahn führt zu einem solch enormen gesellschaftlichen Druck, dass in den USA über 20 Prozent der Erwachsenen Psychopharmaka nehmen.

Loslassen und Rückkehr nach Europa

Nach Wochen des In-mich-Kehrens, von Diskussionen und Reflexionen war ich endlich bereit und verabschiedete mich von meinem egoistischen Verhalten und öffnete mich meinem Herzen. Meine liebste Nieves und unser gemeinsames Kind sind einfach viel wichtiger als das krampfhafte Festhalten an den Prinzipien des Nichtfliegens, Flugbezahlenlassens und damit auch das Ende der Reise ohne Geld. Es war die beste Entscheidung, die ich treffen konnte, und ich bin meiner Frau sehr dankbar, dass sie mir beigestanden und mir Zeit zum Nachdenken geschenkt hat. Am Ende war die Entscheidung eine klare und aus vollem Herzen getragene, denn für mich gab und gibt es nichts Wichtigeres als die Liebe zu meiner Familie sowie die Treue zum eigenen Herzen.

Dank eines Mitarbeiters einer Fluglinie ging es dann nach Europa. Er wollte unser Projekt unterstützen und nahm sich drei Tage Zeit für uns. Wir waren ganz gerührt von seinem altruistischen Verhalten. Es ist einfach immer wieder schön zu erleben, wie viel Herz, Zeit und Hingabe Menschen ohne irgendeine Gegenleistung für ihre Mitmenschen aufbringen. Nieves übernahm die Flugkosten, die nur bei 10 Prozent des regulären Flugpreises lagen, weil wir in Begleitung von einem Mitarbeiter waren und auf eine Maschine gebucht waren, die noch freie Sitzplätze hatte. In neun Stunden ging es über den Atlantik, dorthin zurück, wo das Abenteuer vor 15 Monaten begonnen hatte. Inzwischen hatten uns mehr als 500 Fahrzeuge über 30.000 Kilometer mitgenommen. »Zufällig« ging der Flug nach Holland, wo dann die größte, schönste und spannendste Reise des Familiendaseins in Europa beginnen sollte.

Gemeinsam mit unserem Freund trampten wir vom Flughafen nach Den Haag. Für unseren Begleiter war es das erste Mal, in ein wildfremdes Auto zu steigen. Später erzählte er uns, dass die Erfahrung über die Menschlichkeit beim Trampen sein Herz vor Freude hatte höher schlagen lassen! Während der Essenssuche erzählten wir immer von der Reise und unseren Beweggründen dafür und wurden von einem Dönerladenbesitzer herzlichst eingeladen, frei von der Karte zu wählen. Der Fluggesellschaftsmitarbeiter konnte die Gastfreundschaft und Offenheit gar nicht fassen. Als wir dann in einem anderen Laden noch eingeschweißte Sandwichs vor der Tonne retteten, war er total überwältigt. Für ihn war die Zeit mit uns wie eine Probefahrt; da er Gefallen daran gefunden hatte, bestand er darauf, am nächsten Morgen zum Flughafen zu trampen. Er meinte, er habe in der kurzen Zeit mit uns sein Vertrauen in die Menschen zurückgewonnen. Sein Glaube gab ihm recht, denn schon nach wenigen Minuten hielt ein Auto für ihn und weg war er.

Was für eine wunderschöne menschliche Begegnung! Ein krönender Abschluss einer Reise, die nur dank solch wunderbarer Menschen Realität werden konnte. Denn träumen können wir allein, aber um unsere Träume wahr werden zu lassen, müssen wir sie mit unseren Mitmenschen teilen, damit sie in Erfüllung gehen.

Vier Polen, die als Lkw-Fahrer in Holland arbeiteten, nahmen uns mit nach Berlin. Wir waren sehr positiv überrascht über die unzähligen jungen Menschen mit Rucksäcken, die an jeder Tankstelle in kleinen und größeren Grüppchen eine Mitfahrgelegenheit suchten. Auf der ganzen Reise haben wir nicht so viele Anhalter gesehen. Ich träumte von einer Renaissance des Trampens.

Wir waren wieder zu Hause und die Reise der Menschheit von Europa über Afrika, den Atlantik, Lateinamerika, Nordamerika und wieder zurück war zu Ende, aber mein Streben nach mehr Harmonie und Einklang von meinen Gedanken und Taten hatte gerade erst begonnen. Die Zeit außerhalb von Europa hatte meine Weltanschauung auf allen Ebenen verändert und mir Horizonte geöffnet. Ich blickte mit ganz anderen Augen auf den Kontinent, der für mich von Geburt an mein Zuhause war und den ich jetzt ganz anders wahrnehmen konnte.

Im Vergleich zu den meisten anderen Regionen der Welt genießen wir unvorstellbaren Luxus, und das nicht nur auf materieller Ebene. Seit über 60 Jahren haben wir das große Privileg, im Frieden, ohne Hunger, mit sauberem Trinkwasser, Heizung, sanitären Einrichtungen, Krankenhäusern, guter Infrastruktur, kostenloser Bildung und noch viel mehr zu leben. Gerade auf der Reise war mir die andere Seite der Medaille bewusst geworden. In dem letzten halben Jahrtausend haben die Europäer die Welt stärker verändert als alle anderen Länder zusammen. Die Geschichte der europäischen Expansion verlief blutig, räuberisch und rücksichtslos gegenüber dem Rest der Erde. Die Folge waren Kriege, Zerstörung, Ausbeutung, Kolonialismus, Sklaverei, Hunger und eine globale ökologische Katastrophe, die Hauptursache für den Beginn eines neuen Zeitalters, dem Anthropozän, der Epoche der Menschen. Seit Beginn der industriellen Revolution vor über 150 Jahren stoßen Europa und Nordamerika etwa 70 Prozent aller jemals von Menschen verursachten Treibhausgase in die Luft aus.

Als Avantgarde der Verschwendung und Vernichtung unseres lebenspendenden Planeten tragen wir aber auch besondere Verantwortung. Die unglaubliche Freiheit, die es den Menschen in der Europäischen Union ermöglicht, grenzenlos zu leben, zu arbeiten, zu studieren und zu reisen, sollte der erste Schritt zu einer Weltgemeinschaft sein, bei der es überhaupt keine Nationen, Grenzen und Beschränkungen mehr gibt. Einer Welt, in der sich jeder Mensch frei entfalten kann und sich mit seinen Kräften, Talenten und Begabungen für den Erhalt der Erde einsetzt.

All die Privilegien, die hier im Lauf der Jahrzehnte entstanden sind, sollten die Europäer nicht für sich behalten, sondern versuchen, alles zu tun, um möglichst bald eine Welt zu schaffen, in der alle Menschen die gleichen Rechte und Chancen besitzen. Wir sollten unser Bewusstsein und unsere Informationen nicht für uns behalten, sondern trotz der grausamen Geschichte im Heute leben und aus der Vergangenheit lernen. Passend sagte Albert Einstein: »Die das Privileg haben zu wissen, haben die Pflicht zu handeln.«

Die Scheinheiligkeit eines »sauberen Europas« sollte abgestreift und der Realität sollte ins Auge geschaut werden. Das Ökosystem kennt keine Grenzen. Ob europäische Fabriken Treibhausgase in die Luft blasen und Seen und das Grundwasser verschmutzen oder ob das in Asien geschieht, spielt keine Rolle. Von einem ökologischen und sozialen Standpunkt aus betrachtet ist es sogar unverantwortlicher und noch schädlicher, andere Länder als Werkstätten der reichen Welt auszunutzen. Die Europäer müssen sich bewusst werden, dass ihr Konsumverhalten für Ungerechtigkeit, Hunger, Ausbeutung und Umweltzerstörung sorgt. Deswegen sollte sich jeder von uns für die Zusammenhänge in der Welt interessieren und dementsprechend mit dem besten Wissen und Gewissen ganzheitliche Entscheidungen treffen.

Die Europäer sollten aufhören, über andere Länder, Kulturen und Lebensformen zu urteilen. Nach über fünf Jahrhunderten des Kolonialismus und Neoliberalismus wird es Zeit, sich nicht mehr abzugrenzen, sondern alle Türen und Herzen den Menschen der Welt zu öffnen, so wie es die Menschen uns gegenüber auf unserer Reise getan haben. Auch wenn wir von der Reise geträumt und den ersten Schritt gemacht haben, waren es tausende Menschen, mit denen und dank deren Unterstützung wir unseren Traum verwirklichen konnten.

7.   Der Start in ein geldfreies Leben

Meine Überzeugung, auch nach der Reise weiterhin geldfrei leben zu wollen, war in den letzten Monaten nur bestärkt worden. Dank unzähliger Erfahrungen mit Menschen verfügte ich nun endgültig über das Privileg zu wissen, dass in jedem Menschen das Gute steckt, ein Licht, das scheinen will. Auch wenn es manchmal wie die Sonne hinter dem Horizont verschwindet, ist es doch immer Teil des Menschen. Schon Platon wusste: »Wir können einem Kind leicht verzeihen, das sich vor der Dunkelheit fürchtet, die wirkliche Tragödie ist, wenn sich Menschen vor dem Licht fürchten.«

Das Licht steht für Wahrnehmung und Besinnung. Dass es in unserer Gesellschaft Leid gibt, ist nichts Neues. Doch heute werden wir uns der Dinge stärker bewusst, und deswegen scheint es manchen Leuten so, als ob sich die Menschheit in einer nicht aufzuhaltenden Abwärtsspirale befände – obwohl gerade die Erkenntnis über die tatsächlich Lage der Welt fundamental für die Veränderung der Erde zum Guten ist.

Wenn wir an das Gute glauben und es auch selbst leben, dann geben wir anderen Menschen die Möglichkeit, das Gleiche zu spüren, sich selbst in dem Anderen zu entdecken, oder um im Bild zu bleiben: das Licht von der darübergestülpten Verhüllung zu befreien.

Ebenso glaube ich aber, dass jeder Mensch in sich auch die Samen für ein Verhalten trägt, das Leid, Zerstörung und Gewalt nach sich ziehen kann. Das bedeutet jedoch nicht, dass wir diese dunkle Seite auch leben müssen, sondern dass wir uns dieses negativen Potenzials bewusst bleiben sollten. Es ist immer leichter, einen Fremden oder sogar jemanden, den wir im Herzen tragen, zu kritisieren, anstatt dass wir das Gute und das Schöne in unserem Gegenüber sehen. Dabei wird allgemein unterschätzt, wie stark unsere Gedanken und Worte Einfluss auf unsere Mitmenschen haben. So glaube ich vor allem, dass wir das, was wir säen, auch ernten werden, und zwar nicht nur auf dem Felde, sondern in jeder menschlichen Beziehung, ob bei kurzen Bekanntschaften oder bei Menschen, mit denen wir ständig zu tun haben. Am Ende sind wir alle voneinander abhängig, denn unser aller Wohlempfinden oder Nichtwohlempfinden steht meist in einer Wechselwirkung mit dem, was wir in unser Um-Feld säen beziehungsweise was die uns umgebenden Menschen denken, fühlen, sprechen und tun.

All diese wunderschönen Erkenntnisse über die Menschheit wollte ich mit der Welt teilen und mit dem Geldstreik ein Zeichen setzen gegen die Überflussgesellschaft, für Gerechtigkeit und Frieden. Mit all meiner Kraft wollte ich mich für eine gerechte, friedliche und harmonievolle Welt einsetzen. Ich konnte nicht länger einfach nur mitmachen und bei der Zerstörung unseres Planeten, unseres Zuhauses, zuschauen. Ich wollte mein Leben denjenigen widmen, die unter Hunger, Ausbeutung und Ungerechtigkeit leiden, und den Tieren, die keine Stimme haben, Gehör verschaffen. Ich wollte mein gewonnenes Wissen und meine Erfahrung mit der Welt teilen, um Bewusstsein zu schaffen, wie wir alle Teil der Probleme unserer Zeit sind – und Teil der Lösung.

Meine tiefe Überzeugung, dass wir Menschen in Frieden und Einklang mit den Tieren und der Natur leben können, war nach der Rückkehr von der Reise stärker als je zuvor. Nach all den unzähligen Begegnungen mit Menschen wusste ich, dass tief im Herzen von uns allen der Traum von einer Welt schlummert, in der niemand hungert oder leidet. Von einer Welt, in der jeder Mensch seinen Platz in der Gesellschaft hat und wie ein Baum gedeihen kann. Ich war mir sicher, dass wir Menschen diese Utopie verwirklichen können, wenn wir gemeinsam träumen und unseren Gedanken und Gefühlen Taten folgen lassen. Wenn wir unser Herz und unser Handeln vereinen und mit uns selbst in Frieden sind. Wenn unsere Gedanken aufhören, sich um uns selbst zu drehen, sondern aus dem Ich ein Wir wird und wir mit Liebe und Achtsamkeit mit uns und der Welt umgehen.

Die Reise der Menschheit und meine liebste Nieves gaben mir Kraft, Liebe und Mut, um an diesen Traum zu glauben und meine Berufung zu leben.

Die Suche nach einem Zuhause

Zunächst kamen wir im Haus meiner Eltern unter, und ich begann mit der Suche nach weggeworfenen Lebensmitteln. Nur zwei Minuten vom Haus entfernt wurde ich in den Tonnen des Edeka-Marktes fündig: Wein, Süßigkeiten, Obst und Gemüse in Massen. Zum ersten Mal holte ich in Deutschland Essen aus einem Supermarkt-Mülleimer. Es sollte der Anfang vom Ende der Unkultur des Wegwerfens sein, denn ich nahm mir fest vor, alles mir Mögliche zu tun, um der perversen Verschwendung von Nahrungsmitteln und sonstigen Ressourcen ein Ende zu bereiten. Es war mir völlig unverständlich, wie in Deutschland jährlich um die 20 Millionen Tonnen Lebensmittel vernichtet werden, und davon rund ein Drittel allein beim Handel und den Geschäften. Ich konnte nicht begreifen, wieso das Herausfischen von Lebensmitteln aus Mülleimern verboten ist, während das Wegwerfen von noch genießbarem Essen, in egal welchem Umfang, legal sein soll.

Neben Essen, was ja in Europa in Hülle und Fülle vorhanden war, brauchten wir aber noch ein Zuhause. Obwohl es laut den Menschenrechten der Vereinten Nationen und der Europäischen Sozialcharta das «Recht auf angemessenes Wohnen» gibt, besteht dieser Anspruch in Deutschland nur, wenn man sich als arbeitsuchend meldet und Unterstützungsgeld wie etwa Arbeitslosengeld II bezieht. Somit fiel diese Option weg und wir wählten den weniger üblichen Weg des kostenlosen Wohnens.

Ich fragte Freunde, Bekannte, Unbekannte, hing Suchanzeigen auf und wartete geduldig und mit Vertrauen – generell eine Grundlage für ein entspanntes Leben, aber besonders wichtig, wenn man wenig oder überhaupt kein Geld hat.

Es sollte eigentlich nicht schwer sein, etwas zu finden, gibt es doch knapp zwei Millionen leerstehende Wohnungen in ganz Deutschland und viele weitere, die zwar nicht komplett unbewohnt sind, aber wo noch Zimmer frei sind. Aber Banken, Immobilienfirmen und Privatpersonen lassen die Räumlichkeiten oft lieber von fremden und bezahlten Menschen beheizen, putzen und pflegen, anstatt sie zu vermieten oder gar ohne Entgelt zu teilen. Nach ein paar Wochen des Suchens fragte ich meine liebe Freundin Lea, die ich schon aus der Schule kannte und die mit mir zusammen in Holland studiert hatte, und sie sagte, ich solle ihre Eltern fragen, die hätten bestimmt noch Platz, jetzt wo sie und ihre Schwester nicht mehr bei ihnen wohnten.

Kurze Zeit später, saß ich mit Ali und Raymond zum Abendessen am Tisch und wir unterhielten uns prächtig. Sie hatten mir schon einmal geholfen, als Ali meiner Mutter den Tipp gab, sich einmal die Onkel-Tom-Siedlung in Berlin-Zehlendorf anzuschauen, woraufhin wir kurze Zeit später auch dorthin gezogen sind. Erst am Ende des Abends fragte Raymond so ganz beiläufig, ob wir als Familie bei ihnen wohnen möchten. Natürlich wollten wir! Ich war so erfreut und zutiefst dankbar für ihr altruistisches Verhalten, für ihre gelebte Liebe – ein besonderes Paar, welches mich nachhaltig positiv geprägt hat. Ganz innig verabschiedete ich mich und musste noch ein paar Mal vor Freude in die Luft schreien, als ich mit dem Rad zurück in das zwei Kilometer entfernte Berlin fuhr. Ich wusste, dass irgendwo da draußen Menschen leben, die uns helfen wollten und ihren vorhandenen Wohnraum, den sie nicht selbst brauchten, uns zur Verfügung stellen würden. Ich wusste, dass der Traum von freiem Wohnen nicht immer ein Traum bleiben sollte, sondern durch Vertrauen und den unbeirrbaren Glauben an die Menschen in Erfüllung gehen sollte.

Die Entscheidung zum Geldstreik

Alle ErdbewohnerInnen atmen die gleiche Luft, trinken das gleiche Wasser und sehnen sich nach einer Welt in Frieden und Harmonie. Das ist kein Traum, es ist die Vision, die Milliarden von Menschen teilen. Dieser Traum schlummert in jedem von uns, wie ein Samenkorn, das sich nach Wasser und Erde sehnt, dabei sind es wir Menschen, die diesen Samen bewässern und Realität werden lassen können.

Schon während der Reise hatte ich verstanden: Um in den Fluss des Lebens einzutauchen, ist es wichtig, sich ganz auf das Hier und Jetzt einzulassen, und zwar mit einem Vertrauen, dass alles gut ist, so wie es ist, und den Moment und das Heute als Geschenk wahrzunehmen. Dabei habe ich gelernt, dass Zukunftssorgen und Enttäuschungen über Dinge, die wir in der Vergangenheit getan oder nicht getan haben, uns von der Realität ablenken. Wir müssen uns bewusst werden, dass wir Menschen die Protagonisten unserer Realität sind und niemand mehr Macht hat als wir selbst. Schon der mittelalterliche Theologe Meister Eckhart brachte es auf den Punkt: »Wäre ich ein König und wüsste es selbst nicht, so wäre ich kein König.« Nur wenn wir uns unseres Lichtes und unserer Seinskraft bewusst werden, können wir wahrhaftig wirken und unser Licht und unsere Liebe mit unseren Mitmenschen teilen.

Den Zusammenhang von allem, was ist, brauchen wir nicht intellektuell zu verstehen, sondern –viel wichtiger – wir müssen ihn spüren und dementsprechend handeln. Unsere Gedanken sind mächtig

151

und alles, was wir denken und tun oder eben nicht tun, hat Einfluss auf unseren wunderbaren Planeten und auf unsere Brüder und Schwestern. Wir sind alle Teil des Organismus Erde und nur durch von Menschen geschaffene physische wie mentale Grenzen voneinander getrennt.

Dabei wusste schon Aristoteles: »Das Ganze ist mehr als die Summe seiner Teile.« Also nur zusammen, im Einssein können wir unsere wahrhafte Natur entdecken, nämlich indem wir aufhören, uns als abgetrennte Wesen vom Organismus zu betrachten, und beginnen, das große Ganze wahrzunehmen und im Wir aufzublühen, anstatt als materielles Ich zu vertrocknen.

Die Kultur, in der wir heute leben, ist ein Produkt unserer Gesellschaft, es ist das, was wir, die Mehrheit, als normal bezeichnen würden. Dabei sind wir alle SchöpferInnen, WandlerInnen und Kreative, die bewusst oder unbewusst an der jetzigen Kultur festhalten oder sie verändern.

Wir Menschen sind Individuen, aber wir sind auch Rudel- und Schwarmtiere, was die Forschung im Bereich des Gruppenverhaltens und der Schwarmintelligenz mittlerweile anschaulich unter Beweis gestellt hat. Paradigmen und Meinungen werden anfangs immer erst von einer Minderheit in der Gesellschaft vertreten, bis sie zum Gedankengut der Mehrheit und einem Teil der sozialen Kultur werden.

Der Verhaltensbiologe Jens Krause fand heraus, dass es nur 5 bis 10 Prozent einer Gruppe von Menschen braucht, um sie in eine bestimmte Richtung zu lenken. Der Einfluss dieser »kritischen Masse« ist in kleinen wie auch in großen Gruppen praktisch identisch. Seit Ewigkeiten gehört bei Kindern und Erwachsenen die Übernahme von Verhaltensmustern zu unseren archaischen (Überlebens-) Merkmalen.

Eine 2011 von WissenschaftlerInnen des Rensselaer Polytechnic Institute in New York veröffentlichte Studie ergab, dass es nur etwas mehr als ein Zehntel der Bevölkerung braucht, die eine bestimmte Auffassung vertritt und verbreitet, damit diese in kürzester Zeit von der Mehrheit der Gesellschaft angenommen wird.

Jeden Tag wachen mehr Menschen auf, die ihr Leben verändern, ihren Beitrag für mehr Frieden beisteuern und unser zerstörerisches System in ein humanes Miteinander verwandeln wollen. Noch sind diese Menschen, die aus tiefem Herzen an eine Gesellschaft glauben, die nicht auf dem Gegeneinander, sondern auf einem harmonischen Füreinander-da-Sein beruht, in der Minderheit. Aber aus der kleinen Gruppe von beherzten Menschen ergibt sich langsam das Fundament für eine neue Ära, in der wir das Leben, den Planeten und alles, was ist, als Geschenk wahrnehmen und uns selbst in einem größeren Kontext sehen. Die Gruppe von Menschen, die sich die Freiheit nimmt, Verantwortung für sich selbst und somit für die Erde und zukünftige Generationen zu nehmen, wächst unaufhaltsam. Der Moment, in dem sich allgemein die Einsicht durchsetzen wird, dass das Schicksal der Menschheit und damit des Planeten in unseren Händen liegt, rückt jeden Tag näher.

Ich spürte, dass ich durch den Geldstreik meine eigene Entwicklung, und damit auch die der Menschheit, am schnellstmöglichen vorantreiben konnte. Ich wusste, dass es nicht mehr lange dauern wird, bis aus der kleinen Minderheit eine neue Menschheitskultur werden würde, indem immer mehr Menschen ihrem Herzen lauschen und durch einen inneren auch den äußeren Wandel befördern. Die Formel des Wandels der Gesellschaft hin zu Wahrhaftigkeit und Einheit ist die des bedingungslosen Teilens und Verbundenseins. Bewusstsein, Erfahrungen, Ideen, Liebe und Glück werden nicht weniger, sondern vermehren sich, wenn wir sie teilen.

Jeder Mensch hat besondere Fähigkeiten, Talente und Qualitäten, die dem Wohlergehen aller zugutekommen sollten. Diese Gaben sind wie Samen, die nur darauf warten, sprießen und blühen zu können, um dann wieder neue Samen hervorzubringen.

Jeder von uns ist ein unabdingbarer Teil des Ganzen mit einer individuellen Berufung. Als Team können wir uns gegenseitig unterstützen und helfen. Jeder von uns besitzt ganz eigene Begabungen, von denen jede einzelne wie ein schlummerndes Samenkorn auf das lebenspendende Wasser wartet. Manchmal brechen wir so auch mit Traditionen, kulturellen Prägungen und Beziehungen aller Art – wie der Kern einer Frucht, der aufbricht, um einen neuen Obstbaum gedeihen zu lassen. Diese Transformation lässt die wahre Natur des Menschen zum Vorschein kommen. Durch unsere gelebte Empathie helfen wir auch anderen, ihr wahres Ich zu entdecken. Wir sollten keine Angst vor dem Unbekannten haben, sondern offen, neugierig und mit Liebe allem begegnen, was uns auch noch so fremd erscheint, denn oft ist eine bestimmte Konditionierung so fest in unserem Wesen verankert, dass wir unsere eigentliche Natur nicht mehr leben. Ein Experiment mit Affen zeigt deutlich, wie wir Menschen uns in vielen Bereichen des Lebens verhalten:

In einem Käfig mit fünf Affen wurden auf eine kleine Plattform, die über eine Leiter erreichbar war, ein paar Bananen gelegt. Sobald sich einer der Affen den Bananen näherte, wurden alle nass gespritzt. Rasch hatten die Affen den Zusammenhang verstanden, und nach ein paar Versuchen, an die Früchte zu kommen, kletterte keiner von ihnen mehr die Leiter hoch, weil alle anderen ihn zurückhielten.

Nach und nach tauschte man alle Affen aus, bis keiner von ihnen mehr der ersten Gruppe angehörte, die nass gespritzt worden war. Trotzdem bestand eine Art »Regel« unter den Affen, das keiner die zu den Bananen führende Leiter hinaufstieg. Die Affen griffen einzelne ihrer Artgenossen an, die es dennoch versuchen wollten, doch warum wusste keiner von ihnen. Ähnlich geht es uns Menschen in vielen Bereichen, wo wir schlichtweg alten Mustern folgen, ohne sie wirklich zu hinterfragen und neu zu denken.

Alles, was ich heute bin, ist nur eine Spiegelung von tausenden Menschen und Kulturen, die mich dazu gemacht haben. Ganz nach dem südafrikanischen Begriff *Ubuntu*: Ich bin, weil wir sind. Wir können uns alle gegenseitig helfen, um unsere Samen aufgehen zu lassen.

Wir waren dankbar und glücklich mit unserem Leben, für Menschen Inspiration zu sein und sie zum Nachdenken anregen zu können. Dank all der lieben Menschen, die wir im Laufe unseres Lebens kennen lernen durften, konnten wir uns von alten Mustern und Traditionen lösen und in dem Sein und Leben anderer uns selbst erkennen.

Kein Mensch ist statisch: Wir alle befinden uns in einem ständigen Wandlungs-, Lern- und Entwicklungsprozess. Es gibt nichts, was wir nicht können. Negative Suggestionen wie »Du kannst das nicht«, »Das bist Du nicht« oder »Das schaffst Du nicht« prägen unser konditioniertes Wesen, doch immer mehr Menschen brechen mit althergebrachten Vorgaben und Meinungen anderer, um sich selbst treu zu werden und ihre Herzensschwingungen in Taten zu verwandeln.

Grundlagen für ein geldfreieres Leben

Zunächst ist es wichtig, sich darüber im Klaren zu sein, dass es unmöglich ist, gänzlich auf indirekten Geldfluss zu verzichten, wenn man weiterhin aktiv an der Gesellschaft teilnehmen möchte und aus ihr heraus, und nicht als EinsiedlerIn, den Wandel leben möchte. Ich empfinde es als etwas Wunderbares, sich als Teil der Menschheit zu fühlen, sich dementsprechend gegenseitig zu helfen und somit bewusst voneinander abhängig zu sein. Die Verbundenheit zu unseren Mitmenschen ist eine unabdingbare Grundlage für ein erfülltes Leben.

In unserer heutigen Gesellschaft ist praktisch alles in irgendeiner Weise mit Geld in Berührung gekommen. Jede von uns verschickte E-Mail, jede von uns betretene Straße, jedes von uns vor der Vernichtung gerettete Lebensmittel, jeder von uns aus der Leitung getrunkene Schluck Wasser und alles andere, was sich um uns herum befindet, hat einmal Geld gekostet und somit Ressourcen verbraucht und Treibhausgase produziert.

Bei meinem Geldstreik war es mir immer wichtig, mich nicht von der Gesellschaft zu entfernen, sondern lebendiger Teil der Menschengemeinschaft zu sein und nicht nur meinen eigenen, sondern den gesamten ökologischen Fußabdruck zu reduzieren.

Ich wollte zeigen, dass man mit weniger glücklicher sein kann und wir die kapitalistische Gesellschaft hinterfragen und neue Wege aufweisen müssen, wie jeder Mensch von einem auf den anderen Tag seinen ökologischen Fußabdruck verringern kann. Nieves und ich wollten neue Wege gehen und die schon vorhandenen Möglichkeiten, die uns von unseren Mitmenschen vorgelebt wurden, übernehmen, hinterfragen und kombinieren. Unser Ziel war es nicht, das System zu stürzen, sondern aus der Verschwendergesellschaft heraus und zusammen mit unseren Mitmenschen eine auf Liebe, Nachhaltigkeit und Fairness basierende Gesellschaft aufzubauen.

Nur eine aus der Freiheit geborene Überzeugung ist auch beständig. Wie bei allem im Leben sollte man vor allem auf sein Herz hören, wenn man eine weitreichende Entscheidung trifft, in meinem Fall die Entscheidung für ein geldfreies Leben. Seit meiner wunderbaren Kindheit wurde mein Herz mit Liebe gefüllt, dank meiner Eltern spürte ich eine beständige Geborgenheit und Liebe, die mir immer Kraft gab, an meine Träume zu glauben. Aber der endlose Strom von Liebe, den ich erfahren durfte, ebbte auch nach der Zeit bei meinen Eltern nicht ab. Immer mehr Herzenswärme wurde mir zuteil und über die Jahre spürte ich, dass ich dieses unerschöpfliche Meer an Liebe, aus welchem ich schöpfen durfte, mit der ganzen Welt teilen wollte. Meine Zeit des bedingungslosen Gebens und Empfangens war gekommen.

Es ist höchste Zeit, dass wir aufmerksamer und klarer über die komplexe heutige Welt und unsere Zukunft nachdenken, denn wir schenken dem Leid anderer Lebewesen aufgrund unserer Wohlstandsgesellschaft viel zu wenig Beachtung. Niemand hat es verdient, für etwas oder an etwas zu arbeiten, wenn er oder sie sich dabei nicht erfüllt, wertgeschätzt und glücklich fühlt. Durch unseren Lebensstil, den Lebensstil der westlichen Welt, lassen wir aber Millionen von Menschen genau diesen Zustand nicht spüren. Im Gegenteil, der Kapitalismus zwingt viele Menschen, für uns zu morden und zu schlachten. In Fabriken, an Fließbändern, im Bergbau, auf dem Feld und in vielen weiteren Bereichen nutzen wir unsere Mitmenschen direkt oder indirekt aus. Weltweit gibt es neben den Milliarden Menschen, die »freiwillig« für das System und damit für die Wohlstandsgesellschaft schuften, über 27 Millionen Menschen, die als Sklaven gelten. Durch ein bewussteres Leben werden wir uns unseres Einflusses auf Mitmenschen, Tiere und die Natur bewusst und können so ganzheitliche Entscheidungen treffen, die für Gerechtigkeit, Frieden und Respekt vor allen Lebewesen und der Mutter Erde sorgen.

Ich war der festen Überzeugung, dass es sozial viel gesünder ist, wenn nicht immer Geld zwischen den menschlichen Beziehungen steht. Obwohl es für die meisten Menschen eine große Freude ist, wenn sie von Freunden, aber auch Unbekannten um Hilfe gebeten werden, trauen sich leider viele einfach nicht, mehr in dieser Richtung zu tun, manchen ist dies sogar regelrecht unangenehm. Da ja immer die Option besteht, mit Geld alles zu regeln, ohne eine Beziehung mit Nachbarn, Kollegen oder Bekannten einzugehen, wählen sie den einfacheren, aber oft kühlen Weg, der in unserer Gesellschaft in den letzten Jahrzehnten zu einer zunehmenden Vereinsamung geführt hat.

Menschen helfen einander, weil es ihnen guttut. Es ist wie Balsam für die Seele und eigentlich die ureigenste Natur des Homo sapiens, sich menschlich zu verhalten. Leider ist diese soziale Komponente in unserer Gesellschaft mit steigendem materiellem Wohlstand stark in den Hintergrund gerückt, aber es zeichnet sich deutlich ab, dass die Menschen wieder vermehrt aufeinander zugehen und nach echten menschlichen Beziehungen streben.

Das Organisieren von Gebrauchsgegenständen und Lebensmitteln

Vor den Toren der Hauptstadt zogen wir in die Souterrainwohnung und begannen uns einzurichten. Wir bekamen Stühle, die Nachbarn auf den Sperrmüll bringen wollten, weil sie neue gekauft hatten. Aus den grünen Batterierecyclingboxen in den Supermärkten fischten wir alte, aber durchaus noch brauchbare Akkus. Auf der Suche nach Essbarem fand ich sogar in Privatmülltonnen Besteck, Tassen und Pfannen. Kinderkleidung bekamen wir haufenweise von Menschen, die diese aufbewahrt hatten und sich nur schwer davon trennen konnten, aber uns gerne schenkten oder liehen. Auch meine Eltern hatten Kleidung aufgehoben, die meine Brüder und ich früher getragen haben. Stoffwindeln, Kinderspielzeug, eine Wiege und fast alles andere fanden wir gebraucht.

Mir wurde einmal mehr bewusst, dass im Prinzip alle Gebrauchsgegenstände, Bücher, Kleider und so weiter schon vorhanden sind, wir müssen sie nur mit denjenigen verbinden, die sie brauchen. Im Schnitt befinden sich in deutschen Haushalten viele hunderte und teilweise sogar tausende ungenutzte Gegenstände mit einem vierstelligen Wert. Zum Glück nutzen immer mehr Menschen die Möglichkeit, ihre überschüssigen Dinge zu teilen, zu verleihen oder zu verkaufen. Bett, Wickelkommode, Regale und anderes organisierten wir uns über eBay Kleinanzeigen. Entweder fanden wir, was wir suchten, in der »Zu verschenken«-Rubrik oder wir schrieben eine freundliche E-Mail, in der wir über unseren Konsumstreik berichteten und die dahinterstehende Motivation erklärten. Wir boten unsere Arbeitskraft anstelle der »normalen« Bezahlung an. Verschiedenes wurde uns nach der Erklärung über unser Leben einfach geschenkt und für alles andere strich und putzte ich oder half bei Umzügen. Auch auf der Straße fanden wir immer wieder Abgestelltes, was auf den Sperrmüll wartete, aber noch voll funktionstüchtig oder intakt war und in unserem Haushalt noch fehlte.

Als ich bei einem befreundeten pensionierten Ehepaar war, um ihnen mit ihrem Computer zu helfen, schenkte mir Lou sein altes Fahrrad, das wie viele Millionen Fahrräder schon seit Jahren unbenutzt herumstand. Er war froh, endlich jemanden gefunden zu haben, dem er das Rad mit gutem Gewissen geben konnte.

Ich gab mir größte Mühe, für meine hochschwangere Nieves und unser in ihrem Bauch heranwachsendes Kind eine bestmögliche und ausgewogene Bionahrung nach Hause zu bringen. Schnell hatte ich die Tonnen der Bioläden in unserer Umgebung ausfindig gemacht und ging drei- bis viermal in der Woche, meist im Schutz der Dunkelheit, auf Lebensmittelrettungstour. Nicht nur Obst und Gemüse in rauen Mengen entdeckte ich in den großen Restmülltonnen, die mehrmals pro Woche geleert wurden, sondern säckeweise Arbeitskleidung, Kosmetikproben, Trockenwaren, Zahnpasta, Tierfutter, Fleisch, Käse, Hygieneartikel, aufgeschlitzte und kaputte Trockenwaren. Im Laufe der Monate lernte ich, an welchen Tagen es sich besonders lohnte, nämlich immer am Abend, bevor die Müllabfuhr für immer den Inhalt der Tonnen zerstörte. Einmal fand ich sogar dutzende T-Shirts, mit denen für eine zweiwöchige Aktion gegen den Hunger geworben wurde. Ein Paradebeispiel für unser krankes System, denn die Baumwolle für die in Bangladesch genähten T-Shirts stammte aus Afrika, was für noch mehr Wassermangel in einem Teil der Welt sorgte, in dem ohnehin Wasserknappheit herrscht, womit wiederum der Hunger von Menschen noch verschärft wurde. Obwohl ich schon tausende Kilogramm Waren und hunderte verschiedener Produkte aus der Tonne gerettet hatte, von denen ich oft nicht einmal wusste, dass sie überhaupt verkauft werden, schockierten mich solche Funde immer sehr. Eine solche scheinheilige Werbeaktion, dazu noch von einer Biomarktkette, war mir schleierhaft. Weiterhin war ich entsetzt, wie wenig Mülltrennung in den Biosupermärkten betrieben wurde. Neben den Lebensmitteln, die teilweise noch Jahre genießbar waren, musste ich feststellen, dass über 90 Prozent der Dinge, die da achtlos weggeworfen wurden, gar kein Restmüll waren. Plastik, elektronische Geräte, Papier, Karton, Verpackungen, Glas und andere recycelbare Güter wurden einfach zusammen in einer Tonne entsorgt. Ich wunderte mich sehr, wie wir trotz der Möglichkeiten, die wir in Deutschland hatten, Ressourcen einfach rücksichtslos gegenüber der Erde, unseren Mitmenschen und den Tieren vernichteten. Gleichzeitig verstand ich immer mehr die Logik hinter unserem fast immer an ökonomischen Aspekten ausgerichteten System und grübelte nach Lösungsmöglichkeiten.

Unser Leben als Kleinfamilie

Kleinmachnow ist ein ruhiger Vorort von Berlin, wo vor allem Einfamilienhäuser und Villen stehen und uns ein wenig alternatives Leben fehlte. Dafür genossen wir umso mehr den Garten, um den ich mich kümmerte. Währenddessen wurde Nieves Bauch größer und größer, und mit ihm unsere Vorfreude auf das Himmelskind, welches bald zur Welt kommen wollte. Ich renovierte unser Schlafzimmer und gemeinsam machten wir es uns, auch mit von Ali und Raymond ausgeliehenen Möbeln, gemütlich. Es war das erste Mal für uns beide, dass wir eine eigene kleine Wohnung hatten, mit Minibad, Küche, Wohn- und Schlafzimmer.

Auch in unserer neuen Wohngegend fanden wir offene Tonnen von konventionellen Supermärkten und fragten auch in verschiedenen Gastronomiebetrieben nach Essensresten. Die deutschen BesitzerInnen zeigten sich durch die Bank sehr misstrauisch und versicherten uns immer, bei ihnen gäbe es keine Lebensmittel, die weggeschmissen werden würden – was praktisch in keinem Restaurant der Fall ist. Aber wir lasen aus ihrem Verhalten, dass sie die überschüssigen Lebensmittel lieber wegschmeißen würden, als mit uns, die ja in ihren Augen überhaupt nichts im Leben machten, teilen würden.

Als wir bei einem türkischen Gastronomen fragten, schenkte er uns sofort ein großes Lächeln. Als wir ihm erzählen wollten, was wir machen, unterbrach er uns sofort und lud uns ein, wann immer wir Lust hätten, sollten wir einfach vorbeikommen und essen und trinken können, so viel wir wollen.

Weil wir noch keine Krankenversicherung hatten, fragten wir eine Frauenärztin, ob sie sich vorstellen könne, im Austausch gegen meine Hilfe im Garten, beim Streichen, Putzen und anderen Haushaltstätigkeiten Nieves zu behandeln. Sie willigte ein und nach ein paar Monaten kam die Rechnung. Die Behandlungskosten wurden mit meiner Arbeitskraft, die sie mit 10 Euro pro Stunde veranschlagte, verrechnet. Ich arbeitete dutzende Stunden im Garten der Ärztin und hatte viel Zeit zum Nachdenken. Ich spürte, dass obwohl alles ohne Geld ablief, ich mich nicht richtig wohlfühlte und sogar ausgenutzt vorkam. Nur ungerne machte ich solche Tauschabsprachen, und es war das erste und letzte Mal, dass mir von jemandem vorgerechnet wurde, wie viel Euro meine Arbeitsstunde »wert« war. Ich fühlte, dass das Tauschgeschäft im Grunde wie ein Geldgeschäft ablief – und es fühlte sich genauso wenig gut an. Mir wurde klar, dass ich überhaupt nicht mehr Arbeitsstunden mit irgendetwas verrechnen wollte, sondern lieber aus ganzem Herzen Hilfe, Gegenstände, Wissen und alles andere von Menschen empfangen wollte, die aus freien Stücken und ohne Erwartungshaltung schenken wollten. Genauso wie wir natürlich unsere Energie, Hilfe und Zeit bedingungslos der Gesellschaft zur Verfügung stellen. So war es dann bei den Zahnärzten, die uns, nachdem wir ein wenig über uns erzählt hatten, einfach einluden, uns kostenlos und ohne Ausgleich zu behandeln.

Nieves benutzte nur noch wenig Geld, wollte sich aber nicht einschränken und konnte auf Erspartes zurückgreifen, womit sie auch die Hebamme bezahlte.

Bei der Hausgeburt war sie sehr tapfer und wir beide überglücklich, als nach neun Monaten Vorfreude unsere herzallerliebste Alma Lucia wohlbehalten und kerngesund das Licht der Welt erblickte. Das Gefühl, Eltern werden zu dürfen, war wie dem Himmel ganz nah zu sein. Alma Lucia, unser Engel, erfüllte unser Leben fortan mit Licht, Reinheit und einer wie bei allen Kindern angeborenen Erleuchtung, die uns viel von ihr lernen ließ.

Nach Alma Lucias Geburt kümmerten wir uns dann doch um eine Krankenversicherung, die von dem Kindergeld, das auf Nieves Ökokonto floss, automatisch abgebucht wurde. Somit waren wir fortan in einer Familienkrankenversicherung, die ich aber im Gegensatz zu Alma Lucia nicht nutzte.

Einen wunderschönen Kinderwagen bekamen wir von einer Familie in Düsseldorf angeboten. Weil wir nicht wollten, dass er per Paketpost zu uns geschickt wurde, wartete ich auf eine Einladung zu einem Vortrag in der Nähe. In kürzester Zeit flatterte eine E-Mail vom Westdeutschen Rundfunk (WDR) ins Haus, der mich zu einer Sendung einlud. So konnte ich den Fernsehauftritt mit dem Abholen des Kinderwagens bestens verbinden. Per Anhalter brachte ich das Prachtstück nach Hause, wieder einmal kam alles wie gerufen, denn Gedanken sind mächtiger, als wir uns vorstellen können.

Speziesismus und die Tierindustrie

Nieves nahm nur noch selten Milchprodukte oder Eier zu sich, aber als sie anfing, Alma zu stillen, bekam sie einen ganz anderen Bezug zu den Tieren und empfand auf einmal ein vorher nicht dagewesenes Mitgefühl. Plötzlich wurde die Kuhmilch zur Muttermilch einer anderen Spezies, die den Kälbern weggenommen wird.

Wie grausam die Menschen mit den Tieren umgehen, wurde uns abermals bewusst, als wir uns mehr mit den Hintergründen der Tierindustrie auseinandersetzten. Die Bedingungen, unter denen wir Menschen andere Lebewesen halten und wie wir sie behandeln, kamen uns von Mal zu Mal abscheulicher und grausamer vor. Nicht nur der Gedanke an die tausende Tiere, die alleine in Deutschland pro Minute getötet werden, schmerzte uns im Herzen, sondern auch an die knapp fünf Millionen Milchkühe, die jahrelang qualvoll gehalten und am Ende ermordet werden.

Ich kann mich nicht daran erinnern, dass mir in meinem ganzen bisherigen Leben irgendjemand die Wahrheit über die Milch- und Fleisch-industrie erzählt hätte. Dabei ist unser Verhalten gegenüber anderen Spezies wesentlich von Ungerechtigkeit und Unterdrückung bestimmt. Der bewegendste und authentischste Film zu diesem Thema, den ich je gesehen habe, heißt *Earthlings*, also »Erdlinge«. Ich habe ihn mir erst relativ spät angeschaut, da ich bereits vorher um die schrecklichen Videoaufnahmen wusste, die in ihm gezeigt werden. Ich redete mir ein, ich müsste mir die brutalen Szenen nicht antun, war ich doch der Überzeugung, mit meiner vegetarischen Ernährung ohnehin schon alles in meiner Macht Stehende zu tun, damit Tieren kein Leid zugefügt werde. Irgendwann schaute ich mir den Film dann doch an, zusammen mit Nieves, kurz nachdem wir uns kennen gelernt hatten. Filmthema ist letztendlich der »Speziesismus«, ein Konzept, das der Philosoph Peter Singer in seinem Buch *Animal Liberation* folgendermaßen definiert: »Speziesismus […] ist ein Vorurteil oder eine Haltung der Voreingenommenheit zugunsten der Interessen der Mitglieder der eigenen Spezies und gegen die Interessen der Mitglieder anderer Spezies.« Singer spricht von einem Rassismus, den wir Menschen gegenüber den Tieren leben. In keinem Land der Welt ist das Töten von Tieren generell verboten, und doch sieht niemand, außer jemand mit krankhaft sadistischen Neigungen, gerne zu, wenn ein Tier leiden oder sterben muss, oder tötet mit Freude. Laut der Psychologin Melanie Joy befinden wir uns im Zeitalter des »Karnismus«, einer Ideologie mit der Glaubensvorstellung, dass es richtig und wichtig sei, Tiere zu essen und zu töten.

Im Laufe unserer Recherche erfuhren wir, dass fast allen Kuhmüttern ihre Kälber kurz nach der Geburt weggenommen werden und eine Milchkuh schon ein bis zwei Monate nach der Geburt wieder künstlich geschwängert wird, damit die Milchproduktion anhält. Eine normale Kuh produziert für ihre Kälber um die 2500 Liter Milch pro Jahr und hat eine Lebenserwartung von über 20 Jahren. Die heutigen Turbokühe kommen nach jahrzehntelanger Zucht, in der es allein darum ging, die Milchproduktion zu steigern, auf eine Milchleistung von jährlich 8000 bis 12.000 Litern. Diese Hochleistung ist nur mit Hilfe von Spezial- und Kraftfutter möglich und unter massivem Einsatz von Medikamenten und Antibiotika. Normalerweise stehen diese Kühe ihr ganzes Leben lang in einem Metallstall, ohne jemals den Himmel oder eine Wiese zu sehen. Mehrmals am Tag werden sie gemolken, wodurch sie unter Euter-, Klauen- und Uterusentzündungen leiden. Unter den extremen Bedingungen der Milchwirtschaft können die Kühe nur wenige Jahre überleben und werden schon nach vier bis fünf Jahren unwirtschaftlich und ermordet.

In großen Schlachthöfen sind bis zu 1000 Personen beschäftigt, von denen jeder seine Aufgabe hat, wenn mehreren tausend Kühen pro Tag der Todesstoß versetzt wird. In Deutschland sind es meist schlecht bezahlte Menschen aus Osteuropa, die oft während ihrer erniedrigenden Arbeit in einem separaten Teil der Schlachthöfe zu Alkoholikern werden und unter schweren psychischen Beschwerden leiden. Meist sind es weniger als ein Prozent der Schlachthofmitarbeiter, die im Auftrag der Gesellschaft ihrem Beruf des Mordens nachgehen und sogar vom Rest der Belegschaft stigmatisiert und verachtet werden. Wie auch von vielen VerbraucherInnen werden sie alleine für das kaltblütige Morden im Akkord verantwortlich gemacht, dabei tragen sie nur die schwerste Bürde in der traurigen Tierindustrie.

Nicht nur den Kühen widerfährt viel Leid, sondern allen Tieren in der Tierindustrie. Die eigentliche Lebenserwartung eines Huhns beträgt 15 bis 20 Jahre, als Legehenne wird es im Schnitt nur ein bis eineinhalb Jahre alt. Die männlichen Küken hingegen sterben schon wenige Augenblicke nach dem Schlüpfen, denn sie sind in der Tierindustrie unbrauchbar und werden entweder vergast oder in einem Häcksler ermordet. Für gewöhnlich legt ein Huhn nur 20 bis 30 Eier pro Jahr, doch durch die Zucht und Aufputschung der Hennen produzieren sie um die 300 Eier, bevor sie getötet werden oder aufgrund der körperlichen Anstrengungen schon vorher sterben.

Die Lebenserwartung der Masthühner liegt bei nur vier bis sechs Wochen, in der kurzen Zeit erblicken sie, wie auch ihre Leidesgenossinnen, die Legehennen, kein einziges Mal das Tageslicht, sondern werden um die 22 Stunden pro Tag mit künstlichem Licht zum Fressen angehalten. Da ihr Muskelaufbau in keinster Weise dem kraftfutterbedingten unnatürlich schnellen Wachstum hinterherkommt, leiden viele Masthühner ihr ganzes kurzes Leben lang.

Die Liste der grausamen Zustände unseres Verhaltens gegenüber den Tieren ist unendlich, und obwohl wir uns von nun an zu dritt vegan ernährten, wussten wir, dass dies erst der Anfang eines komplett neuen Lebensstils sein konnte. Selbst wenn man sich für eine ausschließlich vegane Ernährung entscheidet, kann man noch nicht wirklich von einem veganen Leben sprechen, denn tierische Inhaltsstoffe sind auch in Klebern für Elektronik, Schuhen und anderen Gebrauchsgegenständen enthalten. Des Weiteren werden tierische Bestandteile in Medikamenten, Fotopapier, Säften, Weinen, Backwaren, Shampoos, Kosmetika, Chips, Gummibärchen und in tausenden anderen Produkten eingesetzt.

Selbst wenn man auf alle tierischen Produkte verzichten würde, ist unser Lebensstil an sich gegen andere Lebewesen gerichtet. In den letzten Jahrhunderten haben wir uns in einer rasenden Geschwindigkeit auf der Erde ausgebreitet und von den ursprünglichen 1,6 Milliarden Hektar Regenwald ist heute nicht einmal mehr eine Milliarde Hektar übrig. Die Tierindustrie, die Landwirtschaft, aber auch die Rohstoffgewinnung sind für die Zerstörung von über 40.000 Hektar Regenwald pro Tag verantwortlich. Auf das Jahr gerechnet entspricht das fast der doppelten Fläche Österreichs. Mit dem Wald sind auch hunderttausende Spezies ausgestorben und immer mehr stehen kurz vor der Ausrottung.

Der Hunger nach Rohstoffen und immer mehr Anbauflächen hat dazu geführt, dass sich seit dem industriellen Zeitalter der weltweite Waldbestand von rund 6 Milliarden Hektar auf heute nur noch knapp 4 Milliarden Hektar reduziert hat. Die gesamte Landfläche der Erde, ohne Seen und Flüsse, beträgt 13 Milliarden Hektar, von denen 5 Milliarden Hektar für die Landwirtschaft genutzt werden. Davon sind über 3,5 Milliarden Hektar Weideflächen und nochmal eine Milliarde Hektar werden zum Anbau von Futtermitteln verwendet. Rund 90 Prozent der gesamten globalen Landwirtschaftsfläche wird von der Tierindustrie genutzt und nur 260 Millionen Hektar für die Nahrungsmittelproduktion für den menschlichen Verzehr. Die weltweite Lebensmittelproduktion könnte schon heute mehr als 14 Milliarden Menschen ernähren, doch anstatt dass Lebensmittelüberfluss herrscht, leidet über ein Siebtel der Weltbevölkerung an

Hunger und Millionen Menschen sterben jedes Jahr an Unterernährung. Das Problem ist eigentlich ganz simpel: Laut einer aktuellen Studie der britischen Ingenieurgesellschaft Institution of Mechanical Engineers (IMechE) werden weltweit jährlich bis zu zwei Milliarden Tonnen Lebensmittel vernichtet. Bis zu 50 Prozent der produzierten Nahrung landen nicht auf den Tellern der Weltbevölkerung, sondern werden weggeschmissen oder erst gar nicht geerntet, weil sie nicht den Handelsnormen entsprechen. In der Tat reichen rund 700 Quadratmeter Anbaufläche aus, um einen Menschen mit einer sehr ausgewogenen veganen Ernährung zu versorgen. Aber selbst bei konservativen Berechnungen, basierend auf nicht rein pflanzlicher Ernährung, genügen 1000 Quadratmeter vollkommen, um einem Menschen ausreichend Bioessen verfügbar zu machen. Sprich: Auf nur 700 Millionen Hektar Land könnten wir genügend Essen für alle Menschen auf der Erde produzieren, das entspricht der aktuellen weltweiten Getreideanbaufläche.

Fazit ist, wir bräuchten weit weniger als 5000 Millionen Hektar Agrarfläche, um alle Menschen ausreichend mit gesunder Nahrung zu versorgen, und müssten nicht weiter unnötig Wälder roden und so das ohnehin schon sehr fragile Ökosystem weiter zerstören. Vielmehr könnten wir endlich damit anfangen, der Natur wieder mehr Raum zu schenken und Milliarden Hektar Agrarfläche in blühende Wälder und Tropengebiete zu verwandeln, was wiederum den verheerenden Klimawandel verlangsamt und das Artensterben minimiert, weil damit mehr Lebensraum für Tiere geschaffen wird. Die weltweite Diskrepanz zwischen Überfluss und Mangel könnte nicht größer sein, aber die Verantwortung dafür liegt nicht nur bei Regierungen und Konzernen, sondern bei jedem einzelnen Menschen. Jedes Mal, wenn wir in Supermärkten einkaufen, unterstützen wir die Politik des Ladens beziehungsweise der Handelskette, unterstützen wir die Politik der Produzenten, Händler und Agrarmultis. Es liegt also in unser aller Hand, etwas gegen die perverse Verschwendung und Ausbeutung von Menschen, Tieren und der Erde zu unternehmen. Jeder Mensch kann sein Konsumverhalten ändern und bewusster und nachhaltiger mit Rohstoffen und natürlichen Ressourcen umgehen.

Wir glauben daran, dass Frieden in der Welt nur durch inneren Frieden entstehen kann. Schon der russische Dichter Leo Tolstoi wusste: »Solange es Schlachthäuser geben wird, werden wir Schlachtfelder haben.« Derzeit essen die Menschen in Deutschland im Durchschnitt über 1000 Tiere im Laufe ihres Lebens.

In den Worten von Jean Ziegler, dem ehemaligen UN-Sonderberichterstatter für das Recht auf Nahrung, ist auch der Tod von Millionen Menschen, die jährlich an Hunger sterben, nichts anderes als Mord. Jeder von uns kann etwas unternehmen, damit das Leid unserer Mitmenschen und der Tiere möglichst schnell ein Ende hat. So zu handeln sollte jedoch nicht nur eine Möglichkeit sein, sondern wir sollten es als unsere urmenschlichste Pflicht begreifen. Würden wir alle Lebewesen und Erdenbürger so behandeln, wie wir selbst behandelt werden möchten, dann ist eine Welt in Frieden und ohne Hunger und Krieg auch keine Utopie für eine in weiter Ferne liegende Zukunft, sondern eine Realität, die wir heute gemeinsam schaffen können.

Uns wurde klar, dass die Sorge um das Leiden der Orang Utans durch die Palmölplantagen, nur die Spitze des Eisbergs der schier endlosen, rücksichtslosen Machenschaften unserer Spezies gegenüber anderer Spezies ist. Dabei sollte es eigentlich ein Grundverständnis sein, dass alle auf unserem Planeten lebenden Tiere sich frei entfalten und ein ungestörtes Leben führen dürfen.

Unsere Freiheit endet dort, wo die Freiheit der anderen Menschen und Lebewesen beginnt. In unserem heutigen System ist diese Maxime unmöglich ganzheitlich zu leben, denn die kapitalistische Gesellschaft fußt geradezu auf dem Eingreifen in die Lebensräume unserer Mitmenschen, zukünftiger Generationen, der Natur und aller Lebewesen.

Dieses Bewusstsein kann einen verzweifeln lassen, doch ich wollte keinesfalls den Kopf in den Sand stecken, sondern versuchen, auf so vielen Ebenen wie möglich im Einklang mit meinen Vorstellungen von universeller Freiheit zu leben. Wäre die Menschheit ein leckgeschlagenes Schiff, so würden wir mit aller Kraft versuchen, das Leck zu stopfen und das Schiff vor dem Sinken zu retten. Genauso sollten wir alle denkbaren Lösungen, wie beispielsweise den Veganismus und die Konsumreduzierung, nicht als Verrat an unserem eigenen Leben und »unserer« Kultur verstehen, sondern als wunderbare Möglichkeit, endlich so zu leben, wie wir es von einem menschlichen, holistischen und empathischen Standpunkt her für angemessen halten.

Nicht nur aus Mitgefühl für die Tiere und den Planeten haben Nieves, ich und viele andere uns für eine pflanzliche Ernährung entschieden, sondern auch weil sie von immer mehr Ärzten als die gesündeste angesehen wird, und zwar nicht nur für unsere Körper, sondern auch für das Wohlergehen aller ErdenbürgerInnen. Damit stehen wir nicht allein, denn mittlerweile gibt es weltweit Millionen Menschen, die sich rein pflanzlich ernähren. Darunter sind Prominente wie Boxweltmeister Mike Tyson, Regisseur James Cameron und der ehemalige US-Präsident Bill Clinton, die sich aus freien Stücken für ihren Körper, die Tiere, ihre Gesundheit, den Planeten und ihre Mitmenschen gegen ihr konditioniertes Essverhalten gestellt haben.

Erste öffentliche Auftritte

Im Sommer 2012 lud ich zum ersten Mal öffentlich zu einem Vortrag über die Reise ohne Geld ein. Auch wenn ich das Angebot schon auf den Kanarischen Inseln bekam, war es ein komisches Gefühl, Leute einzuladen, um mir zuzuhören und Fragen zu stellen. Der Abend gelang, es kamen viele Menschen, die spannende Fragen mitbrachten, was immer das Schönste für mich ist.

Im September war ich zum ersten Mal Gast in einer Talkshow. Per Anhalter fuhr ich zum SWR-Studio und wurde, gerade noch pünktlich, von zwei lieben Menschen zur Aufzeichnung der *Nachtcafé*-Sendung »Ohne Moos nix los?« gebracht. Wie bei all meinen Vorträgen, Seminaren, Konferenzen und Medienauftritten verzichtete ich auf ein Honorar oder Aufwandsentschädigungen. Obwohl mir viele Menschen rieten, ich solle das Geld annehmen und auf ein Konto für unsere Tochter anlegen oder gemeinnützigen Vereinen spenden, wäre das nicht in meinem Sinne gewesen. Mit Geld fangen die Probleme erst an. Mir ging es mit dem Geldstreik ja nie darum, mich in irgendeiner Weise zu bereichern, sondern höchstens die Welt ein wenig mit Freude, Informationen und Hoffnung zu bereichern. Es war für mich jedes Mal eine Ehre, wenn mich jemand über die Hintergründe meines geldfreien Lebens fragte, und deswegen auch eine Freude, vor Publikum über die Motivation für den Geldstreik zu sprechen.

Zwei Tage nach dem *Nachtcafé*-Auftritt erhielten wir eine E-Mail von einem ausgewanderten Deutschen, der uns sein 14 Hektar großes Gelände in der Toskana samt Häusern, dutzenden Solarpanels und allem Drum und Dran vermachen wollte, weil er altersbedingt sich nicht mehr um alles kümmern konnte. Zunächst dachten wir wirklich, der Traum von einer Community im Süden Europas, noch dazu in der Region, wohin es uns am meisten zog, würde sich wie von selbst verwirklichen, aber da er und seine Frau noch ein paar Jahre auf dem Grundstück wohnen und in der Zeit keine Lebensgemeinschaft auf ihrem Gelände haben wollten, entschlossen wir uns, noch ein wenig mit dem Sprung in den Süden zu warten.

Zu dieser Zeit war ich nur alle paar Wochen Gast an Schulen und Universitäten oder bei Seminaren, weil mich niemand kannte und die paar Einladungen auf Empfehlungen von Freunden und Bekannten zurückgegangen waren. Auch nach der SWR-Talkshow meldeten sich nur wenige Medien, aber ich wusste, ich musste nur geduldig sein, da man Journalisten nicht sucht, sondern sie einen finden müssen.

Im Fokus stand für mich die Überflussgesellschaft. Ich wollte zeigen, wie sich sogar eine ganze Familie, die die innere Motivation und Freiheit dazu besitzt, problemlos von dem ernähren und mit dem versorgen kann, was in unserer westlichen Gesellschaft in Hülle und Fülle vorhanden ist, aber als wertlos angesehen wird.

Um kein Toilettenpapier kaufen zu müssen und um vorhandene Ressourcen besser zu nutzen, bekamen wir von Freunden, die in der Gastronomie arbeiteten, die gebrauchten, aber noch sauberen Servietten. Wir wuschen nur per Hand ab und nutzten das Abwaschwasser für die Toilette. Unseren Kühlschrank stellten wir ab, sobald es die Temperaturen zuließen, und lagerten die Lebensmittel in einem Regal, das wir draußen aufgestellt hatten. Natürlich hatten wir immer nur wenig Licht an, und um noch mehr Energie zu sparen, meldete ich die defekten Gas- und Stromlampen, die auch tagsüber brannten.

Es war die Zeit, in der ich noch nicht begriff, dass, wenn man den Fokus zu sehr aufs Detail richtet, man leicht das große Ganze aus den Augen verliert und sich selbst im Weg steht. Ich war ein wenig verbissen und wollte unter keinen Umständen für den Ausstoß auch nur eines Treibhausgases zu viel verantwortlich sein. Mir war es sehr wichtig, auf Biegen und Brechen unseren familiären ökologischen Fußabdruck so gering wie möglich zu halten. Dabei vergaß ich, dass es nicht nur darum ging, vor unserer eigenen Haustür zu kehren, sondern, um im Bild zu bleiben, die übrige Zeit sinnvoll dafür zu verwenden, Straßen, Parks und öffentliche Einrichtungen zu fegen. Sinnbildlich war ich damit beschäftigt, jeden noch so kleinsten

Dreck wegzufegen, obwohl dieser für niemanden außer uns zu sehen war beziehungsweise bei Passanten der Eindruck entstehen konnte, wir seien Spießer oder bloß fanatisch. Dabei ging dieser Hang zum Extremen ausschließlich von mir aus, doch Nieves half mir, den Weitblick wiederzufinden und zu bewahren. Meine Mutter nannte Nieves »die Brücke zu den Menschen«, denn sie wusste, wie exzessiv ich den vermeintlichen Umweltschutz zeitweise getrieben hatte. Nieves half mir sehr, mich nicht gänzlich im Kleinen zu verlieren, und gab mir Kraft, Mut und ihre bedingungslose Liebe, die mir half, mich aufs Wesentliche zu konzentrieren.

8. Lebensmittel retten, Ressourcen bewahren

Den Begriff »containern« fand ich noch nie ansprechend und nannte das Mülltauchen von Anfang an: Lebensmittel retten. Weil schon das Wort, wie auch der Begriff Geldstreik, die Tatsache ausdrückt, dass es sich um eine freie Entscheidung und einen Protest handelt.

Wir ernährten uns praktisch ausschließlich von geretteten sowie Bio- und veganen Lebensmitteln. Jede Rettungstour dauerte zwischen 80 und 180 Minuten, denn die Läden lagen natürlich nicht alle nebeneinander, und so legte ich drei- bis viermal die Woche über 11 Kilometer pro Nacht mit dem Fahrrad zurück. Mit einer Stirnlampe ausgerüstet durchstöberte ich den Müll der Supermärkte. Dafür muss man zunächst dutzende großer Müllsäcke aus den Tonnen herausheben, hineinschauen, durchwühlen und sortieren, was noch brauchbar ist. Oft lagen die Schätze ganz unten in der Tonne und so war es auch körperlich anstrengend, sich kopfüber immer und immer wieder in die übel riechenden Container zu hängen. Als dann alle Säcke wieder in den Tonnen waren, packte ich behutsam die geretteten Sachen in den großen Reiserucksack und eine Fahrradtasche, die ich auf der Straße gefunden hatte. Dabei musste ich darauf achten, die schweren Sachen zuerst zu verstauen, damit das empfindliche und teilweise schon sehr weiche Obst und Gemüse nicht beim Transport komplett zermanscht würde. Meist war so viel noch Genießbares in den Tonnen, dass ich auf dem Rückweg zusätzlich mit einer prall gefüllten Ikea-Einkaufstasche beladen war. Im Mondschein ging es so mit durchschnittlich 25 Kilogramm Ladung langsam wieder nach Hause, wo ich in der Regel erst gegen halb zwei oder drei

Uhr morgens ankam. Es war ein teilweise einsamer und ermüdender Kampf gegen die Lebensmittelverschwendung, denn jeden Tag landeten aufs Neue Lebensmittel in den Tonnen.

Fast immer war ich alleine unterwegs, nur manchmal schlossen sich Freunde oder Menschen an, die in die Welt des Lebensmittelrettens eingeführt werden wollten. In dem mehrheitlich wohlhabenden Zehlendorf, wo unsere drei Lebensmittelquellen lagen, traf ich nur manchmal auf eine ältere Frau, die ebenfalls in den Tonnen nach Essbarem suchte. Dabei war sie nicht freiwillig beim Lebensmittelretten, sondern hatte viel zu wenig Geld, weil sie in ihrer nach Hartz-IV-Regeln zu großen Eigentumswohnung bleiben wollte und nur wenig Unterstützung bekam. Ihr war das Ganze höchst unangenehm und sie verschwieg Freunden und Bekannten ihre Nacht- und Nebelaktionen. Sie war nicht die Einzige, denn viele Menschen fühlen sich zur Nahrungsbeschaffung aus den Tonnen genötigt, weil sie sich von der Gesellschaft im Stich gelassen fühlen. Allein in Berlin soll es über 100.000 Menschen geben, die dieser illegalen, aber in meinen Augen ethisch sehr korrekten Essensbeschaffung nachgehen. Der große Unterschied zu mir war, dass die meisten der hunderte Millionen Menschen, die weltweit vom Abfall der anderen leben, nicht freiwillig Mülltonnen durchsuchen, sondern weil sie keine anderen Möglichkeiten zum Überleben haben. Aus Armut und Ungerechtigkeit heraus sind viele Menschen in der Welt gezwungen, zu arbeiten und Aktivitäten nachzugehen, die sie in einer Welt ohne Geld oder mit einem bedingungslosen Grundeinkommen überhaupt nicht ausüben würden.

Obwohl ich fast immer alles, was ich fand, mit einer Radtour nach Hause bringen konnte, gab es etwa jeden zweiten Monat einen Tag, an dem ich in den Tonnen eines Supermarktes so viel haltbare Lebensmittel fand, dass ich öfter fahren musste oder jemanden bitten musste, mit dem Auto zu kommen und mir zu helfen. An Tagen, an denen ich an einem Abend haltbare Lebensmittel im Wert von 1000 bis 1500 Euro rettete, hatten die Supermärkte wohl Inventur gemacht, denn anders konnten wir uns die Vielfalt und schiere Masse an Essbarem in den Containern nicht erklären. Der wohl beste Fund, den ich überhaupt gemacht habe, war just fünf Tage nach Alma Lucias Geburt, die ich ganz in trauter Dreisamkeit mit meiner Familie zelebriert hatte. Nach dieser Pause entdeckte ich schon in der ersten Tonne Unmengen von Linsen, Erbsen, Nüssen und anderer Trockenware, die teilweise sogar noch nicht das Mindesthaltbarkeitsdatum erreicht hatte. Es war wie ein Geschenk vom Himmel, denn gerade Hülsenfrüchte und Nüsse sind wichtig für eine ausgewogene vegane Ernährung, die Nieves als stillende Mutter mehr denn je brauchte. Ein anderes Mal fand ich in den Tonnen über 120 Liter gerade abgelaufene Reismilch. Es war und ist mir schleierhaft, wieso all diese Schätze in die Tonnen wandern mussten.

Am Morgen nach einer Lebensmittelrettungstour machten wir uns mit Licht an die Feinsortierung, ans Waschen, Wegschneiden von Schimmel, Verschenken, Zukleben von Verpackungen, Umfüllen und Lagern. Summa summarum war ich pro Woche etwa 12 bis 20 Stunden nur mit dem Retten von Lebensmitteln und allem Drumherum beschäftigt, Nieves auch noch einmal rund 5 bis 10 Stunden. Da wir die Berge von Essen nicht auch nur annähernd selbst verbrauchen konnten, verteilten wir sie an NachbarInnen, FreundInnen und Menschen, die auf der Straße nach Geld fragten. All das nahm viel Zeit in Anspruch. Ich wusste, dass die Rettungsaktionen noch besser organisiert werden konnten, ich wusste nur noch nicht wie.

Besonders im Sommer war es notwendig, fast täglich auf Rettungstour zu gehen, da die Hitze in den dunklen Tonnen den Lebensmitteln stark zusetzte. Die besten Jahreszeiten waren Herbst und Frühling, da wirkte die Außentemperatur wie ein Kühlschrank. Im Winter muss man, je nach Außentemperatur, darauf achten, dass oft nur wenige Stunden bleiben, um die Lebensmittel vor dem Erfrieren zu retten. Aber auch bei Temperaturen von minus 18 Grad fuhr ich im Schnee zu den Tonnen und bemühte mich, möglichst schnell zu sein, weil mir meine Hände dabei fast einfroren.

Windelfreie Babies

Nieves war und ist die beste Mutter, die es gibt, und da Alma die ersten sieben Monate ausschließlich gestillt wurde, waren die beiden unzertrennlich. Wir waren uns sicher, dass die Nähe, Geborgenheit und Liebe, die wir Alma schenkten, das Beste war, was wir ihr bieten konnten. An Kleidung fehlte es ihr auch nicht und wir nutzten natürlich keine Pampers, sondern Stoffwindeln, die nach Benutzung in die Waschmaschine wanderten. Neben dem ökologischen Vorteil war es uns wichtig, dass Alma möglichst wenig Kontakt zu Plastik und anderer Chemie auf ihrer Haut hat. Obwohl wir von unserem lieben Freund Elf, der ebenfalls geldfrei lebt, schon von der windelfreien Methode gehört hatten, vertrauten wir ihr nicht genug. Bei der nachhaltigsten und schönsten Form des Baby-groß-werden-Lassens bildet die ständige und kontinuierliche Kommunikation zwischen den Eltern und ihren Kleinkindern die Grundlage. Dabei achtet man ganz genau auf die Signale der Babies und hilft ihnen, durch ein bestimmtes Stichwort oder Geräusch beim Wasserlassen. Vor allem mangelte es uns an lebenden Vorbildern, denn in unserem Freundeskreis gab es praktisch niemanden, der die windelfreie Methode ganzheitlich praktizierte. Zudem dachten wir, dass das Ganze wohl einfacher zu bewerkstelligen sei, wenn man in wärmeren Gefilden lebt, nicht wie wir in einer kühlen und leicht feuchten Kellergeschosswohnung. Selbst meine Mutter, die schon mich in Stoff statt in Einwegwindeln gewickelt hatte, zeigte sich eher skeptisch. Also wickelten wir, wie es in den letzten Generationen in Europa zur Normalität geworden ist.

Allein in Deutschland landen pro Jahr mehr als drei Milliarden Wegwerfwindeln im Müll. Der weltweite Umsatz mit den Plastikwindeln beläuft sich auf über 35 Milliarden US-Dollar, denn wie mit allem in unserer Wegwerfgesellschaft verdienen viele Firmen viel Geld damit und freuen sich über jede verkaufte Windel. Eine Studie von der Oregon State University belegt, dass der CO_2-Fußabdruck pro Jahr sehr stark variiert. So ist der CO_2-Ausstoß eines Babys aus den USA knapp 70mal größer als der eines Babys in Bangladesch. Die rund 5000 Plastikwindeln, die ein Baby benötigt, verbrauchen in der Herstellung über 350 Liter Erdöl, viereinhalb Bäume und verursachen Tonnen von Müll. Natürlich sind für das Waschen von Stoffwindeln Strom, Wasser und Waschmittel nötig, aber dennoch ist es viel nachhaltiger als die dünnen und praktischen Einwegwindeln.

Unsere erste Waschmaschine bekamen wir von einem Freund, bei dem sie nur herumstand. Das schon ältere Modell gab irgendwann seinen Geist auf und wir brauchten eine neue Maschine. Ich schrieb den Leuten, die bei Ebay eine entsprechende Kleinanzeige aufgegeben hatten, und schnell hatten wir jemanden gefunden, bei dem ich nach ein paar Stunden Putzen die alte Waschmaschine mitnehmen konnte. Außerdem antwortete uns eine liebe Frau, dass sie zwar ihre Maschine schon verkauft habe, aber von unserem Lebensstil so begeistert sei, dass sie uns gerne kennen lernen wolle. Wir wünschten ihr fröhliche Weihnachten und schrieben, dass wir uns ja einmal treffen könnten. Anfang Januar bekamen wir wieder eine E-Mail von ihr, zusammen mit der Anfrage für ein Interview, denn sie arbeitete als Journalistin für die *Welt am Sonntag*. Ihre Redaktion war ganz angetan und wollte am liebsten schon am nächsten Tag vorbeikommen. Es wurde ein herzlicher Besuch und wie allen Menschen, die uns besuchten, schenkten wir ihr zum Abschluss noch jede Menge gerettete Lebensmittel. Der Artikel schlug ein wie eine Bombe. Mit über einer Million Lesern besitzt die *WamS* eine enorme Reichweite und von einem auf den anderen Tag wussten entsprechend viele Menschen über unseren Konsumstreik Bescheid. Für uns begann ein neues Leben, viele Radiosender, Zeitungen und Fernsehsender wollten über uns berichten. Die Redaktion von *Stern TV* war die erste, die wegen eines Exklusivauftritts anfragte. Ich war erfreut über das mediale Echo und dass aus dem Leben ohne Geld langsam ein echter Streik gegen die Überflussgesellschaft wurde. Mir war bewusst, dass Zeitungen, Fernseh- und Radiosender mit Geld arbeiten und auch dank Werbung finanziert werden, aber ich wusste auch: Um das, was wir tun, mit Millionen Menschen zu teilen, waren die Medien eine gute Brücke – und es war wichtig, nicht nur in kleinen Kreisen und dem alternativen Umfeld für mehr Bewusstsein und Weitblick zu sorgen.

Der Fernseher wurde in den letzten Jahren zum maßgeblich prägenden Medium. Immerhin steht in mehr als 95 Prozent aller Haushalte in Deutschland ein solches Gerät und durchschnittlich sitzen diejenigen, die eine solche Lebenszeitvernichtungsmaschine haben, mehr als vier Stunden pro Tag davor. Warum also nicht versuchen, die Menschen da abzuholen, wo sie sitzen, und das meist sehr stumpfe Programm mit neuen Ideen bereichern? Der TV-Konsum war für mich ein Ausdruck unseres Zeitgeistes, in dem wir zwar über viel Freizeit verfügen, diese aber nicht mit sinnvollen Aktivitäten füllen, sondern uns einfach nur berieseln lassen. Der Fernseher symbolisiert die Lethargie der Gesellschaft, ein Zuschauen im wahrsten Sinne des Wortes, ohne auf die menschlichen Seelenbedürfnisse einzugehen, sondern das Leben im Stand-by-Modus vorbeiziehen zu sehen.

Es kostete mich keinerlei Überwindung, mit den Medienkonzernen zusammenzuarbeiten, denn selbst wenn wir nur einen Menschen durch die Medien berühren und zum Nachdenken, Träumen und Mutschöpfen bringen könnten, hätten sich all die Stunden, die in jede Reportage fließen, gelohnt. Nieves war von Anfang an eher verhalten, was die Medien anbelangt, sie fühlte sich nicht so wohl vor der Kamera und blieb lieber im Hintergrund. Obwohl es sich nur um kleinere Reportagen von fünf Minuten bis maximal einer Viertelstunde handelte, brauchte man in der Regel mehrere Tage, um alles im Kasten zu haben. Ohne die bedingungslose Unterstützung von Nieves hätte ich all die Öffentlichkeitsarbeit überhaupt nicht machen können.

Neben der Minimierung meines eigenen ökologischen Fußabdrucks war es mir immer auch ein Anliegen, mit dem Geldstreik Aufmerksamkeit auf Themen zu lenken, die ich in der Medienlandschaft und im Bewusstsein der Menschen als unterrepräsentiert empfand. Mein Ziel, in extremen Zeiten durch extremes Auftreten möglichst vielen Menschen möglichst viele Informationen zu schenken und Wege aufzuzeigen, die wir schon heute gehen oder zumindest im Bewusstsein behalten können, ging auf.

Das Ende der Ressourcenverschwendung

Durch das mediale Interesse bestärkt, schöpfte ich Mut, mich auf politischer Ebene für das Ende der sinnlosen Verschwendung von Rohstoffen, allen voran von Lebensmitteln, einzusetzen. Nach meinem Abitur war Mehr Demokratie e. V., ein Verein, der sich für Volksentscheide auf allen politischen Ebenen starkmacht, die einzige Organisation, der ich Geld gespendet hatte. Schon damals war es mir wichtig, dass Demokratie von den Menschen ausgeht. In Deutschland gibt es seit Jahren die Möglichkeit, auf epetitionen. bundestag.de eigene Petitionen einzubringen. Auf der Webseite wird damit geworben, dass es »direkt und unkompliziert« sei, eine persönliche Petition einzureichen, dabei kann es sich um »eine persönliche Bitte« handeln oder um eine öffentliche Petition mit einem Anliegen »von allgemeinem Interesse«, bei der man »um Unterstützung werben« will.

Mein Anliegen war von großer Bedeutung für das Ende der Verschwendungskultur, in der wir leben, und hatte zum Ziel, dem Kapitalismus langsam sein gesellschaftlich zerstörerisches Fundament zu entziehen:

»Der Bundestag möge beschließen, dass alle Güter, die der endgültigen Entsorgung zugeführt werden sollen, der Allgemeinheit kostenlos zur Verfügung gestellt werden müssen.

Um Verschwendung von Rohstoffen und Essbarem zu minimieren, sind ferner alle Produzenten und Händler verpflichtet, monatlich öffentlich Rechenschaft über ihre entsorgten Güter zu leisten.

Alle Händler und Produzenten müssen Geräte und Produkte sowie noch genießbare Lebensmittel anbieten und bei der Verteilung dieser kooperieren.«

Gleichzeitig machte ich einen Vorschlag in dem von Kanzlerin Merkel angeregten »Dialog über Deutschland« mit derselben Forderung unter dem Titel »Maßnahmen, um die Verschwendung von Lebensmitteln, Rohstoffen und Waren zu stoppen«.

Weil ich nicht nur Unterschriften sammeln, sondern auch auf praktischer Ebene gegen die Verschwendung aktiv werden wollte, verfasste ich zur gleichen Zeit eine lange E-Mail an die drei Bioläden, bei denen ich regelmäßig Lebensmittel aus der Tonne rettete. Ich nahm kein Blatt vor den Mund und berichtete offen darüber, was ich alles bereits in ihren Tonnen gefunden hatte. Ich bot meine Hilfe an, diese in Zukunft in Zusammenarbeit abzuholen und zu verteilen. Außerdem machte ich das Angebot, mich als Nachhaltigkeitsberater zur Verfügung zu stellen, um Müll zu vermeiden und ganzheitlich-ökologisch zu wirtschaften.

Nach ein paar Wochen bekam ich Post vom Ausschussdienst:

»Nach Prüfung aller Gesichtspunkte kommt der Ausschussdienst zu dem Ergebnis, dass eine Umsetzung Ihres Anliegens angesichts der gegenwärtigen Handlungsprioritäten auf diesem Gebiet ausgeschlossen erscheint. Diese Auffassung stützt sich insbesondere

auf die, auch in der Stellungnahme angesprochene, Feststellung, dass eine gesetzliche Verpflichtung von Produzenten zur kostenlosen Abgabe ihrer Produkte nicht zulässig wäre, da dies einen unverhältnismäßigen Eingriff in grundrechtliche geschützte Positionen darstellen würde.«

Ich konnte es nicht fassen und wurde einmal mehr in meiner Meinung bestätigt, dass wir in Wirklichkeit in einer Scheindemokratie leben und die Beteiligung der BürgerInnen am politischen Geschehen bewusst unterdrückt wird. Die Rechtfertigung der Ablehnung war in meinen Augen eine Farce, denn im Grundgesetz heißt es in Artikel 14: »Eigentum verpflichtet. Sein Gebrauch soll zugleich dem Wohle der Allgemeinheit dienen.« Dass also Millionen Tonnen von Lebensmitteln und anderer Güter legal von Unternehmen zerstört werden, sollte rechtens sein und sogar im Einklang mit dem Grundgesetz stehen; schließlich wurde ja mein Vorschlag mit der Begründung abgelehnt, einen »unverhältnismäßigen Eingriff in grundrechtliche geschützte Positionen« zu fordern. Für mich war klar, hier protegiert der Staat die Akteure der Ressourcenverschwendung: die Wirtschaft und damit das System, welches für den Tod von Millionen Menschen verantwortlich ist. Es scheint, dass die Politik nicht nur den aggressiv agierenden Raubtierkapitalismus toleriert, ja sogar noch in Schutz nimmt, sondern auch, dass nicht Artikel 1 des Grundgesetzes – »Die Würde des Menschen ist unantastbar.« – Priorität genießt, sondern wirtschaftliche Interessen das Sagen haben.

Weiter hieß es in dem Schreiben: »Weil Ihre Petition nicht den gewünschten Erfolg haben wird, sieht der Ausschuss von einer Veröffentlichung auf der Internetseite des Petitionsausschusses ab.« Diese Aussage war meilenweit von der Wirklichkeit entfernt, denn alle Menschen, denen ich die Petition erklärte, fanden sie unterstützenswert. Zudem ist es grundsätzlich eine Absurdität, dass ein Ausschuss sich anmaßt, darüber zu urteilen, ob eine Petition erfolgreich sein wird oder nicht, und entsprechend eine Veröffentlichung erlauben oder verweigern darf.

Mein Unverständnis über die »Demokratie«, in der wir leben, entmutigte mich jedoch nicht, mich weiterhin dem perversen Treiben unseres Systems entgegenzustellen. Ich begriff nur einmal mehr, dass wir Menschen das Ruder selbst in die Hand nehmen müssen und keine Zeit damit verschwenden sollten, auf PolitikerInnen oder Organisationen wie die EU oder die UN zu hoffen.

Der Kampf David gegen Goliath hatte gerade erst begonnen – auch wenn ich wusste, dass es in Wirklichkeit überhaupt keinen Feind gab, weil wir alle selbst zugleich David und Goliath sind. Denn ich sah die letztendliche Verantwortung für das Antwortschreiben nicht beim Ausschussdienst, der es verfasst hatte, nicht bei den PolitikerInnen, die an der Macht waren, und auch nicht bei den Unternehmen, die die Verschwendung ausführten, sondern bei uns allen und somit auch bei mir selbst.

Zwei von den drei Biosupermärkten, die ich angeschrieben hatte, antworteten. Die kleinere Reformhauskette schrieb, dass sie schon »Verbündete« habe, mit denen sie kooperieren würde, und dadurch eine »gute Verwertung unserer (zum Glück sehr geringen) Überhänge sicherstellen« könne. Obwohl der Geschäftsführer des Familienbetriebs in der gleichen E-Mail schrieb: »Viele Ideen kann ich gut verstehen und sehr nachvollziehen. Es gehört viel Mut und Distanz zum »normalen Sosein« dazu, immer wieder Grundsätzliches in Frage zu stellen, um positives Neues zu denken und zu schaffen. Ich bewundere das sehr!«, scheute er sich zuzugeben, dass in fast allen seinen Filialen täglich noch genießbare Lebensmittel in den Tonnen landen, die übrigens mittlerweile verschlossen sind.

Ich begriff nicht, was so schwierig daran sein konnte, einfach Ja zu sagen und zusammenzuarbeiten. Von der größten der drei Biosupermarktketten bekam ich überhaupt keine Antwort. Als dann auch noch die Bio Company angab, dass alles, was nicht mehr verkauft werden könne, an karitative Einrichtungen weitergegeben werde, sann ich über einen Strategiewechsel nach. Noch am selben Tag jedoch bekamen wir eine zweite E-Mail von Berlins führendem Biosupermarkt, in der uns der Geschäftsführer der Bio Company zu einem persönlichen Gespräch einlud.

Wir waren überglücklich, es war ein Etappensieg auf dem Weg zu einer Gesellschaft ohne Lebensmittelverschwendung. Ich war mir sicher, dass die Kooperation ein ganz wichtiger Meilenstein werden sollte. Das Gespräch mit Georg Kaiser verlief gut, er lud uns drei in die Firmenzentrale ein und nahm sich richtig viel Zeit für uns. Er gab zu, dass trotz Preisreduzierung bei Obst, Gemüse und Brot sowie bei Waren mit Mindeshaltbarkeitsdatum (MHD) sowie Kooperationen mit Tafeln, Caritas, sozialen Vereinen und anderen Projekten leider immer noch genießbare Lebensmittel in der Tonne landeten. Dem Chef der schnell expandierenden Biosupermarktkette lag das Thema schon immer am Herzen und so war es nicht schwer, ihn zu überzeugen, gemeinsam ein ganzheitliches Rettungssystem für Lebensmittel ins Leben zu rufen. Es war eine Kooperation mit mehr Wert und weniger Arbeit für die Bio Company, eine Win-win-win-Situation: für die Umwelt, die Menschen und den Supermarkt. Mir war es wichtig, dass auch die MitarbeiterInnen das Recht haben sollten, sich von den abgeschriebenen Waren etwas mitnehmen zu dürfen. Am besten wäre ohnehin, alles Unverkäufliche im oder vor dem Laden zu verschenken, aber das wollte Georg nicht. Ich war froh, dass wir nicht nur ab jetzt regelmäßig übrig gebliebene Lebensmittel abholen durften, sondern ich auch in Nachhaltigkeitsfragen beratend wirken konnte.

Mein Rhythmus veränderte sich schlagartig. Statt nachts heimlich unterwegs zu sein, holte ich nun zu geregelten Zeiten ab, was die MitarbeiterInnen nicht mitnehmen wollten. Auch mein Anliegen, noch besser den Müll zu trennen, wurde beherzigt: Die Anzahl der ursprünglich zwei randvollen Restmülltonnen und vier Biomülltonnen halbierte sich, dafür gab es nun zwei große Verpackungs- sowie verschiedene Papiermülltonnen.

Meine Tätigkeit als Nachhaltigkeitsberater trug Früchte und wir waren froh, in Georg einen echten Partner gefunden zu haben, der mit der Bio Company in Sachen Ökologie und Umweltschutz mit gutem Beispiel vorangehen wollte. Wir beabsichtigten, wie ein Leuchtturm ein positives Signal zu setzen, wonach sich die KundInnen und andere Läden richten konnten. Obendrein reduzierten sich die Entsorgungskosten drastisch und das Bewusstsein für einen verantwortlichen Umgang mit Lebensmitteln und anderen Ressourcen verstärkte sich bei den KonsumentInnen wie beim Personal. Mein langfristiges Ziel war es, nicht nur die Lebensmittelverschwendung in Supermärkten zu minimieren, sondern die Privathaushalte, die für einen Großteil der weggeworfenen Nahrung verantwortlich sind, zu sensibilisieren und zum Umdenken anzuregen. Auch wenn bei den meisten Menschen immer noch der Preis der letztlich ausschlaggebende Kaufgrund ist, wächst kontinuierlich die Gruppe von bewussten VerbraucherInnen, die sich nicht nur um ihren Geldbeutel kümmern. Mittlerweile ernähren sich schon 2 Prozent aller Menschen in Deutschland ausschließlich von Biolebensmitteln, was auch die Biolandwirtschaft in der EU zweistellig wachsen lässt. Obwohl viele Menschen angaben, sich Bio nicht leisten zu können, ist für die meisten KonsumentInnen diese Entscheidung keine Frage des Geldes, denn durchschnittlich gibt jeder Haushalt nur 11,4 Prozent seiner Ausgaben für Lebensmittel aus, weniger als in fast allen anderen Ländern der Welt. Dass man sich auch mit wenig Geld alleine von Biolebensmitteln ernähren kann, erfuhr ich von einer Frau, die von Hartz IV lebt und auf vielen materiellen Luxus verzichtet, aber beim Essen keinen Kompromiss machen will. Eigentlich ist es ohnehin ein Verbrechen, dass genmanipulierte Produkte überhaupt noch legal verkauft werden und in weiten Kreisen das konventionelle chemisch verseuchte Essen nach wie vor als normal gilt.

Hinter der Petition und der Zusammenarbeit mit der Bio Company stand das Ziel, transparent zu machen, wie es in den Unternehmen tatsächlich um die Ressourcenverschwendung steht, und damit die VerbraucherInnen zu bewegen, verantwortungsvollere Konsumentscheidungen zu treffen. Die Macht der KonsumentInnen kann über Wohl und Wehe eines Produkts oder sogar eines Konzerns bestimmen und nicht nachhaltig agierende Unternehmen durch drohende Kundenabwanderungen zum Handeln bewegen.

Der Beginn des professionellen Teilens und Rettens von Lebensmitteln

Seitdem ich Lebensmittel rettete, standen wir immer wieder vor der logistischen Aufgabe, Fleisch, Milchprodukte und vor allem Obst und Gemüse in kurzer Zeit zu verteilen. FreundInnen, NachbarInnen und Menschen auf der Straße drängten wir die Überschüsse unserer Wegwerfgesellschaft fast schon auf. Auch wenn so vieles nicht an die bedürftigsten Menschen der Gesellschaft ging, war diese »Konfrontation« für viele, die sich mit dem Thema bisher noch nicht beschäftigt hatten, ein Aha-Erlebnis, zukünftig auch Lebensmittel aus der Tonne zu essen. Die meisten Menschen waren sich überhaupt nicht bewusst, was Supermärkte, in denen sie regelmäßig einkaufen, alles wegwerfen, und änderten ihre Einstellung und ihr Konsumverhalten, indem sie stärker darauf achteten, Obst und Gemüse zu kaufen, das vielleicht etwas weniger perfekt aussah, sowie Lebensmittel, die kurz vor dem Mindesthaltbarkeitsdatum standen.

Aber das ständige aufwendige Verteilen der geretteten Waren stellte keine Dauerlösung dar. Mein guter Freund Martin und ich hatten dann die Idee, eine Internetplattform, auf der überschüssige Lebensmittel geteilt werden können, ins Leben zu rufen. Wie es so oft in der Geschichte der Menschheit ist, wir waren nicht die einzigen, die eine solche Lebensmittelverschenkseite im Sinn hatten. Durch einen Freund von Martin erfuhren wir von einem durch Kleinspenden finanzierten Projekt namens Foodsharing. Die Idee von foodsharing e. V. war praktisch identisch mit unserem Traum und obwohl das Projekt zunächst nicht *open source* sein sollte, also ohne offenen Quellcode und mit Geldeinsatz programmiert wurde, wollte ich das Rad nicht noch einmal erfinden, sondern lieber durch meine Öffentlichkeitsarbeit mit dafür sorgen, Foodsharing als Werkzeug gegen die Lebensmittelverschwendung auf den Weg zu bringen.

Langfristig träumte ich von einem komplett geldlosen Open-Source-Projekt, bei dem dutzende Menschen sich gemeinsam mit ihren Fähigkeiten und Talenten einbringen. Von einem Projekt, das zu 100 Prozent aus ehrenamtlichen DesignerInnen, ProgrammiererInnen, OrganisatorInnen bestehen sollte sowie aus Freiwilligen, die sich aus innerer Motivation heraus um die Öffentlichkeitsarbeit und alle anderen Aufgaben kümmern würden. Von dieser Vision war der Verein auch nicht weit entfernt, denn bis auf den Geschäftsführer arbeiteten ohnehin alle Vorstandsmitglieder ehrenamtlich. Unentgeltlich halfen außerdem HygienespezialistInnen, RechtsanwältInnen, GrafikerInnen und andere in irgendeiner Weise Foodsharing. Einer der Initiatoren des Projekts war Valentin Thurn, der im Jahr 2011 mit dem erfolgreichen Film *Taste the Waste* die Debatte um das Thema Lebensmittelverschwendung in Deutschland entfacht hatte.

Als ersten Supermarkt konnte ich die Bio Company als Partner für Foodsharing gewinnen und gleichzeitig die Idee von den LebensmittelretterInnen weiter ausbauen, denn mittlerweile hatte ich dutzende Menschen organisiert, die bei verschiedenen Filialen der Bio Company die überschüssigen Lebensmittel abholten.

Der Einzug ins Friedenszentrum Martin Niemöller Haus

Unsere Souterrainwohnung lag, wie der Name schon sagt, im Kellergeschoss und damit zum großen Teil unterhalb des Erdniveaus. Von Anfang an hatten wir aufgrund eines Lecks in einer Regenrinne ein Feuchtigkeitsproblem. Obwohl wir schon überlegt hatten umzuziehen, begannen wir mit der Suche nach einer neuen Bleibe erst, nachdem wir Schimmel an der Schlafzimmerwand entdeckt hatten, an deren Außenmauer sich die Regenrinne befand. Es kam uns vor wie ein Zeichen des Schicksals, das uns auffordern wollte, uns genau zu diesem Zeitpunkt auf die Suche nach einer Wohnalternative zu machen.

Kurz nachdem wir nach Kleinmachnow gezogen waren, hatten wir das ältere, schon pensionierte Ehepaar Alke und Georg kennen gelernt. Wir hatten sie eigentlich nur aufgrund ihres Ökohauses angesprochen, doch dann entwickelte sich eine herzliche Freundschaft zu diesen zwei wunderbaren Menschen. Georg lud mich ein, während eines internationalen Workcamps im Friedenszentrum Martin Niemöller Haus einen Vortrag mit anschließender Fragerunde zu halten. Ich war erfreut über die Möglichkeit und lernte so das Haus und die liebe Angelika kennen, eine langjährige Mitbewohnerin der im Friedenszentrum lebenden Wohngemeinschaft.

Georg war einer der ersten, den wir fragten, ob er jemanden kenne, bei dem wir wohnen könnten. Nach kurzer Überlegung sagte er, im Friedenszentrum, wo er schon seit über 30 Jahren ehrenamtlich engagiert war, sei gerade ein WG-Zimmer frei geworden. Alles fügte sich, als ob der Schimmel und die gerade ausgezogene WG-Bewohnerin sich abgesprochen hätten. Wir fühlten, dass das Leben es gut mit uns meint und alles Bestimmung ist. Einmal mehr schien sich die Kraft der positiven Gedanken zu bewahrheiten. Denn nicht nur unsere Handlungen und unsere Nahrung sind für unsere Gesundheit, unser Wohlempfinden und Glück verantwortlich, sondern auch unsere Gedanken.

Selbst der in der Regel eher skeptische *Spiegel* widmete dem Thema einen ganzen Titel namens »Der heilende Geist« und schrieb dazu: »Hirnforscher entdecken, wie die Seele die Biologie des Körpers verändert und ihm helfen kann, Erkrankungen zu überwinden. Meditieren, Yoga und positives Denken, lange als Esoterik abgetan, erobern die Schulmedizin.« Unter der Überschrift »Heilen mit dem Geist« schilderte der ausführliche Artikel, wie unsere Gedanken uns und unsere Mitmenschen beeinflussen. Der Psychologe Manfred Schedlowski erklärt: »Ganz gleich, ob ich meditiere oder mein Arzt eine Erwartungshaltung in mir weckt: Ich erzeuge biochemische Veränderungen, die über das Blut oder die Nervenbahnen meine Organe erreichen.« Ich war mir sicher, dass wir nicht nur unseren eigenen Körper und seine unfassbare Selbstheilungskraft mit unseren Gedanken positiv beeinflussen können, sondern auch alles, was um uns herum geschieht. Zu was der Mensch trotz Parkinson-Krankheit und der daraus resultierenden Bewegungslosigkeit fähig ist, bewiesen 14 Menschen, die in Italien während eines Erdbebens aus dem Krankenhaus rannten, nachdem es bei ihnen zu einer Aufhebung der Gangblockaden gekommen war. Lebensbejahung und das Eintauchen in den Fluss des Lebens gehörten für mich schon lange zusammen mit Gesundheit – oder allgemeinem Wohlbefinden – und der ständigen Möglichkeit des Auftretens von Wundern.

Einige Wochen später durften wir in das wunderschöne Dachbodenzimmer im ehemaligen Pfarrhaus von Pastor Martin Niemöller ziehen. Niemöller war einer der wenigen Pfarrer, die sich offen gegen das Hitlerregime stellten. Wegen seines Widerstands wurde er im Jahr 1937 verhaftet und war bis zum Ende der Naziherrschaft in den Konzentrationslagern Sachsenhausen und Dachau inhaftiert. Nach dem Krieg setzte er sich mit aller Kraft für Frieden und Völkerverständigung ein und gegen Atomwaffen. Seit 1980 wirkt der

Verein Friedenszentrum Martin Niemöller Haus in der großen Villa. Ein Teil des Hauses dient seit Gründung des Vereins als Büroräume für verschiedene Menschenrechts- und Friedensorganisationen wie Amnesty International, Aktion Sühnezeichen, Versöhnungsbund, Service Civil International, Society for International Development, für einen Weltladen und andere Gruppen. Es werden internationale Freiwilligendienste organisiert und sich unter anderem um traumatisierte Kindersoldaten in Uganda gekümmert. Im Kellergeschoss befindet sich ein Kindergarten und außerdem gibt es einen Erinnerungsort für den von Niemöller mitgegründeten Pfarrernotbund und ihn selbst.

Das Friedenszentrum ist ein Ort der Begegnung, wo sich Menschen mit unterschiedlichen Hintergründen und Zielen im Rahmen des konziliaren Prozesses »Gerechtigkeit, Frieden und Bewahrung der Schöpfung« einsetzen. Neben regelmäßigen öffentlichen Veranstaltungen, Seminaren und Workcamps halten Gruppen wie Amnesty International, der Naturschutzbund und der Jugendverband Die Falken hier wöchentliche Treffen ab.

Die WG des Hauses kümmert sich seit der Gründung des Vereins ehrenamtlich um Bürodienst, Garten- und Putzarbeit, organisiert, repariert und renoviert und übernimmt vieles andere von dem, was in einem großen und etwas älteren Haus eben so anfällt. Neben Georg, Alke und Angelika, die ich ja schon vom Vorjahr kannte, unterstützen immer viele Menschen den Verein und helfen ehrenamtlich im Garten, bei Projekten sowie der Buchhaltung und wo sonst Hilfe willkommen ist. Es war der ideale Platz für uns, um uns als Umwelt- und Friedensaktivisten mit unserem Engagement gegen Verschwendung von Ressourcen und Lebensmitteln einzubringen. Als Art Freiwillige ohne Taschengeld durften wir, im Gegensatz zum Rest der WG, mietfrei wohnen.

Das virtuelle Wasser

In einem weiteren Punkt half mir wieder ein äußerer Einfluss, zum Wesentlichen zu kommen. In der WG hatte man uns gebeten, unsere – das heißt, um ehrlich zu sein: meine – Wassersparspielchen bitte sein zu lassen. Ab sofort spülten wir wieder mit dem am Wasserkasten angebrachten Start/Stopp-Knopf, und das war auch gut so. Natürlich kann man im Haushalt viel Wasser und Strom sparen, aber auch hier ist es wie mit dem Kehren vor der eigenen Tür: Es lässt sich noch viel mehr Wasser und Energie sparen, indem man nicht den Fokus auf das sinnlich wahrnehmbare verbrauchte Wasser im Haushalt legt, sondern auf das virtuelle Wasser. Der Wasserfußabdruck setzt sich aus allem indirekt verbrauchten Wasser zusammen, das heißt Wasser, welches zur Herstellung von Lebensmitteln oder sonstigen Produkten verbraucht wird.

Durchschnittlich leiten wir in Deutschland pro Person und Tag rund 120 Liter beim Duschen, Waschen, Benutzen der Toilette etc. in die Abwasserkanäle. Das verbrauchte Wasser wird dann in großen Filteranlagen unter Energieaufwand gesäubert und oft wieder zu den Haushalten zurückgepumpt. Für sich betrachtet scheinen 120 Liter Wasser pro Tag schon sehr viel zu sein, nimmt man aber ein wenig Abstand und berücksichtigt auch all das Wasser, welches wir verbrauchen, ohne dass wir dies mitbekommen, entsteht ein komplett neues und erschreckendes Bild. An virtuellem Wasser verbrauchen wir nämlich über 5500 Liter pro Person und Tag!

Leider wird in den Medien, aber auch an Schulen und Universitäten nur sehr zaghaft über diese Erkenntnisse berichtet. Deshalb wissen wohl die wenigsten, wofür in Europa die mehr als zwei Millionen Liter virtuelles Wasser pro Kopf und Jahr verbraucht werden. Es muss dazu gesagt werden, dass in Deutschland sogar mehr als die Hälfte des virtuellen Wassers aus Nicht-EU-Ländern stammt und somit besonders kritisch zu betrachten ist. Jedes Erzeugnis braucht während des Herstellungsprozesses Wasser, wobei gerade die Landwirtschaft für mehr als 92 Prozent des weltweiten Wasserverbrauchs verantwortlich ist. Auch wenn sogar bei der Herstellung von Autos, Elektrogeräten und allen anderen Waren und Gütern Wasser verbraucht wurde, fällt ihr Wasserfußabdruck relativ gering aus im Vergleich zu landwirtschaftlich erzeugten Gütern. Der virtuelle Wasserverbrauch eines Mittelklassewagens entspricht etwa dem von gerade einmal 33 Kilogramm Rindfleisch.

Der Großteil der weltweit genutzten Landfläche und des weltweiten Wasserverbrauchs dient dem Anbau von Futtermitteln für Tiere. Um ein Kilogramm Fleisch zu erzeugen, braucht es bis zu fünfzigmal mehr Wasser als für die Produktion eines Kilos Gemüse, weil die Herstellung von einem Kilo Fleisch bis zu sieben Kilo Getreide verbraucht und dementsprechend ein Kilogramm Fleisch zwischen 5000 und 15.500 Litern Wasser benötigt. Doch nicht nur der Wasserverbrauch steigt bei tierischen Produkten rasant an, auch Anbaufläche, Pestizidverbrauch, Erdölverbrauch etc. multiplizieren sich bei Fleisch zwischen vier- und zwanzigmal, im Gegensatz zu der gleichen Kiloanzahl an Gemüse oder Getreide. Der Hunger der mehr als 60 Milliarden Tiere, die wir Menschen pro Jahr töten, führt dazu, dass weltweit mehr als die Hälfte der gesamten Getreideernte und sogar 98 Prozent der Sojaernte für Tiere bestimmt sind. Ein Großteil der Tierfuttermittel wächst heute auf Flächen, die noch vor wenigen Jahren von jahrtausendealtem Regenwald dicht bedeckt waren. Die Zerstörung des Urwaldes hängt so direkt mit dem Hunger nach tierischen Produkten zusammen. Für Europas Tierindustrie müssen mehr als 80 Prozent des gesamten Tierfutters importiert werden, weil es in der EU einfach viel zu wenig Anbau- und Weidefläche gibt, um den massiven Fleischkonsum von mehr als 70 Kilogramm pro EuropäerIn bedienen zu können. Doch nicht nur Fleisch ist ein enormer Wasser- und Ressourcenverschwender, sondern auch andere tierische Produkte wie Milch und Käse. Für jeden Liter Milch werden mehr als 1000 Liter Wasser und 700 Gramm Futter verbraucht.

Für ein Kilogramm Käse sogar zwischen 4 und 14 Litern Milch und dementsprechend 2,5 bis 10 Kilogramm an Futter. Aber auch Kaffee und Kakao sind besonders wasserintensiv – so verbraucht jede Tasse Kaffee rund 140 Liter Wasser und 1 Kilogramm Kakaobohnen sogar 27.000 Liter.

Neben der Nahrungsmittel- ist es vor allem die Textilproduktion, die die virtuelle Wasserbilanz in die Höhe schnellen lässt. Weltweit steigt das Bedürfnis nach immer mehr Textilien. Alleine seit 1900 hat sich der Absatz von Textilien verachtzehnfacht. Weil wir also viel mehr Kleider besitzen, als wir brauchen, schmeißen wir im Schnitt mehr als 20 Textilstücke pro Jahr weg. Insgesamt addiert sich das zu einer stolzen Summe von mehr als zwei Millionen Tonnen Textilien, die jedes Jahr allein von den Menschen in Deutschland in den Müll geworfen werden. Dass jedes einzelne Kilogramm Baumwolle bis zu 25.000 Liter Wasser verbraucht hat, und zwar aus Regionen, wo ohnehin schon große Wasserdefizite bestehen, ist dabei den wenigsten Menschen bewusst.

Überall auf der Welt sinken die Grundwasserpegel dramatisch, doch besonders in den wasserarmen Regionen, wo viele Menschen noch vom Selbstanbau leben, spitzt sich die Lage zunehmend zu, in erster Linie aufgrund unseres Konsums von Baumwolle, Lebensmitteln, Kaffee, Kakao, Rosen, Mineralien, Rohstoffen und allen weiteren Importen. Damit verschlimmern wir Hunger, verschmutzen und verbrauchen Grundwasser, Seen, Flüsse und das Meer. Denn obwohl in der weltweiten Landwirtschaft nicht überall künstlich bewässert wird, gelangen die giftigen Pestizide mit dem Regen in die Böden, das Grundwasser, die Flüsse und am Ende immer in die Ozeane.

Unterwegs in Europa

Im Sommer 2012 besuchte Nieves mit Alma ihre Familie und Freunde auf Mallorca. Zeitgleich hatte ich zwei Einladungen nach Spanien bekommen: In Madrid sollte ich einen Vortrag halten und in Cartagena, einer Stadt am Mittelmeer, als Referent an einer Konferenz teilnehmen. Innerhalb von drei Tagen trampte ich von Berlin nach Madrid, wo ich nach tausenden Kilometern auf der Straße nur 30 Minuten zu spät zu meinem Vortragstermin kam. Zum Glück waren die SpanierInnen locker und warteten alle ganz geduldig auf meinen Auftritt. Dann ging es weiter Richtung Südosten und nach der Konferenz wollte ich per Anhalter nach Mallorca. In Dénia, einem Hafenstädtchen etwas weiter nördlich, fand ich nach einigen Tagen des Auf und Ab einen lieben Kapitän, der mich mit nach Ibiza nahm. Eine traumhafte Insel, auf der ich gerne noch länger geblieben wäre, wenn ich nicht sehnsüchtig zu meiner liebsten Familie gewollt hätte. Ich fragte alle Bootsbesitzer, leider vergebens, dann trampte ich zu einem anderen Hafen, um dort per Kanu zu den Segelbooten zu fahren, die vor Anker lagen. Nach einigen erfolglosen Tagen des Bootsuchens in den Häfen wurde ich auf ein wunderschönes altes Segelboot zum Essen und später auch zum Übernachten eingeladen. Trotz des hilfsbereiten Hafenpersonals, eines angenehmen Schlafplatzes auf einem schönen Boot und guten Aussichten, dass in den nächsten Tagen ein Boot nach Mallorca fahren sollte, spürte ich, dass ich mich bewegen und dem Schicksal entgegengehen musste, wie damals auf unser Reise.

Mit einem Auto ging es weiter und trotz einer sehr lieben Einladung in die Lebensgemeinschaft des Fahrers hörte ich auf mein Herz und ließ mich am nächsten Hafen absetzen. Meinen Rucksack hinterlegte ich bei einem italienischen Restaurant und begann damit, die wenigen Leute, die am Kai standen, nach einer Mitfahrgelegenheit zu fragen. Aber der kleine Hafen war sehr ruhig und niemand wollte nach Mallorca. Doch dann entdeckte ich, wie ein kleines Segelboot unter deutscher Flagge in den Hafen einlief, und ich spürte, das ist mein Boot! Ich wartete geduldig, bis es richtig angelegt hatte, und lobte das Teamwork seiner Besitzer, eines pensionierten Paares aus Berlin. Nachdem ich mich kurz vorgestellt hatte, berieten die beiden sich im Inneren des Bootes und meinten dann, sie würden mich gerne morgen zu meiner Familie mitnehmen, ich sie doch aber bitte siezen solle. Auch wenn ich per se alle Menschen mit Du ansprach, weil ich es einfach persönlicher, wärmer und herzlicher finde, respektierte ich natürlich ihren Wunsch. Und es sollte noch besser kommen, denn die beiden hatten ihren Bootsplatz ausgerechnet in dem Hafen, der dem Haus von Nieves Eltern am nächsten lag. Erfüllt, dankbar und glücklich, uns nach Wochen wiederzusehen, genossen wir unsere gemeinsame Zeit auf der wunderschönen Insel. Auch auf Mallorca durfte ich einen Vortrag halten und wie immer interessante und spannende Fragen beantworten.

Die Rückreise gestaltete sich leichter als die Anreise, denn nachdem wir gehört hatten, dass es eine Regatta von Barcelona nach Mallorca gab, besuchten wir den Hafen und fanden schnell ein schönes Segelboot, welches mich zum Festland zurückbrachte. Es war sehr bewegend, nach über einem Jahr wieder über das wundervolle Meer gleiten zu dürfen und all die einmaligen Erinnerungen von unserer Atlantiküberquerung Revue passieren zu lassen.

Aktivitäten im Friedenszentrum

Im Friedenszentrum half ich ein Zimmer zu renovieren, mähte wie immer alle paar Wochen den Rasen, bereitete zusammen mit Nieves ein Workcamp vor und wir kümmerten uns um Alltägliches wie das Fegen und Wischen von Treppen, Flur, Eingangsbereich und Küche. Alle paar Monate erschien die Infopost mit einer Auflage von über 500 Exemplaren, die wir eintüteten, mit Adressaufklebern versahen und frankierten. Fast jedes Mal schrieb ich einen Artikel und außerdem stellten wir unsere Aktivitäten vor, denn wir wollten noch mehr Leben in das Haus bringen und einen neuen Wind der Nachhaltigkeit und der Kultur des Teilens wehen lassen. Ab sofort luden wir zweimal im Monat zum veganen Brunch ein, um Menschen zusammenzubringen, neue kulinarische Köstlichkeiten zu probieren und AllesesserInnen die vegane Kost ein wenig näherzubringen. Anfänglich war der Brunch eine recht beschauliche und ruhige Angelegenheit, aber von Mal zu Mal kamen mehr Menschen und die Vielfalt von kulinarischen Hochgenüssen wurde immer sensationeller. Es schmeckte alles immer urlecker und man konnte so richtig aus ganzem Herzen schlemmen und sich wie im Schlaraffenland durch dutzende Quiches, Salate und andere Gerichte sowie verschiedene Kuchen und Torten durchkosten. Alle brachten meist etwas Selbstgemachtes mit, und auch, wenn jemand einmal keine Zeit gehabt oder einfach das Zubereiten vergessen hatte, ging irgendwie immer alles wie magisch auf und niemand musste hungrig von dannen ziehen – es war sozusagen »Foodsharing« aus vollem Herzen.

Das Workcamp zum Thema »Degrowth 2.0«, also Schrumpfung beziehungsweise Entschleunigung der Wirtschaft, stand ganz im Licht der Nachhaltigkeit, der Idee des Teilens, des Lebensmittelrettens und des Veganismus. Wie so oft bei Veranstaltungen dieser Art sah man auch hier viel mehr Frauen als Männer, diesmal waren es 13 Frauen und kein einziger Mann. Zusammen mit ihnen rettete ich fast täglich Lebensmittel bei der Bio Company, sie kochten vegan und ausschließlich bio, ein Novum für den Service Civil International.

Wir veranstalteten aber auch Film- und Diskussionsabende, ich hielt Vorträge, entschloss mich aber schließlich, endgültig damit aufzuhören, eigene Vorträge zu organisieren. Nieves brachte sich mehrmals im Monat mit kostenlosen Spanisch-Konversationsklassen ein. Um auch den vegan lebenden Familien ein wenig Raum zu schenken und gemeinsam mit gleichgesinnten Eltern etwas zusammen zu unternehmen, begannen wir mit der »Veganen Eltern-Kleinkind-Spiel-gruppe«.

Es gab immer irgendetwas im Haus zu erledigen und die übrige Zeit war ich damit beschäftigt, mich um Interviews, Reportagen und die Organisation der LebensmittelretterInnen zu kümmern. Glückli-cherweise hatten wir einen traumhaften Garten in dem es immer etwas zu tun gibt und der mir besondere Freude bereitet. Wir pro-bierten uns in Anbauversuchen, ernteten Äpfel und Kirschen, aßen Himbeeren und hielten alles schön und ansehnlich.

9. Unity – Der Traum von einer Welt ohne Geld

Ich liebte es schon immer zu träumen, zu schwärmen und meiner Imaginationskraft freien Lauf zu lassen. Am schönsten lässt es sich mit anderen träumen, und so war es auch mit meinem lieben Freund Martin, mit dem ich auch schon von Foodsharing geträumt hatte. Wir überlegten uns, was es bräuchte, um Geld in vielen Gebieten des Lebens überflüssig werden zu lassen. Wir wussten, dass wir Menschen im Prinzip von allem mehr haben, als wir für den Eigenbedarf nutzen. Angefangen bei der Hälfte der Lebensmittel, die wir wegschmeißen, den Bergen von Kleidern und Schuhen, die wir unser Eigen nennen, den Büchern, Filmen und Werkzeugen, Fahrrädern, Autos, Brettspielen und allen anderen Gegenständen, die die meiste Zeit ungenutzt in unseren Wohnungen liegen. Hinzu kommen drahtlose Internet- oder Telefonverbindungen, die gerade in Ballungsräumen meist 10- bis 20-mal häufiger vorhanden sind, als nötig wäre, um allen einen Onlinezugang zu bieten. Aber auch Schlaf-, Kunst- und Büroräume gibt es mehr, als wir brauchen und mit Leben füllen können. Man denke nur an Schulen, Universitäten, Sporthallen, Gewerbeimmobilien und Gärten, die viele Stunden am Tag für Aktivitäten, Workshops und Veranstaltungen genutzt werden könnten, anstatt leer zu stehen.

Die Menschheit befindet sich in einem nie zuvor dagewesenen globalen Wandel, hin zu einer Kultur des Teilens. Teilten wir bis vor wenigen Jahren nur Texte, Lieder und Filme via Internet, sind es heute Fotos, Videos, und unsere Gefühle. Zudem ist in letzter Zeit auch eine Kultur des Teilens über das Internet hinaus entstanden.

Wie Pilze nach dem Regen sind in den letzten Jahren tausende regionale und überregionale Netzwerke des Teilens aus dem Boden geschossen. Neben einigen lokalen Initiativen, die ohne Internet funktionieren, laufen praktisch alle Plattformen des Teilens über das World Wide Web. Leider ist es so, dass die verschiedenen Seiten meist nicht untereinander vernetzt sind, so kann man nicht, wie bei einer normalen Flugsuchmaschine, nach allen vorhandenen Schlafplätzen, Bohrmaschinen oder Schlauchbooten suchen, sondern muss sich bei allen Netzwerken einzeln anmelden und separat suchen. Die noch fehlende Effizienz der bereits bestehenden Netzwerke blockiert die Kultur des Teilens erheblich. Zum Glück gibt es immer mehr Plattformen, die auf dem Open-source-Prinzip aufgebaut sind und uns Menschen unglaublich viel Zeit und Energie sparen, indem auf vorhandene Entwicklungskunst zurückgegriffen wird, anstatt immer alles neu programmieren zu müssen. Damit wird das ständige Neuerfinden des Rades unnötig, denn anstatt beispielsweise die in Großbritannien sehr erfolgreiche Seite »Land-share«, wo Menschen mit Garten anderen Menschen Anbauflächen zur Verfügung stellen, für hierzulande komplett neu zu bauen, reicht die Übersetzung ins Deutsche.

Es gibt unendlich viele Ideen und Plattformen, die auf eine Stadt, eine Region oder ein Land beschränkt und national beziehungsweise international überhaupt nicht in Erscheinung getreten sind. Das bedeutet, dass das Potenzial der Kultur des Teilens noch am Anfang seiner vollen Entfaltung steht, da erst durch die Vernetzung von Wissen die Genialität der Menschheit richtig zum Vorschein tritt.

Wir träumten aber nicht nur von all den verschiedenen Möglichkeiten, wie wir Menschen in Zukunft Gebrauchsgegenstände und Räumlichkeiten teilen werden, sondern von einer Plattform, die weit über materielles Teilen hinausgeht. Wir schwärmten von einer Seite, auf der wir alle unsere Talente, Fähigkeiten und Kenntnisse untereinander teilen können. Die Evolution der Menschheit hatte den Weg, ohne es zu wissen, längst eingeschlagen. Waren es zunächst Fotos, die wir teilten, tauschten wir dann die Fotokamera untereinander aus und nun unser (Experten-)Wissen, wie man richtig fotografiert. Diese Entwicklung ist exemplarisch für unsere Welt, die sich gerade neu erfindet. Alles, was wir können, gelernt haben oder was uns einfach Freude macht zu tun, können wir unseren Mitmenschen kostenlos anbieten, und gleichzeitig alles, was uns selbst interessiert, von anderen lernen, ohne Geld ausgeben zu müssen. Sprachkurse, Massagen, Reparaturen, Kochkurse, Nachhilfe, Therapien – im Grunde alle noch bezahlten Dienstleistungen und viel mehr. Das Schöne ist: Wenn jemand sein Talent des Malens, Strickens oder Klavierspielens kostenlos teilt und damit wie ein Baum seine Samen verschenkt, kommt es praktisch immer vom Herzen, denn warum sollten wir etwas machen, was uns nicht erfüllt und keinen Sinn macht? Alles, was wir aus Leidenschaft, innerer Motivation und Freude tun, ist nichts anderes als Liebe.

Wir träumten nicht nur von einer Plattform, auf der alles geteilt werden kann und es schnell und praktisch ist, Dinge sowie Menschen und ihre Fähigkeiten zu finden, sondern auch von einem realen Ort, an dem die Kultur des Teilens auf allen Ebenen und in allen Facetten gelebt wird. Am besten ein großes Haus mit Garten oder ein leer stehendes Firmengebäude, Hauptsache mit genügend Räumlichkeiten, in denen zum Beispiel Yoga-, Tanz- und Sportklassen stattfinden könnten. Natürlich sollten, neben der obligatorischen Gemeinschaftsküche, auch Bands und KünstlerInnen darin einen Platz haben. Herzstück sollte die Bibliothek, der Umsonstladen für Kleider, Möbel und alle anderen Gebrauchsgegenstände sowie ein großer Fair-Teiler von Lebensmitteln werden. Ausgestattet mit Kühl- und Eisschränken sowie Regalen, sollte er ein Ort sein, wo unverkäufliche Lebensmittel aus Kantinen, Restaurants, Supermärkten, Getränkehandlungen, von LandwirtInnen und Produzenten gelagert, verarbeitet und weiterverschenkt werden sollten.

Foodsharing

Nach einer erfolgreichen Crowdfunding-Kampagne ging Anfang Dezember dann endlich Foodsharing.de online. Wir organisierten mehrere Pressekonferenzen und nicht zuletzt dank des unglaublichen Presseechos meldeten sich in kürzester Zeit mehr als 10.000 NutzerInnen an und teilten tausende Kilogramm von Lebensmitteln. Ziel von Foodsharing ist es, die Wertschätzung unserer Nahrung zu erhöhen, Menschen für das Thema zu sensibilisieren, soziale Kontakte zu ermöglichen und jedem ein Werkzeug gegen die Verschwendung verfügbar zu machen. Privatpersonen, Händler, Vereine und Produzenten können auf der Plattform überschüssige Lebensmittel kostenlos anbieten, die dann von anderen Menschen abgeholt werden können. Angesichts von rund 22 Milliarden Euro, die alleine in Deutschland jedes Jahr in Form von Nahrungsmitteln weggeschmissen werden, ist gerade deren Rettung eine sehr effektive und konsequente Variante, etwas gegen diesen Wahnsinn zu unternehmen und damit aktiv für eine Welt ohne Hunger und Lebensmittelverschwendung beizutragen.

Grundsätzlich kann jeder Einzelne schon von vornherein einen Beitrag leisten, damit weniger genießbare Nahrungsmittel überhaupt im Müll landen. Zunächst können wir darauf achten, lokale und saisonale Bioprodukte zu kaufen, oder noch besser: anfangen, selbst anzubauen. Und immer bewusst einkaufen und nur das in den Einkaufskorb legen, was wir auch wirklich essen können. Volle Kühlschränke führen automatisch dazu, dass viele Lebensmittel schlecht werden und wir den Überblick verlieren, was gegessen werden muss, bevor es verkommt. Wenn man vor dem Urlaub noch Essen übrig hat oder zu viel Obst im Garten hängt, kann man mittels Foodsharing.de noch genießbares Essen vor dem Wurf in die Tonne retten. Dabei sollte Foodsharing nicht das klassische Nachbarschaftsverhalten untergraben, bei dem es normal ist, seine Reste vor dem Urlaub zu verteilen oder beispielsweise nach Mehl zu fragen, sondern Menschen, die diesen alten Brauch nicht mehr pflegen, die Möglichkeit geben, auch ohne Kontakte in der Nachbarschaft Lebensmittel vor der Vernichtung zu bewahren.

Fortan erstellte ich hunderte Essenskörbe auf Foodsharing.de und freute mich immer sehr, wenn wir alles, was wir und unsere WG nicht aufessen konnten, an Menschen aus ganz Berlin verschenken konnten. Es dauerte meist weniger als eine Stunde, bis verschiedene Anfragen für den Essenskorb eingingen. Teilweise besuchten uns bis zu zehn AbholerInnen an einem Tag. Obwohl ich fast ausschließlich Lebensmittel verschenkte, wollte ich auch einmal ausprobieren, wie es ist, Lebensmittel von jemandem zu empfangen. Öle gehörten zu den Lebensmitteln, die nur selten auf der Plattform offeriert wurden, und so war ich dankbar, als jemand in München gleich mehrere Liter Olivenöl anbot. Einen Monat später war ich in München, wo ich dann im Laden meiner Tante die Flaschen abholte, die die freundliche Geberin dort hinterlegt hatte. Ein anderes Mal brachte eine Frau sogar Sojaschnetzel zu uns nach Hause, weil sie am anderen Ende der Stadt lebte, aber gerade in unserer Gegend war.

Mit Foodsharing begann eine neue Epoche der Medienarbeit. Zu meiner Freude durfte ich auch immer mehr Interviews geben, in denen es überhaupt nicht mehr um den Geldstreik ging, sondern ausschließlich um den Umgang mit Lebensmitteln sowie das immer professionellere Abholen von noch Genießbarem von den Bio-Company-Supermärkten. In jedem Interview und sogar bei *Stern TV* konnte ich Foodsharing als eine praktische Lösung gegen die Lebensmittelverschwendung präsentieren. Meine Erfahrung zu diesem Thema und zu möglichen Lösungen wurde immer gefragter, gleichzeitig war ich einer der aktivsten Nutzer bei Foodsharing und der Organisation der Plattform. Ich übernahm nicht nur einen großen Teil der Pressearbeit, sondern begann fast täglich für Foodsharing bei Facebook zu posten, Fragen zu beantworten und Menschen zusammenzuführen, die für Medien, auf Messen und Veranstaltungen als Freiwillige für Foodsharing aktiv wurden.

Zur gleichen Zeit sprach ich mit Anwälten, die uns bei der Formulierung der Rechtsvereinbarung halfen, die die Lebensmittelretter-Innen unterschreiben müssen, so dass die Verantwortung für die Lebensmittel bei der abholenden Person liegt. Mittlerweile hatte ich knapp hundert Menschen gefunden, die regelmäßig bei Bio-Company-Filialen die unverkäuflichen Lebensmittel abholten. Um zu garantieren, dass auch wirklich alle Abholenden die Rechtsvereinbarung unterschrieben hatten und keine TrittbrettfahrerInnen die LebensmitterInnen sowie die Läden demotivierten, hatte ich mit der Erstellung von Ausweisen für die LebensmittelretterInnen begonnen. Das war sehr zeitaufwendig, denn ich schnitt jedes zugeschickte Foto auf Passbildgröße zurecht, um es dann in ein Word-Dokument zu kopieren und Namen sowie ID per Hand einzutragen. Bei den ersten 25 Ausweisen hatte noch jemand von der Bio Company mir das Drucken, Laminieren und Ausschneiden abgenommen, doch dann kümmerte ich mich darum, weil sich ständig neue Leute meldeten.

Für den Überblick, wer wo wie abholt und wohnt, erstellte ich eine Online-Karte, in der ich per Hand die Positionen und Daten der teilnehmenden Betriebe sowie der LebensmittelretterInnen eintrug. Mit der Zeit wurden es immer mehr Leute, die mitmachen wollten, und ich kam mit dem Erstellen der Ausweise und allem, was dazugehört, einfach nicht mehr hinterher. Dann kam mir die Idee, mit einem Online-Formular für die Anmeldung wenigstens einen Teil der Computerarbeit einzusparen, aber es war immer noch nicht perfekt. Währenddessen kümmerte ich mich um die Übersetzung der Seite durch Freiwillige und überzeugte den Vorstand von Foodsharing, dass es sinnvoll wäre, das Konzept der LebensmittelretterInnen in das Foodsharing-Netzwerk zu integrieren und bundesweit durchzustarten. Wir hatten festgestellt, dass es für die Betriebe zu aufwendig und kompliziert ist, sich bei Foodsharing anzumelden, dann einen Essenskorb zu erstellen und auf Anfragen für die Abholung zu warten. Deswegen war meine Idee, den in Berlin funktionierenden Weg zu übernehmen und es den Spenderbetrieben bei der Abgabe von abgeschriebener Ware möglichst leicht zu gestalten, indem Abholung und Verteilung von den LebensmittelretterInnen übernommen werden.

In der Markthalle 9 in Kreuzberg hatten wir den ersten gekühlten Fair-Teiler organisiert, bestehend aus einem Kühlschrank und einem Regal, wo Menschen auch ohne Zugang zum Internet Überschüsse von der Tafel und den Betrieben sowie von Privatpersonen anonym und unbürokratisch abholen können. Leider mussten wir den Fair-Teiler, der gerade von Migranten, älteren Personen und Bedürftigen sehr gut angenommen wurde, nach ein paar Monaten schließen, weil die Lebensmittelüberwachungsbehörde von uns verlangte, dass wir jedes Lebensmittel eindeutig jemand zuordnen sollten. Der Aufwand wäre gigantisch gewesen und außerdem hätte ständig jemand am Fair-Teiler präsent sein müssen, der den Überblick hat, von wem was und wann geliefert worden ist.

Mein Engagement wurde dadurch aber keineswegs gebremst, sondern ich versuchte nun, andere Wege zu gehen, um Lebensmittelverschwendung Geschichte werden zu lassen. Bei Ethiquable, einer Bio-Fairtrade-Schokoladengenossenschaft mit Sitz in Berlin, durfte ich über 150 Tafeln vegane Schokolade retten, nachdem das Unternehmen dreimal versucht hatte, bei der Tafel anzurufen, aber nie jemanden erreichen konnte. In der Regel sind die Verantwortlichen der Lebensmittelbetriebe nicht so geduldig und schon nach einem erfolglosen Anruf entmutigt. Ich wusste, dass bei der Lebensmittelrettung noch ein riesiges unerschlossenes Potenzial auf uns wartete und wir nur noch an der Professionalisierung arbeiten mussten, um es allen Spenderbetrieben einfach und unkompliziert zu machen.

Auch wenn ich praktisch nie nach angebotenen Essenskörben bei Foodsharing schaute, sondern immer nur Essen einstellte, war es wieder einmal eine glückliche Fügung, die mich auf einen Essenskorb einer Filmproduktion stoßen ließ, in dem über hundert Liter Biomandel-, Kokos- und Hafermilch angeboten wurden. Neben der freien Lieferung zu uns nach Hause gab es obendrein noch rund 50 große und kleine vegane Biojoghurts dazu. Neben all den schönen Begegnungen, die ich mit Menschen gemacht hatte, die bei uns daheim Essen abholten, waren es diese Sternstunden, die das Foodsharing-Erlebnis so einzigartig machten.

Meine Motivation, die Plattform auszubauen, zu verbessern und bekannter zu machen, war unerschöpflich, denn ich fühlte, dass ich in dem Moment nichts Sinnvolleres machen konnte, als dieser Idee der Ressourcenverteilung auf die Beine zu verhelfen. Einen Großteil meiner Zeit verbrachte ich vor dem Computer, beantwortete E-Mails und koordinierte die LebensmittelretterInnen und die Presseanfragen aus dem In- und Ausland. Das Interesse von Medien und von Menschen, die mich zu einem Vortrag einluden, wurde immer größer, ich drehte dutzende Reportagen, gab Interviews, schrieb Artikel und hatte immer weniger Zeit für meine Familie. Nach fast einer Woche Dreh mit einem wunderbaren SWR-Team, das eine 30-minütige Reportage über uns filmte, fasste ich mir ein Herz und entschloss mich, mein Tramperdasein nur noch auf Privatreisen zu leben. Nachdem ich über drei Jahre lang den öffentlichen Verkehr abgelehnt hatte, weil natürlich auch dort indirekt Geld fließt, und ich seit der Rückkehr nach Europa zehntausende Kilometer zu Veranstaltungen und Medienauftritten per Anhalter zurückgelegt hatte, beschloss ich fortan, Zugfahrten anzunehmen. Auch wenn mir das Trampen immer viel Spaß machte und bestens funktionierte, hatte ich das Gefühl, dass ich niemandem mehr – auch nicht mir selbst – etwas beweisen musste, denn ich hatte ja gezeigt, dass man, wenn man will, auch die im Schnitt mit nur 1,3 Personen besetzten Autos als kostenloses Fortbewegungsmittel nutzen kann. Mir war es einfach wichtiger, nicht mehr so vielen Veranstaltungen aus Gründen der Distanz absagen zu müssen und während der Hin- und Rückfahrt mit dem Laptop arbeiten zu können, um so in Berlin mehr Zeit für Familie und Freunde zu haben.

Bei Anfragen von Medien oder von Schulen und anderen Institutionen oder Gruppen für Veranstaltungen, zu denen Nieves auch mitkommen wollte, hatte sie mit Alma immer schon die Einladung zu einer Anreise per Bahn angenommen. Ich hingegen war noch sehr unflexibel und ließ meine Liebsten alleine im Zug fahren, während ich mich per Anhalter auf den Weg machte. Erst im Nachhinein ist mir bewusst geworden, dass ich meiner Familie damit ziemlich viel zugemutet habe. Es war wohl dieses kleine, manchmal auch große Ego in mir, das mir sagte, Du musst zeigen, dass es auch ohne Geld geht, um authentisch zu sein. Rückblickend weiß ich, dass ich mir meiner selbst noch nicht ganz sicher war und die Einladungen für Eisenbahnfahrten einfach noch nicht annehmen konnte, weil ich das Gefühl hatte, ich muss es anderen Menschen beweisen, dass auch Mobilität gänzlich geldfrei funktioniert.

Anfänglich war es komisch, wieder in der S-Bahn zu sitzen und mich in Zügen zu bewegen, aber ich gewöhnte mich sehr schnell an die Deutsche Bahn, den größten Stromverbraucher des Landes. Endlich reisten wir als Familie entspannt zusammen, denn obwohl wir in Deutschland und Italien ohne Schwierigkeiten per Anhalter reisten, war es mit einem Kleinkind und einem Kindersitz nicht die praktischste Art, sich fortzubewegen. Mir war es wichtig, meine Familie nicht länger allein durch die Gegend fahren zu lassen und mich in Anbetracht des gewaltigen Interesses nicht einfach zurückzuziehen, sondern einen gesunden Mittelweg zu gehen.

Das Buch

Nach einem *Stern*-Artikel über mich bekam ich wieder einmal eine Anfrage von einem Verlag beziehungsweise von dem herzlichen Stefan, der zu vielen Verlagshäusern Kontakt hat und es schaffte, mich zu überzeugen, mit einem größeren Verlag zusammenzuarbeiten. Dank ihm hältst Du heute dieses Buch in Händen. Ich hatte schon vielen Verlagen abgesagt, weil ich irgendwie nicht ganz überzeugt war, dass es das richtige Haus sei, und dem Angebot eines kleinen alternativen Verlags, bei dem ich ein ganz gutes Gefühl hatte, fehlte die Ernsthaftigkeit. Obwohl ich ja so wenig wie möglich mit Geld zu tun haben wollte, bin ich mit der Zeit weicher gegenüber mir selbst geworden und begriff dank Stefans Ausführungen, dass ein Buch eine unglaubliche Chance sein kann, um Menschen zu erreichen und bei der Schilderung der Hintergründe in die Tiefe zu gehen. Obwohl ich bei jedem Interview und Vortrag immer erwähnte, worin meine Beweggründe für den Geldstreik liegen, kamen Themen wie graue Energie, virtuelles Wasser und Veganismus dabei oft zu kurz oder wurden von Journalisten gänzlich ausgespart. Aber genau um diese Informationen ging es mir bei meinem Protest gegen die Überflussgesellschaft. Also traf ich mich nach einem Radiointerview mit Stefan in München zum Gespräch mit einem interessierten Verlagshaus, doch das hatte nach meinen Ansprüchen wie veganem Druck, kostenlosem E-Book und ökologischstem Umweltpapier kurzerhand abgesagt. Wir machten uns daher auf den Weg zur Münchner Verlagsgruppe (MVG), von der ich zuvor noch nie gehört hatte.

Mit Oliver Kuhn, dem Geschäftsführer, und dem Programmdirektor Michael Wurster vom Redline Verlag, der zur MVG gehört, setzten wir uns zusammen, und wie so oft dauerte es nicht lange, bis ich mit meinen Erzählungen so richtig in Fahrt gekommen war. Oliver begriff, dass es mir mit dem Buch nicht um persönliche Bereicherung ging, und nachdem er wohl zum ersten Mal von einem Autor hörte, dass er auch kein Honorar oder sonstige Geldleistungen haben wollte, machte es klick bei ihm. Er war bereit, das Buch zu machen, und zwar ohne es überhaupt verkaufen zu wollen, sondern nur als kostenloses Buch beziehungsweise E-Book herauszubringen. Auch wenn mir sein Vorschlag sehr schmeichelte, warf ich ein, dass das Buch möglichst viele Menschen erreichen sollte und es denjenigen, die gerne in eine Buchhandlung gehen oder es online bestellen möchten, nicht unnötig kompliziert gemacht werden sollte. Aber für alle, die kein Geld für ein Exemplar zahlen wollten, sondern ganz nach dem Buchtitel *Glücklich ohne Geld* eines haben wollten, sollte es tausende Bücher, E-Books und Audiobücher gratis geben.

Es war wieder einmal schön zu sehen, wie alles im Leben einfach kommt, wenn man nur offen für alles ist und nicht gegen den Fluss des Lebens schwimmt, sondern sich mit ihm treiben lässt.

Der Traum vom veganen Ökodorf

Nach über zwei Jahren ohne uns zu sehen, kam Benjamin, der immer noch geldfrei lebte, aus Amerika zurück, und mit ihm seine liebe Frau Yazmin. Es wurde ein wunderschönes Wiedersehen und der Beginn unseres gemeinsamen Traums von einem veganen Ökodorf.

Der Ort sollte umgeben von Natur irgendwo in Italien, Frankreich oder Spanien liegen, wenn möglich in Flussnähe und nicht zu weit vom Meer entfernt beziehungsweise nicht weiter als 50 Kilometer von der nächsten Stadt. Von wem wir das Grundstück geschenkt bekommen, war uns egal, aber es sollte alles legal in Absprache mit der Kommunalregierung sein, denn wir wollten keine Steuern oder irgendwelche anderen Abgaben für das Grundstück und die darauf errichteten Ökohäuser zahlen. Stattdessen wollten wir in Zusammenarbeit mit lokalen Schulen und Universitäten und für die Allgemeinheit ein offenes Ökodorf zum Lernen, Teilen und Austauschen aufbauen, in dem Nachhaltigkeit und die Kultur des Teilens in praktischer Weise gelebt wird.

Wir träumten von einer Gemeinschaft, die sich gegenseitig hilft und in der Geld keine Rolle spielt, nichts verkauft oder getauscht wird, sondern alle Menschen wie Brüder und Schwestern einander helfen und sich alle mit ihren Fähigkeiten und Begabungen aus Leidenschaft einbringen. Von einer Selbstversorgergemeinschaft, in der wir uns weitestgehend autark mit Nahrung versorgen.

Wir träumten von einem veganen Ökodorf, wo kein Tier versklavt, ausgebeutet oder getötet wird und die gesamte Ernährung bio und vegan ist. Während es jedem außerhalb der Gemeinschaft natürlich freisteht, sich auch anderweitig zu ernähren.

Wir träumten vom Prinzip der Permakultur, einem Konzept, bei dem alle Kreisläufe von dem Bau der Häuser über die Energieversorgung bis zur Ernährung nachhaltig und naturverbunden sind.

Wir träumten davon, das Ökodorf unabhängig vom bestehenden Stromnetz und von Wasserleitungen zu betreiben, die erneuerbaren Energien zu nutzen und mittels Wind-, Solar- und Biogasanlagen unseren eigenen Strom und Gas zu produzieren sowie durch das Sammeln von Regen eine nachhaltige Wasserversorgung aufzubauen. Dafür wollten wir unsere eigene Biogasanlage bauen und vor der Entsorgung gerettete Sonnenkollektoren sowie selbstgebaute Wasserthermieanlagen gebrauchen.

Wir träumten von Häusern, die mit Liebe und aus regionalen Ressourcen wie Lehm, Ton, Holz und Steinen gebaut sind sowie aus recycelten Materialien wie riesigen Werbeplakaten, die ehemals an Außenfassaden angebracht waren, sowie Reifen, Fenstern, Rohrleitungen, Waschmaschinen, Schläuchen, Türen, Möbeln und so weiter.

Wir träumten davon, Permakulturexperten für einen praktischen Permakulturkurs zu finden, wie auch jemanden, der sich im Lehmbau auskennt und sein Wissen in praktischer Form mit denen teilt, die uns helfen, die Häuser zu bauen, und so für jeden Bereich jemanden zu haben, der sein Wissen und seine Kenntnisse mit anderen Menschen teilt.

Wir träumten von einer Gemeinschaft, in der Kinder in einer respektvollen und friedlichen Atmosphäre gegenüber einander, Mutter Natur und allen Lebewesen aufwachsen können.

Wir träumten von einer freien Schule ohne Klassen und Noten – einer Schule des Lebens, in der auch die Erwachsenen von den Kindern lernen und wir die Welt durch ihre Augen entdecken. Wir wollten Räumlichkeiten schaffen, in denen Kunst, Theater, Musik, Chemie und Physik und alles andere gelernt werden kann, wenn jemand will. Das Ökodorf sollte ein Ort des Lernens und Wachsens sein, in dem es immer neuen Input von außen und innen gibt, um uns weiterzuentwickeln.

Wir träumten davon, ein Zentrum zum Teilen von Frieden und Bewusstsein aufzubauen – einen Platz, wo jeder zugleich Lehrer und Schüler ist. Eine Plattform, um Weisheit, Wissen, Neugier, innovative Praxis und Empathie miteinander zu teilen – um einen friedvollen, kreativen und vibrierenden Schmelztiegel von Leuten zu schaffen, die nach menschlicher Weiterentwicklung streben.

Wir träumten von einem Platz, der für alle offen sein sollte, gleich welcher Nationalität oder welchen Glaubens, in dem regelmäßig Workcamps und Konferenzen stattfinden und Freiwillige die Möglichkeit haben zu lernen und ihre Talente, Ideen und Fähigkeiten einzubringen.

Wir träumten von einer Gemeinschaft ohne hierarchische Strukturen und in der gleichzeitig niemand und alle führen und Entscheidungen in einem Gruppenprozess getroffen werden, damit sich alle verantwortlich fühlen und so Teil eines rotierenden Systems für gemeinsame Aufgaben werden.

Wir träumten davon, das nachhaltigste Dorf Europas zu gründen und von allen Ökodörfern das Beste zu übernehmen, um uns ständig weiterzuentwickeln. Durch Transparenz und Offenheit sowie einer guten Öffentlichkeitsarbeit via Medien, Internet und BesucherInnen unsere gelebte Nachhaltigkeit auf allen Ebenen durch unser Beispiel zu vermitteln, zusammen mit der Kultur des Gebens und Empfangens, um unseren Beitrag für die Evolution der Menschheit zu leben.

In kürzester Zeit entstand der Name *Eotopia* für das Dorf und jeden Tag schlossen sich mehr Menschen der Idee an, die den gleichen oder einen ähnlichen Traum haben.

Die Geburt von Lebensmittelretten.de

Aus dem kleinen Foodsharing-Projekt wurde rasch eine Foodsharing-Bewegung, denn neben der offiziellen Seite organisierten sich zehntausende Menschen in unzähligen Städten, die via Facebook-Gruppen Lebensmittel teilen.

Mittlerweile hatten sich über 600 Menschen als LebensmittelretterInnen in das Formular eingetragen, und um den Aufbau der Struktur voranzutreiben, traf ich mich regelmäßig mit ein paar engagierten Menschen aus Berlin. Sie halfen mir beim Beantworten der E-Mails, dem Einrichten von Gmail-Konten, der Verbesserung von Texten und Formularen sowie der Erstellung von Tabellen mit den jeweiligen Foodsharing-Freiwilligen, damit die 60 BotschafterInnen in den jeweiligen Regionen, Städten und Bezirken die LebensmittelretterInnen in Gruppentreffen zusammenbringen können, um gemeinsam Strategien gegen die Verschwendung von Lebensmitteln in der Region zu besprechen. Alles war schon viel besser und effizienter gelöst, als es in den Anfängen vor einem halben Jahr der Fall war, aber das System hinkte und erforderte noch Unmengen an aufzuwendender Zeit für Aufgaben, die ein Computer eigentlich selbsttätig erledigen kann. Die größte Schwierigkeit war immer noch die sehr aufwendige Erstellung der Ausweise, denn wir hatten auch nach vielen Versuchen keine befriedigende Lösung gefunden, den Prozess über die Word-Funktion der Briefsendung einfacher zu gestalten.

Während eines Vortrags an der Katholischen Hochschule in Köln lernte ich den herzlichen und bescheidenen Raphael kennen, der mich eingeladen hatte und mit dem mich sehr viel mehr als unser gemeinsamer Vorname verband. Raphael war früher ein gut verdienender Programmierer gewesen, bevor er der IT-Arbeitswelt den Rücken kehrte, weil er spürte, dass ihn die Arbeit und all das Geld nicht efüllten. Er ließ sich von seiner letzten Firma durch kein Geld zum Bleiben überreden und begann Sozialarbeit zu studieren.

Einige Wochen später fragte ich ihn, ob er nicht gerne Botschafter für die nach Berlin zweitaktivste Foodsharing-Stadt werden wolle. Raphael nahm die Aufgabe nicht nur gerne an, sondern freute sich über eine neue Herausforderung und nahm wie über 40 andere Ehrenamtliche am ersten bundesweiten Freiwilligentreffen in Ludwigsburg teil. Die engagierten Menschen kamen aus allen Bundesländern und erzeugten eine positive Aufbruchstimmung gegen die Verschwendung, die ansteckend war. Kurz darauf zeigte mir Raphael eine kleine Kommunikationsseite, die er für die Freiwilligen in Köln programmiert hatte, und ich spürte sofort: Das ist es, was wir für alle LebensmittelretterInnen brauchen! Wir telefonierten und sprachen über die wichtigsten Punkte für eine bundesweite Organisationsplattform für alle BotschafterInnen und Freiwilligen. Eine Woche später hatte Raphael eine Seite entwickelt, die für mich einem Wunder gleichkam. Er war ein Genie und hatte die besondere Gabe und

Kenntnis, aus Zahlen und Codes nützliche Anwendungen für Menschen zu schaffen. Für das Erstellen der Ausweise brauchte man jetzt nicht mehr Stunden, sondern alle BotschafterInnen konnten eigenständig und in Sekunden per Mausklick ein PDF mit den fertigen Ausweisen herunterladen.

Wie Raphael die Sprache der Computer verstand, zeigte mir einmal mehr, wie unglaublich hilfreich uns Menschen die Rechner sein können, wenn wir sie richtig zu nutzen wissen. Vieles, was für Raphael normal erschien, stellte für mich eine mentale Revolution dar, denn mir fehlte schlichtweg der Überblick, welches Potenzial und welchen Nutzen eine gut programmierte Webseite bot. Ich konnte nicht auch nur ansatzweise in den Dimensionen denken, in denen Raphael sich so selbstverständlich wie ein Fisch im Wasser bewegte. Genau wie ich war auch Raphael überzeugt, das Geld vieles kaputt macht, und brachte sich unentgeltlich und voller Leidenschaft mit seinem Können ein, um die effektivste Plattform der Welt gegen die Lebensmittelverschwendung zu programmieren. Jedes Mal wenn wir telefonierten, flossen die Ideen nur so durch den Hörer, und wir spürten, wie dank seines unermüdlichen Einsatzes langsam ein Werkzeug, wie es die Welt noch nicht gesehen hatte, Formen annahm.

Als im Sommer 2013 Nieves mit Alma bei ihrer Familie auf Mallorca Urlaub machte, blieb ich zu Hause und saß Tag und Nacht vor dem Computer, um das Buch fertig zu schreiben. Raphael besuchte mich und so saßen wir gemeinsam vor unseren Laptops. Während er programmierte, schrieb ich an meinem Buch, und immer wieder berieten wir uns, wie die neue Plattform noch verbessert werden konnte. Ich war überglücklich, ihn an meiner Seite zu haben und dank seines Könnens und seines Eifers meine Samen aufgehen zu sehen. Raphael und ich waren uns ganz nahe und wir spürten, wie unsere Ideen, Gedanken und Träume sich berührten, inspirierten und gegenseitig befruchteten. Es war der Beginn einer tiefen Verbundenheit und einer unzertrennlichen Freundschaft, von zwei Menschen, die wahrscheinlich nicht zufällig von ihren Eltern auf den Namen Raphael getauft worden waren.

Nach sechs Wochen kontinuierlichen Programmierens stand die Beta-Version von Lebensmittelretten.de und all die Verantwortung für die Erstellung der Ausweise und das Zusammenbringen der Freiwilligen, die vorher zum großen Teil auf meinen Schultern lag, war mit einem Mal wie weggeblasen. Dank Raphaels einzigartigem Engagement verfügten wir nun über ein System, über das alle BotschafterInnen in den Regionen, Städten und Bezirken unabhängig und selbstständig die Koordination für die LebensmittelretterInnen übernehmen konnten. Ich war ihm von ganzem Herzen dankbar, und er war für mich ein lebendes Beispiel dafür, was wir Menschen zum Wohl aller leisten können, wenn wir unsere Fähigkeiten entsprechend einsetzen.

Die neue Seite wurde, wie auch schon forwardtherevolution.net, kostenlos und auf einem mit Greenpeace Energy betriebenen Server von Greensta Webhosting online gebracht. Unser Ziel war es, alles was mit Lebensmittelretten.de zu tun hat, kostenlos und *open -source* zu gestalten. Wir wollten weder Werbung noch irgendwelche Bezahldienste in Anspruch nehmen und die Idee durch Übersetzungen und eine rasche Internationalisierung der ganzen Welt zur Verfügung stellen. Weitere ehrenamtliche ProgrammierInnen, DesginerInnen und OrganisatorInnen sollten die Plattform ausbauen und stetig verbessern.

Mittlerweile hatten wir Kooperationen in Deutschland und Österreich mit über 50 Betrieben aufgebaut, darunter führende Biohändler wie Denn's, Alnatura und Bio Company, aber auch viele Bäckereien. Wir wollten Lebensmittelretten.de zu einer Plattform ausbauen, die zum Ende der Verschwendung von Ressourcen beiträgt und mit ihr – in Zusammenarbeit mit Tafeln, Vereinen, Lebensmittelspenderbetrieben und anderen Projekte – ein effizientes Werkzeug für die Umsetzung dieses Zieles verfügbar machen. Mit einer nahezu hundertprozentigen Abholquote der abgeschriebenen Waren und zuverlässigen sowie flexiblen AbholerInnen, die einspringen, wenn die Tafeln oder eine andere Organisation einmal ausfallen, wollten wir Handel, Produzenten, Gastronomen und anderen Betrieben jegliche Ausrede, dass sich niemand um die überschüssigen Lebensmittel kümmere, von vornherein nehmen.

Während bei Foodsharing alle Menschen Lebensmittel verschenken und abholen können, wollten wir es den Betrieben noch einfacher machen und ihnen die Möglichkeit geben, sich bei den regionalen BotschafterInnen zu melden, die sich dann um alles weitere kümmern würden. Schon seit Langem träumte ich von einer von Freiwilligen betreuten Foodsharing-Hotline, bei der sich ältere Menschen ohne Internetzugang melden können, wenn sie Essen übrig haben, oder auch Firmen, die spontan Lebensmittel vor der Tonne bewahren wollen oder langfristig feste EssensresteabholerInnen brauchen, aber keine Zeit haben, sich irgendwo anzumelden. Ich fragte mich, wieso wir heute in fast jeder Stadt bis in den späten Abend hinein Essen bestellen können, aber wenn jemand kleine oder große Mengen an Lebensmittel übrig hat, niemand vorbeikommt. Aber ich wusste spätestens seit der Ablehnung meiner Petition, dass der Staat andere Prioritäten hat, und zwar die Wirtschaft und damit einhergehend den Versuch eines unendlichen Wachstums zu fördern. Mein Ziel der Reduzierung von Verschwendung bedeutet schlussendlich auch ein Ende der Überproduktion, was wiederum die Schlagader des Kapitalismus und ein von der Politik geschützter Bereich der »Zivilgesellschaft« ist.

Wir wollten jedoch nicht nur den Betrieben Arbeit abnehmen und ihnen helfen, mehr als die Hälfte ihres Müllvolumens einzusparen, sondern auch beratend zur Seite stehen, wie man nachhaltiger und damit auch ökonomischer wirtschaften kann: eine Ecke mit reduzierten Waren, die kurz vor dem Mindesthaltbarkeitsdatum stehen, oder Früchte, deren Aussehen nicht dem von Bilderbuchobst und -gemüse entspricht. Ein ausgeklügeltes, intelligentes und vorausschauendes Warenbestellverhalten, so dass möglichst immer nur so viel an Waren im Laden liegt, damit es gerade für die KundInnen reicht, verbunden mit Aufklärungskampagnen, mit denen die Akzeptanz bei den VerbraucherInnen gefördert wird, damit es wieder normal wird, wenn es einmal zu Engpässen bei Produkten kommt. Ziel sollte es sein, den Kunden zu verstehen zu geben, dass es ein ökologisches Plus ist, wenn sich ein Laden entschließt, nicht immer alle Waren zu jeder Tageszeit zur Verfügung zu haben, weil genau diese Mentalität für unnötige Verschwendung verantwortlich ist. Angebot und Anliegen von Foodsharing an die Lebensmittelspenderbetriebe sollten, wie schon bei der erfolgreichen Kooperation mit der Bio Company, weit über das reine Abholen von Lebensmitteln hinausgehen, und nichts weniger als einen Paradigmenwechsel einläuten. Wir wollten den Betrieben zur Seite stehen und ihnen helfen nachhaltiger zu wirtschaften, um die Anzahl unverkäuflicher Waren in Zukunft weiter zu reduzieren, und ihnen eine größtmögliche Transparenz im Umgang mit den abgeschriebenen Waren ans Herz legen. Anstatt die Realität zu verschweigen oder den interessierten KundInnen sogar Lügen zu erzählen, sollten sie eine neue Kultur der Offenheit pflegen und allen ein gutes Gefühl vermitteln, wenn sie über die von Tafeln, den MitarbeiterInnen oder eben Foodsharing geretteten Lebensmittel berichteten.

Schon während meiner Schulzeit lernte ich von einem Lehrer, dass die Macht der VerbraucherInnen viel stärker und größer ist als die der Regierung und es nur darum geht, das nötige Bewusstsein in der Gesellschaft zu entwickeln, um den schon längst überfälligen Wandel hin zu wahrhaftiger Nachhaltigkeit und Transparenz voranzubringen. Läden sollte klar werden, dass eine Bilanz mit wenigen Abschreibungen und nahezu null Verschwendung, dafür aber hundertprozentiger Abholung der Überschüsse eine große Anziehungskraft auf die von Jahr zu Jahr kritischer werdenden und bewusster einkaufenden KonsumentInnen hat. Dabei sollte nicht nur der ökologische Fußabdruck im Betrieb selbst reduziert werden, sondern den VerbraucherInnen die Wichtigkeit von regionalen, saisonalen, biologischen und pflanzlichen Lebensmitteln vermittelt werden.

Nachdem ich schon vor über einem Jahr dem Geschäftsführer von Bio Company die Wichtigkeit dargelegt hatte, auch nicht genormtes Obst und Gemüse zu verkaufen, um so den Bauern zu helfen, indem die ganze Ernte gekauft wird, war ich erfreut, als ich las, dass die zweitgrößte Schweizer Supermarktkette nun genau diese individuell gewachsenen Schönheiten der Natur im Angebot hat. Folglich sollte die Nachhaltigkeitsberatung von Foodsharing für alle Unternehmen, die in irgendeiner Weise mit Lebensmitteln zu tun haben, mit den abgeschriebenen Waren beginnen und mit dem Kauf von einzigartig schrägem Obst und Gemüse sowie Ökostrom und Ökokonto aufhören. Dafür waren die hochmotivierten LebensmittelretterInnen und BotschafterInnen von Foodsharing bestens geeignet, denn allen war es wichtig, der perversen Verschwendung Einhalt zu gebieten. Alle Menschen, die sich um die Abholung, Beratung, Verteilung sowie die Organisation von allem kümmern, engagieren sich rein ehrenamtlich und helfen dank ihres Einsatzes bedürftigen Menschen, Vereinen, Tafeln, Suppenküchen und natürlich auch allen anderen, die sich im Foodsharing-Netzwerk mit einbringen. Die Zusammenarbeit mit den über 900 Tafeln, die deutschlandweit schon Millionen Tonnen von Lebensmitteln gerettet haben, war uns ganz besonders wichtig, denn es gibt keine andere Organisation in Deutschland, die mehr gegen die Nahrungsmittelverschwendung tut und gleichzeitig vielen Menschen hilft, die Lebensmittel am meisten brauchen. Unser Ziel war es, mit den bundesweit schon sehr gut aufgestellten Tafeln zu kooperieren und sie zu ergänzen, wo die Abholung keinen Sinn für sie macht, bei ihnen keine Kapazitäten oder Nachfrage vorhanden sind oder es sich um Lebensmittel handelt, die aufgrund von Macken oder des abgelaufenen Mindesthaltbarkeitsdatums überhaupt nicht von ihnen angenommen werden. Außerdem sollten die Tafeln immer auch als Annahmestelle für Lebensmittel gesehen werden, die noch verwertet beziehungsweise weitergegeben werden können.

Ich wusste, dass, obwohl sich seit Dezember 2012 mehr als 26.000 Menschen bei www.foodsharing.de angemeldet haben und die Seite auf Facebook sogar mehr als 32.000 Fans hat, das wahre Potenzial von Foodsharing erst bevorsteht. Genauso wie die offizielle Zahl von 17 Tonnen geteilten Lebensmitteln nur die Spitze des Eisbergs darstellte und dank neuer Freundschaften unter den Foodsharenden weit mehr Lebensmittel gerettet werden konnten.

Zur Krönung des Sommers gewann Foodsharing dann noch einen GreenTec Award, Europas größten Umwelt- und Wirtschaftspreis. Ich durfte den Preis entgegennehmen und war erfreut, auf der Abendveranstaltung ausschließlich vegetarisches Catering zu sehen und sogar zu hören, dass die Jury komplett vegan versorgt wurde.

Umweltschutz im Jahr 2013

Mit meinem Geldstreik wollte ich schon immer Bewusstsein säen und Menschen auf ihre innere Stimme und ihr Herz hinweisen, denn dort finden wir fast alle Antworten des Lebens. Gleichzeitig war mir aber auch daran gelegen, all die Informationen und das Wissen, welches mir in den letzten Jahren geschenkt worden war – von Menschen im persönlichen Kontakt, von Studien und Artikeln, die ich gelesen hatte, und von anderen Quellen –, weiterzugeben, so wie ein Apfelbaum, der seine Früchte auch nicht für sich behält, sondern mit seinem Umfeld teilt.

Fast am Ende des Buches angekommen, möchte ich in einer bewusst sehr knapp gehaltenen Zusammenfassung noch einmal Grundsätzliches zu unserem Einfluss auf die Erde, unsere Mitmenschen und Mitlebewesen ansprechen, bevor Du vielleicht vor lauter Text und Zahlen das Wesentliche schon wieder vergessen hast:

Alle Erdenbewohner betrifft die Frage des Umweltschutzes gleichermaßen, denn ohne ein funktionierendes Ökosystem können wir Menschen nicht auf dem Planeten leben. Somit ist der Erhalt der Natur keine rein altruistische Angelegenheit, sondern vielmehr ein Verhalten aus Liebe zu sich selbst, allen anderen Menschen, den Tieren, Pflanzen und der Natur als Ganzes. Ohne eine gesunde Mutter Erde ist das Bestehen der Spezies Mensch nicht möglich.

Wenn wir davon sprechen, die Umwelt schützen zu wollen, dann müssen wir zunächst verstehen, wo wir die Umwelt belasten und verschmutzen. Der ökologische Fußabdruck bietet uns einen guten Anhaltspunkt, um zu begreifen, wo wir welche Ressourcen verbrauchen. Der Fußabdruck ist sozusagen die Summe der von uns in Anspruch genommenen Rohstoffe, der Landflächen, des Wasser und der Energie. Im Prinzip alles, was wir für unseren Lebensstil auf der Erde an Rohstoffen konsumieren, aber auch, was wir an Treibhausgasen in die Luft blasen.

Vor der industriellen Revolution drehten sich so gut wie keine Gedanken um den Erhalt des Planeten. Für die Geschichte der Menschheit sind die letzten 150 Jahre nur ein Augenblick – und dennoch hat sich in diesem kurzen Zeitraum die Situation auf der Erde dramatisch verändert. Seit 1850 hat sich die Weltbevölkerung verfünffacht, gleichzeitig verdoppelte sich die durchschnittliche Lebenserwartung in Europa von unter 40 Jahren auf über 70 Jahre.

Allein in den letzten 50 Jahren haben wir Menschen die Erde stärker zerstört als alle anderen Generationen vor uns zusammen. Obwohl wir heute über viele Probleme gut Bescheid wissen und sogar viele Lösungen kennen, handeln viele Menschen immer noch so, als wären Artensterben, Klimawandel, Hunger und Ausbeutung nichts weiter als Worthülsen hysterischer Umweltfanatiker.

Schon vor Jahrzehnten war sich ein Teil der Gesellschaft über die Gefährlichkeit der Nuklearenergie im Klaren und dass es sinnvoll wäre, in erneuerbare Energien zu investieren. Es brauchte aber noch zwei GAUs und viele Jahre, bis auch die konservativen Parteien und Menschen in Deutschland begriffen, dass Atomenergie keine Zukunftstechnologie und erst recht nicht umweltfreundlich und sicher ist.

Obwohl die Gefahr, die von toxischen, chemischen und für den Menschen höchst gefährlichen Substanzen ausgeht, schon seit langer Zeit bekannt war, begann das Recycling von Produkten erst vor wenigen Jahrzenten. Leider wird aber auch heute noch von vielen Menschen, Betrieben und Staaten die Vogel-Strauß-Politik angewandt, die besagt, dass alles, was man nicht sehen und riechen kann, auch kein Problem für Mensch, Tier und Umwelt darstellt. Bis in die siebziger Jahre wurde praktisch alles unterschiedslos auf Deponien geschmissen, was man als Müll ansah. Heute zählt Deutschland zwar zu den Recyclingweltmeistern, dennoch wird in den meisten Firmen, Privathaushalten und öffentlichen Einrichtungen längst nicht alles getrennt. Die Folgen sind stetig ansteigende Giftmüllberge, wie beispielsweise im Fall der »Energiesparlampen«, die nach ihrem »Recycling« in Fässern in aufgelassenen Bergwerken gelagert werden, weil es günstiger ist, neues Quecksilber zu fördern, anstatt altes aus Energiesparlampen zu recyceln.

Weltweit ist das Ausmaß an Umweltverschmutzung kaum noch in Worte zu fassen. Seit Jahrzehnten gibt es nicht mehr nur einzelne Regionen, die verseucht sind, sondern der Großteil aller Landstriche, Flüsse, Seen, Grundwasser, ja sogar die Meere und die Luft sind verunreinigt. Die Mehrzahl der Verschmutzungen ist nicht auf Umweltkatastrophen zurückzuführen, sondern auf systematischen und flächendeckenden Einsatz von Pestiziden, massiven Ressourcenabbau, Kraftwerke und Fabriken. Es sind nicht Shell, Bayer, Monsanto und Co., die wir dafür verantwortlich machen können, sondern höchstens uns selbst. Und nicht einmal das ist fair, denn bis vor kurzem wurde vieles nicht in der Öffentlichkeit diskutiert, wie wir mit Hunger, Umweltzerstörung und sozialer Ungerechtigkeit zusammenhängen. Wir leben in einem noch nie dagewesenen Luxus auf Kosten unserer Mitmenschen, der Natur und der Tiere. Würde man den Primärenergieverbrauch der Menschheit von Erdöl, Gas, Kohle, Uran etc. in Sklaven umrechnen, die tagtäglich zwölf Stunden ununterbrochen für uns arbeiten, bräuchten wir mehr als 130 Milliarden von ihnen. In besonders energieintensiven Ländern wie Deutschland wären das über 60 Energiesklaven pro EinwohnerIn. Um es allen Menschen zu ermöglichen, global zu denken, aber lokal zu handeln, wäre es sinnvoll, bei jedem Produkt, etwa einem Lebensmittel, direkt ablesen zu können, wie viele Kilometer es gereist ist, wie hoch sein virtueller Wasserverbrauch und wie groß sein ökologischer Fußabdruck ist. Solange es diese Angaben für Dienstleistungen und Waren aber nicht gibt, müssen wir in Eigenverantwortung konsumieren und uns gut informieren, um bewusst zu leben.

Nachhaltigkeit ist heute in aller Munde, McDonald's ist jetzt grün, sogar die FDP spricht über Umweltschutz und selbst bei Discountern findet man inzwischen Bioprodukte. Das Thema »Umweltbewusstsein« hat die Mitte der Gesellschaft erreicht, und längst lassen sich die Unternehmensgrundsätze der größten CO_2 produzierenden Betriebe kaum noch von denen von Greenpeace und anderen Umweltorganisationen unterscheiden. Denn eines hat sich nicht geändert: das System, in dem wir leben, ist immer noch kapitalistisch ausgerichtet und süchtig nach Wachstum – und verhält sich dementsprechend zerstörerisch gegenüber dem Planeten und seinen BewohnerInnen. Die profitorientierten Unternehmen bestimmen die Richtung der Politik, tagtäglich kämpfen hunderttausende Lobbyisten dafür, dass die Interessen ihrer Finanziers gewahrt bleiben oder neue durchgesetzt werden. Obwohl ein Großteil der Bevölkerung in Europa verstanden hat, dass das Paradigma des ewigen Wachstums auf einem begrenzten Planeten keinen Sinn ergibt und für Hunger, Umweltzerstörung und Leid sorgt, haben die meisten Menschen noch keinen echten Schritt in Richtung einer gerechten, friedlichen und nachhaltigen Welt getan. Der Paradigmenwechsel hin zu einer Gesellschaft, in der die Schrumpfung der Wirtschaft und damit des Konsums und der bezahlten Arbeitsstunden als positiv wahrgenommen wird, ist in vollem Gange, hat aber die kritische Masse von mehr als 10 Prozent der Bevölkerung noch nicht erreicht.

Umweltschutz ist ein Thema, das meistens auf dem Papier behandelt wird. Obwohl seit Jahrzehnten weltweit versucht wird, die Treibhausgase zu reduzieren, ist die Konzentration von anthropogenen Gasen wie CO_2, Methan und Lachgas in der Atmosphäre nur größer geworden. Obwohl Länder wie Deutschland ihre CO_2-Bilanz in den letzten Jahren sogar verringern konnten, kennt die globale Bilanz von Treibhausgasen nur eine Richtung, denn alle im Ausland produzierten Güter, die importiert werden, tauchen in der offiziellen Statistik der Bundesrepublik nicht auf. Wie eine kürzlich publizierte Studie der University of New South Wales errechnet hat, kalkulieren gerade Länder, die viele Ressourcen importieren, um sie dann zu veredeln, den wahren Verbrauch von Rohstoffen – der bis zu dreimal größer ist als angenommen – nicht mit ein. Dies gilt für importierte Erze, aber besonders für komplett im Ausland hergestellte Produkte, Geräte und Waren. China verbraucht im Moment einen Großteil seiner Energie für Exportgüter und da die Welt weiter im Konsumrausch lebt, wird fast jede Woche ein neues Kohlekraftwerk in Betrieb genommen. Darunter leiden nicht nur die ArbeiterInnen in den Fabriken, sondern der gesamte Kontinent und mit ihm die Welt. Flüsse, Seen, Böden und die Luft sind so stark verschmutzt, dass sich nun sogar die chinesische Parteiführung mit dem Thema Umweltschutz beschäftigt.

Umweltschutz ist praktisch ein Selbstschutz, denn wir Menschen können nicht ohne saubere Luft, trinkbares Wasser und ein funktionierendes Ökosystem leben – im Gegensatz zur Natur, die schon seit Millionen von Jahren ganz ohne menschliches Zutun in sich harmonisch ist. Die große Frage ist, was jeder Einzelne dafür tun kann, um die an vielen Stellen schon kranke Mutter Erde zu schützen und zu schonen. Längst hat die Mehrheit der Deutschen begriffen, dass aktiver Umweltschutz weit mehr umfasst, als nur den Müll zu trennen, Stoffbeutel zu benutzen und öfter Fahrrad zu fahren. Obwohl wir heute in einer sehr komplexen, komplizierten und verstrickten Welt leben, gibt es dennoch ganz einfache Dinge, die wir alle beherzigen können, um umweltfreundlicher zu leben, mehr dazu im letzten Kapitel des Buches.

Wenn ich all diese Informationen hier präsentiere, so will ich doch niemanden entmutigen. Im Gegenteil, denn nur wer die Erde begreift und versteht, wie alles zusammenhängt, kann auch nachhaltig und mit gutem Wissen und Gewissen handeln.

Alle Sozial- und Umweltprobleme der Welt betreffen heutzutage nicht mehr nur die Leute vor Ort, sondern die gesamte Weltbevölkerung. Die Fukushima-Katastrophe ist nur ein extremes Beispiel dafür, denn in einer globalisierten Welt spielt es keine Rolle, wo Treibhausgase entstehen, Flüsse verunreinigt werden, Meere zu Müllhalden verkommen und Wälder abgeholzt werden. Das Ökosystem kannte noch nie Grenzen, und deshalb ist es heute wichtiger denn je, global zu denken und lokal zu handeln. Alle Menschen tragen die gleiche Verantwortung für unseren Blauen Planeten, und jeder sollte bei sich beginnen und sich fragen, wie wir alle mit der Zerstörung der Erde, dem größten Artensterben seit über 65 Millionen Jahren, dem Hunger in der Welt und der zum Himmel schreienden Ungerechtigkeit zu tun haben. Zusammenhänge zu begreifen und dementsprechend ganzheitliche Entscheidungen zu treffen, sollte heute mehr denn je eine bewusste Entscheidung in Freiheit und aus dem Herzen sein, denn wir können uns nur selbst ändern – und auf uns müssen wir nicht warten.

Selbstschutz

Nachdem ich mich in den letzten Jahren unermüdlich für Frieden, Umwelt-, Tier- und Menschenschutz engagierte, wurde mir nach über hundert öffentlichen Auftritten, vielen 200-Stunden-Monaten, zehntausenden E-Mails und mehr als 300 Interviews bewusst, dass ich meine eigene Umwelt zu oft hintanstellte.

Wir alle bekommen jeden Tag die gleiche Anzahl an Stunden geschenkt und sind verantwortlich, womit wir unsere Zeit füllen – wofür wir uns Zeit nehmen. Ich nahm mir für meine liebste Frau Nieves, die mich bei allen meinen Aktivitäten immer bedingungslos unterstützt, und unsere wunderbare Tochter Alma Lucia, die mittlerweile schon zwei Jahre mit uns auf der Erde lebt, zu wenig Zeit. Ich hatte immer irgendwas Wichtigeres zu tun, denn ich spürte, dass ich mein »Baby«, das Konzept der LebensmittelretterInnen, nicht loslassen konnte, bevor es nicht selbst läuft.

Raphael, dem Programmierer von Lebensmittelretten.de, habe ich zu verdanken, dass die Plattform und damit alle BotschafterInnen und Freiwilligen von Foodsharing eigenständig agieren können und sich das Konzept von selbst trägt, ohne das ich ständig vor dem Computer und am Telefon alles kontrollieren, koordinieren und managen muss. Raphael hatte mit seiner genialen Entwicklung der Seite fast alle meine Aufgaben automatisiert und dem Projekt eigene Beine verliehen. Schon Aristoteles wusste: »Wenn Meißel und Schiffchen sich von selbst bewegten, würde die Sklaverei nicht nötig sein.« Raphael hatte es dank unzähliger Erfindungen, die dem Computer und dem Internet vorweggegangen sind, geschafft, mit seiner Fähigkeit des Programmierens die Computer arbeiten zu lassen, so dass wir Menschen uns dem Wesentlichen im Leben widmen können. Ich war einer dieser Menschen und ihm von ganzem Herzen dankbar für sein loderndes Engagement für die Menschheit.

Neben der Last, die er mir von den Schultern nahm, spürte ich auch, dass ich mit dem Buch allen Menschen, die sich für meinen Geldstreik und dessen Hintergründe interessieren, nun endlich ausführlich Antwort geben sollte, ohne dass ich ständig meinen Mund öffnen musste, denn schon im Talmud steht geschrieben, dass Schweigen mehr wert ist als Reden. Ich fühlte mich erleichtert und dankbar für diese Weisheit und das Erkennen dieser Wahrheit, die mein Leben verändern sollte.

Mein Lebensmittelpunkt war nach der Abgabe des Buchmanuskripts meine Familie, Freunde und ich selber. Ich war neugierig, mehr über die Welt zu erfahren, und wollte endlich wieder anfangen, Bücher zu lesen, denn das tat ich viel zu selten und seit dem Beginn des Geldstreiks praktisch gar nicht mehr. Ich wollte anfangen, mich nach so viel Außenengagement stärker mit meinem Inneren und den Menschen, die mir am Herz liegen, zu beschäftigen. Nieves war sehr geduldig mit mir, wenn ich zu oft davon sprach, bald werde dies oder jenes fertig sein, aber damit wollte ich nun aufhören. Ich saß für das Buch wochenlang fast ununterbrochen vor dem Computerbildschirm und wenn Alma mich sah, sagte sie mir: »Papi Arbeit«. Es war ein Zeichen, das ich ernst nahm. Meine Seele, mein Körper und mein Herz sehnten sich nach Ruhe, Gelassenheit, Familiendasein und praktischen Betätigungen in der Natur. Ich träumte davon, endlich unser eigenes Essen anzubauen und von und mit der Natur zu lernen, im Einklang mit ihr und der Welt zu leben. Ich träumte davon, gemeinsam mit Alma Lucia die Welt durch ihre Augen kennen zu lernen und mich durch genügend Selbstschutz weiter dem Erhalt unserer Umwelt zu widmen, denn nur wenn wir uns selbst wertschätzen, mit unseren Kräften klug haushalten und auf unser Herz hören, können wir uns nachhaltig für eine Welt in Frieden einbringen.

10. Wie jeder von uns seinen ökologischen Fußabdruck minimieren kann

Hier eine kleine Anregung, wie Frauen und Männer, Kinder und Großeltern im alltäglichen Leben bewusster, umweltfreundlicher und gerechter handeln können.

Bevor wir allerdings mit dem Konkreten anfangen, ist es wichtig, kritisch zu sein, was wir machen – wieso, warum, für wen und für was –, und den Folgen unserer Handlungen und Taten auf den Grund gehen. Nur so ist es wirklich möglich, ganzheitlich, nachhaltiger und empathischer mit unseren Mitmenschen, allen anderen Lebewesen und der Erde umzugehen.

Als Leitidee für ein ökologischeres Leben gilt: alles hinterfragen, Verantwortung übernehmen, verweigern, reduzieren, wiederverwerten und teilen. Wenn nichts mehr geht, dann wenigstens allen Müll, den wir produzieren, recyceln oder organische Stoffe verrotten lassen und so wieder der Erde zuführen.

Weniger oder gar kein Konsum ist also die goldene Regel der Ökologie. Sie steht im Einklang mit der Natur. Denn was wir nicht konsumieren, muss auch nicht hergestellt werden. Und gerade die graue Energie (das ist die Energiemenge, die für Herstellung, Transport, Lagerung, Verkauf und Entsorgung eines Produktes benötigt wird) belastet die Umwelt heutzutage sehr.

1. Auf unser Herz und unsere innere Stimme hören. In uns und allen Menschen schlummert die Wahrheit.

2. Wahrnehmen, nachsinnen und reflektieren, wie und wofür wir leben, wofür und für wen wir arbeiten, wo wir Energie investieren, wo wir Energie verbrauchen, entzogen bekommen und erhalten. Bewusstsein, Wahrnehmung und Wertschätzung für alles, was ist, ob fern oder nah, klein oder groß, Verbundenheit spüren mit allen Menschen, Lebewesen und unserer Mutter, der Erde.

3. Reduzieren des Konsums von Waren, Wasser und Energie und allem anderen, was mit Geld gekauft werden kann. Immer besser gebrauchte Dinge kaufen, wenn sie wirklich nötig sind, und zuvor schauen, ob es sie kostenlos bei Freunden und Verwandten, in Umsonstläden, Give-Boxen, Verschenkseiten usw. gibt. Selber ausmisten, alles was man nicht wirklich braucht und nur in Kellern oder Dachböden, Kleiderschränken und anderen Orten herumliegt, bei eBay Kleinanzeigen in der Rubrik »zu verschenken« einstellen.

4. Reduzierung oder noch besser Verzicht von Fleisch und allen anderen Tierprodukten, denn die Tierindustrie ist verantwortlich für bis zu 51 Prozent der weltweiten Treibhausgase. Es gibt keinen anderen Schritt, den jeder Einzelne so schnell und unkompliziert machen kann, um seinen ökologischen Fußabdruck um bis zu 70 Prozent zu reduzieren, als auf alle tierischen Produkte zu verzichten.

5. Eigenes Essen anbauen, Wildkräuter und herrenloses Obst- und Gemüse essen (www.mundraub.org). Alternativen wie Permakultur nutzen – sei es in urbanen Gärten, auf Feldern, Balkonen, auf Fensterbänken oder auf Dächern. Den eigenen Kompost nutzen, um Balkone und Beete fruchtbar werden zu lassen.

6. Lebensmittel von Supermärkten, Läden, Bäckereien usw. vor der Vernichtung retten (www.lebensmittelretten.de, um selbst aktiv zu werden; www.foodsharing.de, um überschüssige Lebensmittel zu verschenken bzw. privat zu empfangen).

7. Den Konsum von industriell verarbeiteten, gespritzten und genmanipulierten Lebensmitteln senken bzw. vermeiden.

8. Lebensmittel und andere Dinge lokal, saisonal, ungespritzt und natürlich bio kaufen. Dafür bieten sich so genannte Foodcoops (Lebensmittelgemeinschaften) an, also private Haushalte und Personen, die sich zusammenschließen und gemeinsam einkaufen. Das ist billiger, spart die Energiekosten des Handels, fördert lokale Biobauern und das Engagement von Menschen auf lokaler Ebene.

9. Transport: Das Fahrrad nutzen, wann immer es geht, öffentliche Verkehrsmittel bevorzugen, trampen und natürlich laufen. So wenig fliegen wie nur irgend möglich und Alternativen in Betracht ziehen, zum Beispiel Boottrampen, Mitfahrgelegenheiten, Fahrgemeinschaften und anderes.

10. So wenig Geld in den Umlauf bringen wie möglich. Banken, Aktien, Versicherungen, Fonds usw. wo es nur geht meiden. Ein Ökokonto eröffnen, etwa bei der GLS, der Umweltbank, Triodos und vielen anderen ethisch-ökologisch ausgerichteten Kreditinstituten.

11. Teilen ist alles. Wir können mit Freunden, Familienmitgliedern, Nachbarn und fremden Menschen alles teilen: Auto, Haus, Bücher, Maschinen, Zeit, Talente, Kleider, Drucker, Werkstatt und noch viel mehr! So können wir den Dingen Leben einhauchen, sie nicht verstauben lassen, alle von allem profitieren lassen und dabei die Umwelt schonen.

12. Strom von einem Ökostromanbieter beziehen (www.atomaus-stieg-selber-machen.de) und stromintensive Geräte möglichst nicht während der Spitzenlastzeiten (Montag bis Freitag 7 – 14 Uhr und 17 – 22 Uhr) nutzen.

13. Elektrogeräte nur dann benutzen, wenn wir sie wirklich brauchen, und lieber ausschalten als im Stand-by-Modus lassen. Nicht so oft die Kleidung waschen und nur dann, wenn die Maschine voll ist. Nur wenig Waschmittel verbrauchen und Alternativen wie Waschnüsse oder Waschkristalle verwenden. 30/40 °C reichen normalerweise für eine Wäsche komplett aus. Wenn es irgendwie geht, die größten Energiefresser im Haushalt auslassen oder erst gar nicht anschaffen: Trockner, Bügeleisen, Klimaanlage, Fön, Elektroheizung usw.

14. Wasser ist lebenswichtig. Neben dem direkten Verbrauch sollten wir besonders den indirekten Wasserkonsum reduzieren: Nur duschen, wenn es wirklich nötig ist, und dabei so wenig Shampoo, Duschgel, Conditioner etc. benutzen wie möglich, denn die tun Körper und Natur nicht gut. Wassersparer bei Dusche und Wasserhahn einbauen.
Im Garten, in Bad, Küche und überall sonst möglichst wenig Wasser verbrauchen und möglichst kein erwärmtes.
Der Kauf von Getränkeplastikflaschen sollte vermieden werden. Auch wenn Mehrwegflaschen besser sind als andere (Einwegflaschen, das sind auch solche, auf die »Dosenpfand« erhoben wird), so ist das beste Wasser immer noch das aus dem Wasserhahn bzw. solches, das gegebenenfalls mit einer Filteranlage zum besten Wasser gemacht wurde.
Speziell für die Männer: Nur im Sitzen pinkeln – man muss weniger putzen und spart so wertvolle Ressourcen und Zeit.

15. Einwegprodukte und Verpackung vermeiden und lieber zu wiederverwendbaren Alternativen greifen: Kaffeebecher, Tupper-

ware, Stoffbeutel, Einkaufskörbe, Zahnbürsten, nachfüllbare Feuerzeuge, losen Tee usw.

16. So wenig Restmüll wie möglich produzieren und alles so gut es geht recyceln.

17. Wann immer es geht, Produkte oder Dienstleistungen, die direkt oder indirekt mit der Öl-, Kohle- und Gasindustrie zu tun haben, vermeiden (etwa Plastiktüten, Plastikprodukte, Elektrogeräte, Textilien etc.). Letzten Endes werden die genannten Rohstoffe aber für alles gebraucht, was der Mensch so konsumiert. Als Mittelwert kann man sich merken: 1 Euro Konsum gleich 1000 Wattstunden Stromverbrauch.

18. Babys von Anfang an windelfrei leben lassen, denn obwohl Stoffwindeln ökologischer im Gegensatz zu den Wegwerfwindeln sind, verbrauchen auch sie jede Menge Wasser, Energie und Zeit (www.topffit.de).

19. Für Frauen: Die Menstruationstasse, eine schon seit über 70 Jahren existierende geniale Erfindung, die während der Regel benutzt wird und mehr als 15 Jahre hält. Ökologischer und ökonomischer Vorteil: 11 000 Tampons oder Einlagen, die eine Frau in ihrem Leben ohne Menstruationstasse benutzen würde. Das gute Stück ist für weniger als 20 Euro zu haben (Meluna.eu oder Ladycup.de).

20. Kontrollieren, ob man nicht per Post zugestellte Kataloge, Newsletter und anderen Briefverkehr reduzieren kann bzw. alternativ per E-Mail erhalten kann.
Am Briefkasten ein Schild gegen Werbung und kostenlose Zeitschriften anbringen!

21. Alternativen, wie Buch7.de (Büchershop), Memo.de (Bürobedarf), Fairnopoly.de (genossenschaftlicher Marktplatz) und viel andere On- und Offline-Läden nutzen.

22. Über 80 weitere Energie-, Ressourcen- und Geldspartipps gibt es unter: http://www.energieverbraucher.de/de/Energietipp_der_Woche_1820/

Und als Letztes noch ein Ökotipp:

Die Königsdisziplin ist natürlich die Selbstversorgung, es muss ja nicht gleich ein in sich autarker Permakulturgarten sein, sondern vielleicht ein Kräuterbeet auf dem Balkon und die Beteiligung an urbanen Gärten. Außerdem sollte sich jeder das im Englischen so schön klingende »sharing is caring« (teilen heißt fürsorglich sein) zu Herzen nehmen. Solange es noch ungenutzte Wohnräume, Essen, Fahrzeuge und alle anderen Gebrauchsgegenstände gibt, wäre es quasi immer ökologisch nachteilig, sich etwas »Eigenes« zu organisieren, anstatt zu teilen.

Obwohl ich mir schon seit Jahren über den indirekten Energieverbrauch im Klaren war, wurde mir erst durch die Recherche für dieses Buch das wahre Ausmaß des weltweiten Verbrauchs von Primärenergie in Form von Treibstoff, Heiz- und elektrischer Energie bewusst.

Den weltweiten Energieverbrauch von ca. 500 Exajoule pro Jahr (ca. 140.000 Milliarden kWh) teilte ich durch 7 Milliarden (Weltbevölkerung) und dann durch 365 Tage. Das Ergebnis: Knapp 55 kWh verbraucht jeder Mensch auf der Erde im Schnitt pro Tag! In Deutschland liegt der Wert sogar bei mehr als 140 kWh pro Tag und Bürger.

Dass der Strombedarf weltweit nur 17 Prozent dieses Gesamtenergieverbrauches ausmacht, Industrie, Handel und Geschäfte für über 60 Prozent sowie das Transportwesen für 20 Prozent des weltweiten Energieverbrauchs verantwortlich sind, spiegelt deutlich, dass wir unser Leben grundsätzlich ändern und einen Sinneswandel vollziehen müssen, wenn wir ernsthaft etwas für die Umwelt tun wollen.

Die Zahlen sprechen für sich und unterstreichen meine These, dass das Energiesparen im Haushalt zwar sinnvoll ist, aber von weit geringerer Bedeutung als eine grundlegende Änderung unseres im Allgemeinen sehr energieintensiven Lebensstils. Hier können wir alle ansetzen und viel mehr bewirken, als nur unsere persönliche Energiesparrevolution durchzuziehen.

Zum Abschluss

Um glücklich zu sein, bedarf es nicht an Geld, sondern an Beziehung zu unseren Mitmenschen, der Natur und uns selber. Vertrauen in unser Schicksal, Verbundenheit zur Mutter Erde und unseren Brüdern und Schwestern sowie zu unserem Herzen bilden die Grundlage für ein erfülltes, glückliches Leben.

Je mehr Liebe, Achtsamkeit und Wertschätzung Du der Welt schenkst, umso mehr wirst Du Dich getragen fühlen. Achte dabei darauf, Dich nicht für die Welt aufzuopfern, sondern ein gesundes Mittelmaß zu finden. Dein körperliches wie seelisches Wohlbefinden ist das höchste Gut, denn Du hilfst niemandem, wenn Du einen kleinen ökologischen Fußabdruck hast, aber nicht glücklich bist.

Vergiss nie das Kind in Dir, erlaube Dir, verrückt und spontan zu sein – lebe ganz im Heute. Sei experimentierfreudig und offen für neue Gedanken, Menschen und Lebensumstände ohne Angst und Vorurteile, damit Du im Fluss des Lebens bleibst und nicht verhärtest und versteifst.

Glücklich sein ist kein andauernder Zustand, sondern wie eine Frucht, die wir ständig aufs Neue pflücken dürfen und die vergänglich ist.

Wahres Glück ist es, andere Menschen glücklich zu machen. Dabei ist es hilfreich, mit der Natur verbunden zu sein und im größtmöglichen Einklang mit seinen Gedanken und Gefühlen zu leben. Ehrlichkeit, Klarheit und Anerkennung gegenüber Dir und Deinen Mitmenschen sind der beste Dünger für ein glückliches Leben.

Lass uns gemeinsam jeden Tag die Welt ein wenig mehr gestalten, wie wir sie uns vorstellen, und uns für das Wohl aller Menschen einsetzen, auf dass wir den Traum von einer Welt in Frieden Realität werden lassen.

Ich freue mich, dass es Dich gibt, und wünsche Dir ganz viel Kraft und Liebe in Deinem Leben!

Eines Tages ging ein alter Mann, einen Löffel in der Hand, zu dem Berg, der seinem Dorf immer schon das Sonnenlicht nahm. Jemand fragte ihn, was er vorhabe. Da antwortete der Mann, er wolle den Berg abtragen, auf dass das Dorf endlich vom Licht der Sonne durchflutet werde. Es sei völlig unmöglich, den Berg alleine abzutragen, warf der Fragende ein. Schmunzelnd entgegnete der Alte: »Du hast Recht, aber irgendjemand muss anfangen.«

Für mehr Informationen zum Autor, dem Buchthema, aktuellen Veranstaltungen, Medienauftritten usw.:

➤ www.raphaelfellmer.de
➤ www.facebook.com/raphaelfellmer
➤ www.twitter.com/raphaelfellmer
➤ www.forwardtherevolution.org (Reise- und Philosophieblog)
➤ www.eotopia.org (Veganes Ökodorf im Süden Europas)

Quellenverzeichnis nach Kapiteln

Das umfassende Quellenverzeichnis dient der Recherche nach mehr Hintergrundwissen sowie dem schnellen Überprüfen der Richtigkeit der aufgeführten Fakten. Um nicht immer einen langen Link eingegeben zu müssen, um auf die Website zu kommen, gibt es die gekürzten Links z.B. http://goo.gl/77HfWa (Groß- und Kleinschreibung beachten) und das reicht aus um direkt auf die genannte Quelle zu gelangen.

o.V. = ohne Verfasser, o.J. = ohne Jahr

Das Geschenk des Lebens
Seite 22:

o.V. – Spiegel.de (2014) »Studie: Ein Prozent der Menschheit besitzt Hälfte des weltweiten Reichtums«, http://www.spiegel.de/wirtschaft/soziales/oxfam-studie-kluft-zwischen-armen-und-reichen-waechst-a-944474.html, Zugriff am 10.01.2014 (http://goo.gl/77HfWa)

Zuesse, Eric - huffingtonpost.com (2014) »United States Is Now the Most Unequal of All Advanced Economies«, http://www.huffingtonpost.com/eric-zuesse/us-is-now-the-most-unequa_b_4408647.html, Zugriff am 12.01.2014

Erste Schritte zur Kultur des Teilens
Seite 27:

Mattheis, Philipp- wiwo.de (2013) »China - Auf der Schattenseite des Booms« http://www.wiwo.de/politik/ausland/china-auf-der-schattenseite-des-booms-seite-all/7751128-all.html, Zugriff 12.01.2014 (http://goo.gl/3op4OO)

Seite 28:

o.V. – spiegel.de (2010) »CO_2-Ausstoß: China bekennt sich erstmals als Klimasünder Nr. 1« http://www.spiegel.de/wissenschaft/natur/co2-ausstoss-china-bekennt-sich-erstmals-als-klimasuender-nr-1-a-730718.html, Zugriff am 12.01.2014 (goo.gl/2GiKrb)

Seite 30 :

o.V. – unfpa.org (o.J.) »Gender Equality- Ending Widespread Violence Against Women« http://www.unfpa.org/gender/violence.htm, Zugriff am 13.01.2014 (http://goo.gl/Ia3Uqs)

Seite 33:

o.V. – who.int (2008) »2.5 billion live with poor sanitation facilities« http://www.who.int/mediacentre/news/releases/2008/pr23/en/, Zugriff am 13.01.2014 (http://goo.gl/NJv6wa)

Seite 37:

o.V. – nabu.de (o.J.) »This stinks! - Clean up cruise ships!« http://www.nabu.de/en/themen/verkehr/schifffahrt/mirstinkts/, Zugriff am 13.01.2014 (http://goo.gl/9ulYT3)

Nicolai, Birger- welt.de (2012) »Kreuzfahrten – Traumreisen auf der Dreckschleuder« http://www.welt.de/dieweltbewegen/article13904797/Kreuzfahrten-Traumreisen-auf-der-Dreckschleuder.html, Zugriff am 15.01.2014 (http://goo.gl/QDrdCu)

Seite 41:

o.V. – Handelsblatt.com (2012) »Unter 300 Euro im Monat geht kaum was« http://www.handelsblatt.com/auto/nachrichten/auto-unterhaltskosten-unter-300-euro-im-monat-geht-kaum-was/6309912.html, Zugriff am 15.01.2014 (http://goo.gl/v9aQzB)

o.V. – fr-online.de (2013) »Das kostet Autofahren im Leben« http://www.fr-online.de/auto/-autokosten-das-kostet-autofahren-im-leben,1472790,21965644.html, Zugriff am 15.01.2014 (http://goo.gl/uQjJJo)

Seite 42:

Baker, Jenni- mandmglobal.com (2012) »Global ad spend reaches $495bn in 2012« http://www.mandmglobal.com/news/03-12-12/global-ad-spend-reaches-495bn-in-2012.aspx, Zugriff am 15.01.2014 (http://goo.gl/GUVlE)

o.V. – sueddeutsche.de (2013) »Weltweite Militärausgaben sinken erstmals seit 15 Jahren« http://www.sueddeutsche.de/politik/sipri-studie-zur-ruestung-weltweite-militaerausgaben-sinken-erstmals-seit-jahren-1.1648919, Zugriff am 15.01.2014 (http://goo.gl/d8XDpt)

Hrsg. Barker, Jolyon et al.- deloitte.com (2013) »Technology media and telecommunications predictions 2013« http://www.deloitte.com/assets/Dcom-BruneiDarussalam/Local%20Assets/Documents/TMT%20Predictions%202013.pdf, Zugriff am 15.01.2014 (http://goo.gl/d8XDpt)

Jingting, Shen- usa.chinadaily.com (2013) »Foreign suppliers dominate as chip use hits new high« http://usa.chinadaily.com.cn/business/2013-09/27/content_16998386.htm, Zugriff am 15.01.2014 (http://goo.gl/NOcKXH)

Hrsg. Thomas, Rachael/ Deacon, Hugo- ccsinsight.com (2013) »Mobile Phone Sales Will Hit 1.86 Billion in 2013 as Strong Smartphone Growth Continues« http://www.ccsinsight.com/press/company-news/1655-mobile-phone-sales-will-hit-186-billion-in-2013-as-strong-smartphone-growth-continues, Zugriff am 15.01.2014 (http://goo.gl/eoi6rN)

Vackayil, Joseph- smehorizon.sulekha.com (2011) »World footwear production exceeds 20 billion pairs« http://smehorizon.sulekha.com/world-footwear-production-exceeds-20-billion-pairs_leather-viewsitem_5083, Zugriff am 15.01.2014 (http://goo.gl/899lSF)

Seite 43:

o.V. – tag-der-stiftungen.de (o.J.) http://www.tag-der-stiftungen.de/de/informieren/stiftungen-in-europa.html, Zugriff am 15.01.2014 (http://goo.gl/QqGhgE)

Auf dem Weg zu meiner Berufung
Seite 49

o.V. – independent.co.uk (2010) »£1 buys 1000 litres of tap water. Or one bottle of the ionised variety« http://www.independent.co.uk/life-style/food-and-drink/news/1631-buys-1000-litres-of-tap-water-or-one-bottle-of-the-ionised-variety-2002650.html, Zugriff am 19.01.2014 (http://goo.gl/95VRf6)

o.V. – efbw.eu (o.J.) »Bottled waters facts« http://efbw.eu/bwf.php?classement=07 Zugriff 19.01.2014 http://efbw.eu/bwf.php?classement=07, Zugriff am 15.01.2014 (http://goo.gl/8lR20t)

o.V. – krones.com (o.J.) »Sanpellegrino's Line 11« http://www.krones.com/en/sanpellegrinos-line-11-contiform-bloc-and-topmodule.php?userLanguage=en&country=United+Kingdom&countryCode=uk, Zugriff am 19.01.2014 (http://goo.gl/VRZxNX)

o.V. – foodcomm.org Foodmagazine (67/ 2004) »Thirst for bottled water fuels food miles« http://www.foodcomm.org.uk/secure/Food_Magazine_67.pdf, Zugriff am 19.01.2014 (http://goo.gl/Co7xBl)

Seite 50:

o.V. – trinkwasser.ch (o.J.) »Trinkwasser ist bis zu 1000 mal umweltfreundlicher als Mineralwasser« http://www.trinkwasser.ch/dt/html/download/pdf/twi3.pdf, Zugriff am 19.01.2014 (http://goo.gl/cDwdLC)

o.V. – indexmundi.com (o.J.) »World Crude Oil Consumption« http://www.indexmundi.com/energy.aspx, Zugriff am 19.01.2014 (http://goo.gl/6s7ee)

o.V. – lexas.net (2007) »Erdöl- Pro- Kopf- Verbrauch- Weltweites Länderranking« http://www.lexas.net/laenderdaten/energiewirtschaft/erdoel-prokopf-verbrauch-ranking.asp, Zugriff am 19.01.2014 (http://goo.gl/1RmukK)

Fenz, Christian- images.umweltberatung.at (2011) »Bio Kunststoffe- Kunststoffe aus nachwachsenden Rohstoffen« http://images.umweltberatung.at/htm/bio-kunststoffe-infobl-abfall.pdf, Zugriff am 19.01.2014 (http://goo.gl/wUkVoP)

Seite 51:

o.V. – erlangen.de (o.J.) »Glasrecycling- Der wunderbare Schmelz« http://www.erlangen.de/desktopdefault.aspx/tabid-1272/3516_read-25556/usetemplate-print, Zugriff am 22.01.2014 (http://goo.gl/zyzqXv)

Rau, Simone- tagesanzeiger.ch (2013) »Knapp, knapper – Sand« http://www.tagesanzeiger.ch/wissen/natur/Knapp-knapper--Sand/story/23971188, Zugriff am 22.01.2014 (http://goo.gl/qCDZJ8)

o.V. – planundwerk.ch (2013) »Sand- Die neue Umweltzeitbombe« http://planundwerk.ch/energie/?p=206, Zugriff am 22.01.2014 (http://goo.gl/yE4XCO)

o.V. – future.arte.tv (2013) »Wo ist unser Sand geblieben?« http://future.arte.tv/de/thema/straende-gefahr, Zugriff am 22.01.2014 (http://goo.gl/SjB3GA)

Ertinger, Sebastian- handelsblatt.com (2013) »Er kann Arabern Sand verkaufen« http://www.handelsblatt.com/unternehmen/industrie/raubbau-an-einem-wichtigen-rohstoff-er-kann-arabern-sand-verkaufen/8301722-4.html, Zugriff am 22.01.2014 (http://goo.gl/TukCdi)

Seite 52:

o.V. – cogbyte.de (o.J.) existere e.V. »Ohne Wasser merkt euch das...« http://www.cogbyte.de/project/uploads/media/Ohne_Wasser_merkt_euch_das....pdf, Zugriff am 22.01.2014 (http://goo.gl/JDdsks)

Seite 54:

Jutzi, Samual- ftp.fao.org (2006) »Livestock's long shadow- environmental issues and options« ftp.fao.org/docrep/fao/010/a0701e/a0701e.pdf, Zugriff am 22.01.2014 (http://goo.gl/yqtRst)

Seite 55:

Tingshuang, Guo/ Zhenhai, Yang- fao.org (o.J.) »A grain-saving strategy to develop animal production in China« http://www.fao.org/docrep/005/y1936e/y1936e05.htm, Zugriff am 22.01.2014 (http://goo.gl/N8rpcU)

o.V. – waterfootprint.org (o.J.) »Product waterfootprint« http://www.waterfootprint.org/?page=files/Animal-products, Zugriff am 22.01.2014 (http://goo.gl/NXzbsn)

o.V. worldwatch.org Worldwatch Magazine (Vol 17/ No 4/ 2004) »Is Meat Sustainable?« http://www.worldwatch.org/node/549, Zugriff am, 23.01.2014 (http://goo.gl/yJ8ii)

o.V. wwf.panda.org (o.J.) »Unsustainable cattle ranching« http://wwf.panda.org/what_we_do/where_we_work/amazon/problems/unsustainable_cattle_ranching/, Zugriff am 23.01.2014 (http://goo.gl/u3GWlW)

o.V. fr-online.de (2011) »Der große Fleischhunger« http://www.fr-online.de/wirtschaft/landwirtschaft-der-grosse-fleischhunger,1472780,9383752.html, Zugriff am am 23.01.2014 (http://goo.gl/OMkQmw)

Der Beginn der Reise der Menschheit

Seite 63:

Smithers, Rebecca- theguardian.com (2013) »Almost half of the world's food thrown away, report finds« http://www.theguardian.com/environment/2013/jan/10/half-world-food-waste , Zugriff am am 23.01.2014 (http://goo.gl/Hgmv3d)

o.V. – feeding5k.org (2009) »Food waste facts« http://www.feeding5k.org/food-waste-facts.php, Zugriff am 23.01.2014 (http://goo.gl/cC5CP)

o.V. – economist.com (2014) »Meat and greens« http://www.economist.com/news/international/21594348-lot-can-be-done-make-meat-eating-less-bad-planet-meat-and-greens, Zugriff am 23.01.2014 (http://goo.gl/1yteiW)

Gustavsson, Jenny- naldc.nal.usda.gov Save Food (2011) »Global Food- Losses and Food Waste« http://naldc.nal.usda.gov/download/48661/PDF, Zugriff am 23.01.2014 (http://goo.gl/97Iz27)

Sansoucy, R.- fao.org (o.J.) »Livestock - a driving force for food security and sustainable development« http://www.fao.org/docrep/v8180t/v8180t07.htm, Zugriff am 23.01.2014 (http://goo.gl/xhGRh2)

McClure, Robert- blog.seattlepi.com (2008) »Oceans being killed off to feed livestock, farmed fish« http://blog.seattlepi.com/environment/2008/10/29/oceans-being-killed-off-to-feed-livestock-farmed-fish/, Zugriff am 23.01.2014 (http://goo.gl/JG3ZHK)

Godland, Robert/ Anhang, Jeff- worldwatch.org (2009) »Livestock and Climate Change« http://www.worldwatch.org/files/pdf/Livestock%20and%20Climate%20Change.pdf, Zugriff am 25.01.2014 (http://goo.gl/dUvD)

Seite 64:

o.V. – peta.org (o.J.) »Meat Production Wastes Natural Resources« http://www.peta.org/issues/animals-used-for-food/meat-wastes-natural-resources/, Zugriff am 25.01.2014 (http://goo.gl/4R4c6f)

o.V. – spiegel.de (2013) »Resistenzen: Deutschland setzt weiter massiv Antibiotika in Tiermast ein« http://www.spiegel.de/wissenschaft/natur/antibiotika-in-der-tiermast-deutschland-unter-spitzenreitern-a-933009.html, Zugriff am 25.01.2014 (http://goo.gl/ZSk4Sa)

Lin, Doris- animalrights.about.com (o.J.) »How Many Animals are Killed Each Year?« http://animalrights.about.com/od/animalrights101/tp/How-Many-Animals-Are-Killed.htm, Zugriff am 25.01.2014 (http://goo.gl/luuBJd)

Seite 65:

o.V. – economist.com (2012) Kings of the carnivores« http://www.economist.com/blogs/graphicdetail/2012/04/daily-chart-17, Zugriff am 25.01.2014 (http://goo.gl/OXgzy)

o.V. – worldcentric.org (o.J.) »Social & Economic Injustice« http://worldcentric.org/conscious-living/social-and-economic-injustice, Zugriff am 25.01.2014 (http://goo.gl/r1rcOf)

Seite 70:

Huber, Peter- diepresse.com (2013) »Glühbirnen-Kartell: Der geplante Defekt« http://diepresse.com/home/wirtschaft/hobbyoekonom/1382381/GluhbirnenKartell_Der-geplante-Defekt, Zugriff am 25.01.2014 (http://goo.gl/dahbcI)

Seite 77:

Reddy, Sudeep- blog.wsj.com (2013) »Number of the Week: Total World Debt Load at 313% of GDP« http://blogs.wsj.com/economics/2013/05/11/number-of-the-week-total-world-debt-load-at-313-of-gdp/, Zugriff am 25.01.2014 (http://goo.gl/QAClKK)

o.V. – versicherungsbote.de (2013) »Schuldenlast der Privathaushalte in Deutschland wächst« http://www.versicherungsbote.de/id/4784417/Schulden-Privathaushalte-Deutschland-Verschuldungsreport2013/, Zugriff am 25.02.2014 (http://goo.gl/I0Qb9M)

Seite 78:

Ritter, Hanno S.- autokiste.de (2013) »Fahrzeugbestand 2013: 52 Mio. Kfz für 69 Mio. Erwachsene« http://www.autokiste.de/psg/1302/10486.htm, Zugriff am 25.01.2014 (http://goo.gl/7czYP2)

o.V. – hvv-futuretour.de (o.J.) »PKW-Nutzung / Wegelängen« http://www.
hvv-futuretour.de/infopool/pkw-nutzung-wegel%C3%A4ngen, Zugriff am
25.01.2014 (http://goo.gl/gxNGiJ)

Knoblach, Jochen- berliner-zeitung.de (2013) »Freude am Mitfahren« http://www.
berliner-zeitung.de/archiv/obwohl-laut-statistik-jedes-auto-im-strassenverkehr-
nur-mit-1-2-personen-besetzt-ist--kuemmert-sich-opel-wie-kein-anderer-herstel-
ler-um-die-passagiere-der-zweiten-reihe---fast-nur-um-sie--freude-am-mitfah-
ren,10810590,10073280.html, Zugriff am 25.01.2014 (http://goo.gl/XnCz1t)

Viehmann, Sebastian focus.de (2013) » Hier steht die Welt im Dauer-Stau« http://www.focus.de/auto/ratgeber/unterwegs/tid-30409/deutschlands-
schlimmste-stauhoelle-ist-stuttgart-hier-steht-die-welt-im-dauer-stau_
aid_952882.html, Zugriff am 25.01.2014 (http://goo.gl/6c0U3t)

Seite 82:

o.V. – presseanzeiger.de (o.J.) »Mehr Gesetze und Verordnungen« http://www.
presseanzeiger.de/pm/Mehr-Gesetze-und-Verordnungen-317121, Zugriff am
25.01.2014 (http://goo.gl/mGbgHv)

Seite 84:

Martinez, Juan Carlos- economia.elpais.com (2013) »España tiene 3,4 millones
de viviendas vacías, un 10,8% más que en 2001« http://economia.elpais.com/
economia/2013/04/18/actualidad/1366281899_838814.html, Zugriff am
25.01.2014 (http://goo.gl/A5tAyl)

Seite 85:

o.V. – wdi.worldbank.org (2013) »World Development Indicators: Energy de-
pendency, efficiency and carbon dioxide emissions« http://wdi.worldbank.
org/table/3.8, Zugriff am 25.01.2014 (http://goo.gl/oDacgI)

o.V. – Climate Change Connection »Contraction & Convergence« http://www.
climatechangeconnection.org/Solutions/Contractionandconvergence.htm,
Zugriff am 25.01.2014 (http://goo.gl/tNrzJN)

Seite 89:

o.V. handelsblatt.com (2013) »Aufbruch zum ›Müll-Kontinent‹ im Pazifik« http://www.handelsblatt.com/technologie/energie-umwelt/umwelt-news/plas-
tikmuell-im-meer-aufbruch-zum-muell-kontinent-im-pazifik/8209118.html,
Zugriff am 25.01.2014 (http://goo.gl/OjmPxZ)

Luz, Claudio - safebottles.co.nz (2008) »Plastics and the Environment« http://
www.safebottles.co.nz/News/Plastics+and+the+Environment.html, Zugriff am
25.01.2014 (http://goo.gl/UyJnT)

Allsopp, Michelle- unep.org (o.J.) »Plastic Debris in the World's Oceans« http://
www.unep.org/regionalseas/marinelitter/publications/docs/plastic_ocean_
report.pdf, Zugriff am 25.01.2014 (http://goo.gl/tA0FLf)

Seite 91:

o.V. – newsinfo.inquirer.net (2013) »Brazil 7th-most violent country, as 1.1 million murdered in 30 years - report« http://newsinfo.inquirer.net/447945/

brazil-7th-most-violent-country-as-1-1-million-murdered-in-30-years-report#ixzz2uK1mdIIm, Zugriff am 25.02.2014 (http://goo.gl/WP4JQI)

Die Geburt von »Forward the (R)evolution«
Seite 98:

Gustavsson, Jenny- naldc.nal.usda.gov Save Food (2011) »Global Food- Losses and Food Waste« http://naldc.nal.usda.gov/download/48661/PDF, Zugriff am 23.01.2014 (http://goo.gl/97Iz27)

Seite 100:

Abaza, Hussein- iisd.org Environment and Trade- a handbook (2nd edition/2005) »1.1 Global Trends« http://www.iisd.org/trade/handbook/1_1.htm, Zugriff am 25.01.2014 (http://goo.gl/SY95Xm)

Seite 103:

o.V. prevor.com (2008) »Infos für Ärzte« http://www.prevor.com/DE/sante/RisqueChimique/info_medecin/pesticides.php, Zugriff am 25.01.2014 (http://goo.gl/BhtMWo)

o.V. bbcresearch.com (2012) »Global Market For Pesticides To Reach $65.3 Billion In 2017« http://www.bccresearch.com/pressroom/chm/global-market-pesticides-reach-$65.3-billion-201, Zugriff am 25.01.2014 (http://goo.gl/OnRiKj)

o.V. – panna.org (2006) »PANNA: It's Time for Global Monitoring of Acute Pesticide Poisoning« http://www.panna.org/legacy/panups/panup_20060131.dv.html, Zugriff am 25.01.2014 (http://goo.gl/tKR1V7)

o.V. – who.int (o.J.) »The impact of Pesticides on Health« http://www.who.int/mental_health/prevention/suicide/en/PesticidesHealth2.pdf, Zugriff am 25.01.2014 (http://goo.gl/rehhmn)

Seite 105 :

o.V. – alueurope.eu (o.J.) »Aluminium Production Process« http://www.alueurope.eu/about-aluminium/production-process/, Zugriff am 27.01.2014 (http://goo.gl/4v6BNe)

o.V. – iea.org (2007) »Tracking Industrial Energy Efficiency and CO_2 Emission« http://www.iea.org/publications/freepublications/publication/tracking_emissions.pdf, Zugriff am 27.01.2014 (http://goo.gl/ebHYU1)

o.V. – sabater-fundimol.com (o.J.) »Sogama und das Recyclen von Aluminium« http://www.sabater-fundimol.com/de/nachrichten/96-sogama-recyclen-von-aluminium, Zugriff am 27.01.2014 (http://goo.gl/jdv9Ij)

o.V. – de.statista.com (2012) »Städte mit dem niedrigsten Pro-Kopf-Stromverbrauch in Deutschland im Jahr 2012 (in Kilowattstunden)« http://de.statista.com/statistik/daten/studie/217675/umfrage/staedte-mit-dem-niedrigsten-stromverbrauch-in-deutschland/, Zugriff am 27.01.2014 (http://goo.gl/xdtvD2)

West, Larry- environment.about.com (o.J.) »The Benefits of Aluminum Recycling: Why Recycle Aluminum?« http://environment.about.com/od/recycling/a/The-Benefits-Of-Aluminum-Recycling-Why-Recycle-Aluminum.htm, Zugriff am 27.01.2014 (http://goo.gl/iWLoSa)

o.V. – alcoa.com (o.J.) »Aluminum is Infinitely Recyclable http://www.alcoa.com/recycling/en/info_page/why_recycle.asp, Zugriff am 27.01.2014 (http://goo.gl/3P3BY)

MacKay, David- nachhaltige-energiegewinnung.spoererau.de (2008) »Sustainable Energy without the hot air«: Dinge des täglichen Gebrauchs (347) http://www.nachhaltige-energiegewinnung.spoererau.de/pdf/auflage2/ne15_dinge.pdf, Zugriff am 27.01.2014 (http://goo.gl/VSPnWu)

o.V. – lessismore.org (o.J.) »Why Not Recycle?!« http://www.lessismore.org/materials/28-why-recycle, Zugriff am 27.01.2014 (http://goo.gl/Psy893)

Seite 106:

MacKay, David- nachhaltige-energiegewinnung.spoererau.de (2008) »Sustainable Energy without the hot air«: Was jetzt zu tun ist (243) http://www.nachhaltige-energiegewinnung.spoererau.de/pdf/auflage2/ne15_dinge.pdf, Zugriff am 27.01.2014 (http://goo.gl/VSPnWu)

Schoer, Karl et al.- destatis.de Statistisches Bundesamt (2006) »Die Nutzung von Umweltressourcen durch die Konsumaktivitäten der privaten Haushalte« https://www.destatis.de/DE/Publikationen/Thematisch/UmweltoekonomischеGesamtrechnungenUmweltPrivaterHaushalte.pdf?__blob=publicationFile, Zugriff am 27.01.2014 (http://goo.gl/jUcWW7)

Seite 110:

St.Angelo, Steve- financialsense.com (2011) »Peak Silver Revisited« http://www.financialsense.com/contributors/steve-angelo/2011/10/10/peak-silver-revisited, Zugriff am 27.01.2014 (http://goo.gl/s10M5c)

o.V. –uri.edu (o.J.) »With What We Know About The Future of Energy, Why Are We Not Acting Today?« http://www.uri.edu/artsci/com/Logan/teaching/html/GCH104/lecture/6_peak_oil_living.htm, Zugriff am 27.01.2014 (http://goo.gl/LyAFmJ)

o.V. – altenergysources.webs.com (2009) »Oil Shale/Oil Sands« http://altenergysources.webs.com/oilshaletarsands.htm, Zugriff am 27.01.2014 (http://goo.gl/h0sU1)

Seite 112:

o.V. – axisoflogic.com (2011) »Fishing production in Venezuela has strengthened after two years of trawling ban« http://axisoflogic.com/artman/publish/Article_62565.shtml, Zugriff am 27.01.2014 (http://goo.gl/aIZUfv)

o.V. – greenpeace.org (o.J.) »Bycatch« http://www.greenpeace.org/international/en/campaigns/oceans/bycatch/, Zugriff am 27.01.2014 (http://goo.gl/dThMtm)

Castle, Chris- stuff.co.nz (2013) »Seafloor phosphate mining less damaging than trawling« http://www.stuff.co.nz/dominion-post/comment/9133448/Seafloor-phosphate-mining-less-damaging-than-trawling, Zugriff am 27.01.2014 (http://goo.gl/1yDx0B)

o.V. – wwwf.org - »Forty per cent of global fisheries catch is wasted or unmanaged« http://www.wwf.org.uk/what_we_do/press_centre/?unewsid=2982, Zugriff am 27.01.2014 (http://goo.gl/f5MQ41)

o.V. – aljazeera.com (2011) »Ocean life ,facing mass extinction« http://www.al-jazeera.com/news/americas/2011/06/20116216141857396.html, Zugriff am 27.01.2014 (http://goo.gl/HqXVTJ)

o.V. – worldwatch.org (2013) »Will Farmed Fish Feed the World?« http://www.worldwatch.org/node/5883, Zugriff am 27.01.2014 (http://goo.gl/KUDl0D)

King, Kiki- theguardian.com (2014) »24,000 murders last year confirm Venezuela as one of the world's most dangerous countries« http://www.theguardian.com/world/2014/jan/12/violent-crime-makes-venezuela-dangerous, Zugriff am 27.01.2014 (http://goo.gl/rSx2p8)

http://www.usatoday.com/story/news/world/2014/01/21/venezuela-maduro-tv-crime/4705417/, Zugriff am 27.01.2014 (http://goo.gl/Ax589V)

Seite 115:

o.V. – water.org (o.J.) »Millions lack safe water« http://water.org/water-crisis/water-facts/water/, Zugriff am 28.01.2014 (http://goo.gl/mzC5Y)

Seite 116:

Wikipedia, Stichwort »Arbeit (Sozialwissenschaftler)«, Version com 25.02.2014, 11.16 http://de.wikipedia.org/wiki/Arbeit_(Sozialwissenschaften), Zugriff am 28.01.2014 (http://goo.gl/qfpB7)

Weingart, Brigitte- ethikprojekte (o.J.) »Arbeit - ein Wort mit langer Geschichte« http://www.ethikprojekte.ch/texte/arbeit.htm, Zugriff am 28.01.2014 (http://goo.gl/dLLdNM)

Seite 119:

Frias, Araceli - greatergood.berkeley.edu The Journal of Positive Psychology (Vol. 6, No. 2/ March 2011, 154–16) »Death and gratitude: Death reflection enhances gratitude« http://greatergood.berkeley.edu/images/uploads/Frias-Death-Gratitude.pdf, Zugriff am 28.01.2014 (http://goo.gl/37BiEE)

Seite 120:

o.V. – indexmundi.com (o.J.) »Life expectancy at birth - Central America & the Caribbean« http://www.indexmundi.com/Map/?t=0&v=30&r=ca&l=en, Zugriff am 28.01.2014 (http://goo.gl/zjZYtm)

o.V. – desarrolloperuano.blogspot.de (2011) »El Perú en el Ranking Latinoamericano: Tasa de Analfabetismo 2010« http://desarrolloperuano.blogspot.de/2011/01/el-peru-en-el-ranking-latinoamericano_18.html, Zugriff am 28.01.2014 (http://goo.gl/eGLA8U)

Seite 121:

Shah, Anup- globalissues.org (2013) »World Military Spending« http://www.globalissues.org/article/75/world-military-spending, Zugriff am 28.01.2014 (http://goo.gl/6KD9)

o.V. – statista.om (2012) »The 15 countries with the highest military spending worldwide in 2012 (in billion U.S. dollars)« http://www.statista.com/statistics/262742/countries-with-the-highest-military-spending/, Zugriff am 28.01.2014 (http://goo.gl/VCtof4)

o.V. – wfuna.org (o.J.) »Millennium Development Goal #8« http://www.wfuna.org/mdg-global-partnership, Zugriff am 28.01.2014 (http://goo.gl/VCtof4)

o.V. –dw.de (2013) »EU wants plastic out of marine stomachs« http://www.dw.de/eu-wants-plastic-out-of-marine-stomachs/a-17204833, Zugriff am 28.01.2014 (http://goo.gl/YkSO58)

Seite 122:

o.V. – thyssenkrupp.com (o.J.) »All natural platic« http://www.thyssenkrupp.com/en/onlinespecial/INGENIEU_R_KUNST/2/, Zugriff am 28.01.2014 (http://goo.gl/3weuGT)

Roach, John- nationalgeographic.com (2003) »Are Plastic Grocery Bags Sacking the Environment?« http://news.nationalgeographic.com/news/2003/09/0902_030902_plasticbags.html, Zugriff am 28.01.2014 (http://goo.gl/lbb6W)

o.V. – plasticvpaper.webly.com (o.J.) »Pros and Cons« http://plasticvpaper.weebly.com/plastic---pros--cons.html, Zugriff am 28.01.2014 (http://goo.gl/auu58R)

Hickman, Martin- independent.co.uk (2011) »Plastic fantastic! Carrier bags ,not eco-villains after all« http://www.independent.co.uk/environment/green-living/plastic-fantastic-carrier-bags-not-ecovillains-after-all-2220129.html, Zugriff am 28.01.2014 (http://goo.gl/7bDBV)

Seite 124:

Curtis, Wayne- preservationnation.org (2008) »A Cautionary Tale« http://www.preservationnation.org/magazine/2008/january-february/cautionary-tale.html, Zugriff am 28.01.2014 (http://goo.gl/jz8CKI)

Seite 127:

o.V. – centralamericadata.com (2011) »Exito de la piña en Costa Rica« http://www.centralamericadata.com/es/article/home/Exito_de_la_pia_en_Costa_Rica, Zugriff am 29.01.2014 (http://goo.gl/Uxd3sv)

o.V. – berichte.bmelv-statistik.de (2011) »Einfuhr von Ananas nach Deutschland in den Jahren 2008 bis 2012« http://berichte.bmelv-statistik.de/AHT-0033440-0000.pdf, Zugriff am 29.01.2014 (http://goo.gl/C226mO)

Cordoba, Javier- makefruitfair.org (2011) »Costa Rica: Pineapples take over from bananas but poor working conditions still prevail« http://www.makefruitfair.org.uk/news/costa-rica-pineapples-take-over-bananas-poor-working-conditions-still-prevail, Zugriff am 29.01.2014 (http://goo.gl/FW8mgw)

Núñez , Oscar- kioscosambientales.ucr.ac.cr (o.J.) »Costa Rica alcanza récord mundial… en consumo de veneno« http://kioscosambientales.ucr.ac.cr/index.php?option=com_content&view=article&id=1109:costa-rica-alcanza-record-mundial-en-consumo-de-veneno&catid=40:noticias-ambientales&Itemid=60, Zugriff am 29.01.2014 (http://goo.gl/IPVuuq)

Seite 130:

Hoekstra, Ashok - K.books.google.de (2008) »Globalization of Water: Sharing the Planet's Freshwater Resources«, Zugriff am 29.01.2014

Zamora, Miguel- dailycoffeenews.com (2013) »Farmworkers Left Behind: The Human Cost of Coffee Production« http://dailycoffeenews.com/2013/07/17/farmworkers-left-behind-the-human-cost-of-coffee-production/, Zugriff am 29.01.2014 (http://goo.gl/oUMdWa)

Seite 131:

o.V. – future.arte.tv (2013) »Wie fair ist fairtrade?« http://future.arte.tv/de/thema/wie-fair-ist-fairtrade, Zugriff am 29.01.2014 (http://goo.gl/7W8TyA)

Beyb, Regine- freitag.de (2013) »Mogelpackung ›Fair Trade‹« http://www.freitag.de/autoren/schlachtreif/mogelpackung-fair-trade, Zugriff am 29.01.2014 (http://goo.gl/VbXaCi)

Endlich in Mexiko

Seite 133:

o.V. – jornada (2012) »Van 150 mil muertos en México por la narcoviolencia: Panetta« http://www.jornada.unam.mx/2012/03/28/politica/005n1pol, Zugriff am 30.01.2014 (http://goo.gl/G4FiH)

Rawlins, Aimee- cfr.org (2013) »Mexico's Drug War« http://www.cfr.org/mexico/mexicos-drug-war/p13689, Zugriff am 30.01.2014 (http://goo.gl/L1uGQi)

Elyatt, Holly- cnbc.com (2013) »Global drugs trade ‚as strong as ever' as fight fails« http://www.cnbc.com/id/100957882, Zugriff am 30.01.2014 (http://goo.gl/cB6zAC)

Seite 135:

MacKay, David- nachhaltige-energiegewinnung.spoererau.de (2008) »Sustainable Energy without the hot air«: Dinge des täglichen Gebrauchs (347) http://www.nachhaltige-energiegewinnung.spoererau.de/pdf/auflage2/ne15_dinge.pdf, Zugriff am 30.01.2014 (http://goo.gl/VSPnWu)

Seite 138:

Goodkind, Nicole-finance.yahoo.com (2013) » Top 5 Secrets of the Private Prison Industry http://finance.yahoo.com/blogs/daily-ticker/top-5-secrets-private-prison-industry-163005314.htm, Zugriff am 30.01.2014 (http://goo.gl/2f84WP)

Montopoli, Brian- cbsnews.com (2013) »U.S. prison population falls for third year« http://www.cbsnews.com/news/us-prison-population-falls-for-third-year/, Zugriff am 30.01.2014 (http://goo.gl/OyQItI)

Seite 139:

Goodkind, Nicole-finance.yahoo.com (2013) » Top 5 Secrets of the Private Prison Industry http://finance.yahoo.com/blogs/daily-ticker/top-5-secrets-private-prison-industry-163005314.htm, Zugriff am 30.01.2014 (http://goo.gl/2f84WP)

Montopoli, Brian- cbsnews.com (2013) »U.S. prison population falls for third year« http://www.cbsnews.com/news/us-prison-population-falls-for-third-year/, Zugriff am 30.01.2014 (http://goo.gl/OyQItI)

Seite 140:

o.V. – manager-magazin.de (2013) »McDonald's wächst in schwachem Umfeld« http://www.manager-magazin.de/unternehmen/artikel/mcdonald-s-mit-gewinn-und-umsatzsteigerung-a-929080.html, Zugriff am 30.01.2014 (http://goo.gl/nsRw3b)

Chalabi, Mona/ Burn-Murdoch, John- theguardian.com (2013) »McDonald's 34,492 restaurants: where are they?« http://www.theguardian.com/news/datablog/2013/jul/17/mcdonalds-restaurants-where-are-they, Zugriff am 30.01.2014 (http://goo.gl/jidqhM)

Statistic Brain, Stichwort »Fast Food Statistics«, Version com 25.02.2014, 13.16 http://www.statisticbrain.com/fast-food-statistics/, Zugriff am 30.01.2014 (http://goo.gl/OozND)

Seite 141:

o.V. – adaptt.org (o.J.) »More Than 150 Billion Animals Slaughtered Every Year« http://www.adaptt.org/killcounter.html, Zugriff am 30.01.2014 (http://goo.gl/8o3lk)

wikipedia, Stichwort »List of largest consumer markets«, Version com 25.02.2014, 13.16 http://en.wikipedia.org/wiki/List_of_largest_consumer_markets, Zugriff am 30.01.2014 (http://goo.gl/w0V9VC)

o.V. – infoplease.com (2007) »Fattest Countries in the World« http://www.infoplease.com/world/statistics/obesity.html, Zugriff am 30.01.2014 (http://goo.gl/eQnFT)

o.V. – siliconindia.com (2011) »Top 10 Countries Which Waste Most Food« http://www.siliconindia.com/shownews/Top_10_Countries_Which_Waste_Most_Food-nid-97368-cid-29.html, Zugriff am 30.01.2014 (http://goo.gl/KwnRYL)

Seite 143:

o.V. – healthland.time.com (2011) »Top 10 Countries Which Waste Most Food« http://healthland.time.com/2011/11/16/report-whos-taking-mental-health-drugs-in-america/, Zugriff am 30.01.2014 (http://goo.gl/vj9mi)

Seite 145:

Aschbach-Hertig, Werner- iup.uni-heidelberg.de (2013) »Leben im Anthropozän- Umgang mit Klimawandel und knappen Ressourcen« http://www.iup.uni-heidelberg.de/institut/forschung/Forschungsdatenbank/groups/aquasys/gp/gp/WAH/talks/Hochschultage_2012.pdf, Zugriff am 30.01.2014 (http://goo.gl/fx90l9)

Matthews, Damon et al.- iopscience.iop.org Environmental Research Letters (9/2014) »National contributions to oberserved global warming« http://iopscience.iop.org/1748-9326/9/1/014010/pdf/1748-9326_9_1_014010.pdf, Zugriff am 30.01.2014 (http://goo.gl/xL55ql)

Der Start in ein geldfreies Leben
Seite 149:
o.V. – manager-magazin.de (2011) »20 Millionen Tonnen Lebensmittel landen jährlich im Müll« http://www.manager-magazin.de/politik/
deutschland/a-783383.html, Zugriff am 30.01.2014 (http://goo.gl/YuYuDQ)

Seite 152:
Dambeck, Holger- spiegel.de (2007) »Schwarm-Experiment: Menschen sind
auch nur Fische« http://www.spiegel.de/wissenschaft/natur/schwarm-expe-
riment-menschen-sind-auch-nur-fische-a-471179.html, Zugriff am 30.01.2014
(http://goo.gl/S0IOtZ)

Seite 153:
o.V. – sein.de (2011) »Kritische Masse: 10% für ein neues Paradigma?« http://
www.sein.de/gesellschaft/zusammenleben/2011/kritische-masse-10-prozent-
fuer-ein-neues-paradigma.html, Zugriff am 30.01.2014 (http://goo.gl/DrEBy)

Seite 154:
Mai, Jochen- karrierebibel.de (2013) »Die Macht der Tradition: Herrschen
auch in Ihrem Job Affen?« http://karrierebibel.de/die-macht-der-tradition-
herrschen-auch-in-ihrem-job-affen/, Zugriff am 30.01.2014 (http://goo.gl/
JZy9Mz)

Seite 157:
Hornby, Catherine- reuters.com (2011) »Up to 27 million trapped in slavery
worldwide: U.S.« http://www.reuters.com/article/2011/05/18/us-slavery-
idUSTRE74H63V20110518, Zugriff am 30.01.2014 (http://goo.gl/Dfxq2h)

Seite 164:
o.V. – sagneinzumilch.de (o.J.) »Milchproduktion« http://www.sagneinzumilch.
de/produktion.php, Zugriff am 31.01.2014 (http://goo.gl/1WUh8n)
o.V. – tier-im-fokus-ch Infodossier (24/ 2009) »Kühe und ihre Kälber« http://
www.tier-im-fokus.ch/info-material/info-dossiers/kuehe_und_ihre_kaelber/,
Zugriff am 31.01.2014 (http://goo.gl/0QrTKA)
Aigner, Susanne - heise.de »Ein 2004 verbotenes Doping-Mittel erobert erneut
den Kuhstall« http://www.heise.de/tp/artikel/39/39819/1.html, Zugriff am
31.01.2014 (http://goo.gl/soUCzc)
o.V. manninghillfarm.com (o.J.) »Dairy Products« http://www.manninghillfarm.
com/about.html, Zugriff am 31.01.2014 (http://goo.gl/x5AcZA)

Seite 165:
o.V. – n24.de (2013) »Lohndumping im Schlachthof Der Preis für billiges
Fleisch« http://www.n24.de/n24/Nachrichten/Wirtschaft/d/3053606/
der-preis-fuer-billiges-fleisch.html, Zugriff am 31.01.2014 (http://goo.gl/uI-
1uMZ)
o.V. – vegetarische-initiative.de (o.J.) »Wie lange leben Tiere?« http://www.vege-
tarische-initiative.de/lebenserwartung_der_tiere.htm, Zugriff am 31.01.2014
(http://goo.gl/r7Y33t)

o.V. – tierbefreier.de.de (o.J.) »Beispiel Eier« http://www.tierbefreier.de/vegan/
eier.html, Zugriff am 31.01.2014 (http://goo.gl/qp7Xdp)

English, Jean- mofga.org (2007) »Layer Flock Management and Marketing« http://www.mofga.org/Default.aspx?tabid=757, Zugriff am 31.01.2014 (http://
goo.gl/YhySco)

Seite 166:

Dunk, Markus- dailymail.co.uk (2009) »Bullets, bread and beer, tambourines and
toothpaste... and the 180 other things you can to do with a PIG« http://www.
dailymail.co.uk/sciencetech/article-1217794/From-bullets-bread-beer-tam-
bourines-toothpaste--plus-180-things-pig.html, Zugriff am 31.01.2014 (http://goo.gl/f6FzH)

Bunjes, Miriam- welt.de (2013) »Wenn Vegetarier unfreiwillig Schwein konsumieren« http://www.welt.de/gesundheit/article114112884/Wenn-Vegetari-
er-unfreiwillig-Schwein-konsumieren.html Zugriff am 31.01.2014 (http://goo.
gl/JB3wGg)

Baginski, Caren- m.deliciousliving.com (2013) »10 things you thought were vegan that aren't« http://m.deliciousliving.com/blog/10-things-you-thought-
were-vegan-arent, Zugriff am Zugang am 31.01.2014 (http://goo.gl/5eUzGa)

Hays, Jeffrey. factsanddetails.com (2009) »RAINFOREST DEFORESTATI-
ON« http://factsanddetails.com/world/cat52/sub329/item1299.html, Zugriff am 01.02.2014 (http://goo.gl/8yZxoL)

Graziano da Silva, Jose- fao.org (2012) »State of the World's Forest« http://
www.fao.org/docrep/016/i3010e/i3010e.pdf, Zugriff am 01.02.2014 (http://
goo.gl/8LRBZq)

Adams, Emily- earth-policy.org (2012) »Eco-Economy Indicators« http://www.
earth-policy.org/indicators/C56/forests_2012, Zugriff am 01.02.2014 (http://goo.gl/ZmIpU)

Jering, Almut- umweltbundesamt.de (o.J.) »Sustainable Use of Global Land and
Biomass Resources« http://www.umweltbundesamt.de/sites/default/files/
medien/419/publikationen/130617_englisch_lang_web.pdf, Zugriff am
01.02.2014 (http://goo.gl/p9QtZq)

McDonald, K.- theguardian.com (2009) »The World Could Feed 14 Billion Peo-
ple« http://www.bigpictureagriculture.com/2009/11/world-could-feed-
14-billion-people.html, Zugriff am 01.02.2014 (http://goo.gl/F53m4h)

Seite 167:

Mithers, Rebecca- theguardian.com (2013) »Almost half of the world's
food thrown away, report finds« http://www.theguardian.com/environ-
ment/2013/jan/10/half-world-food-waste, Zugriff am 01.02.2014 (http://
goo.gl/Ulwcr)

o.V. – vegansociety.com (2003) »Wie viel Anbaufläche benötigt man?« http://www.vegansociety.com/resources/environment/land.aspx, Zugriff am
01.02.2014 (http://goo.gl/EVC2mN)

o.V. – de.statista.com (2013) »Weltweite Anbaufläche von Getreide in den Jahren 2008/2009 bis 2013/2014 (in Millionen Hektar)« http://de.statista.com/

statistik/daten/studie/180677/umfrage/anbauflaeche-von-getreide-weltweit-seit-2008-09/, Zugriff am 01.02.2014 (http://goo.gl/tp5sme)

Seite 168:

o.V. – tageswoche.ch (2012) »Ein Kind, das an Hunger stirbt, wird ermordet« http://www.tageswoche.ch/de/2012_01/international/249240/ein-kind-das-an-hunger-stirbt-wird-ermordet.htm, Zugriff am 01.02.2014 (http://goo.gl/HYmp04)

Seite 169:

Dr. med Heinrich, Ernst Walter- provegan.info (o.J.) »The healthiest diet« http://www.provegan.info/eng/vegan/, Zugriff am 01.02.2014 (http://goo.gl/QyX6Vt)

Lebensmittel retten, Ressourcen bewahren
Seite 176:

o.V. – consulting-insider.com (o.J.) »Das Beispiel: Boy's und Girl's Windeln« http://www.consulting-insider.com/de/Case-Interview/Beispielcase-Boys-und-Girls-Windeln/p/3/t/Die-Anschlussfrage-Rechnen-mit-dem-Beispielcase, Zugriff am 01.02.2014 (http://goo.gl/8HPR2s)

Seite 177:

o.V. – bloomberg.com (2012) »Baby Diaper Market Projected to Reach USD 52.2 Billion Globally by 2017: Transparency Market Research« http://www.bloomberg.com/article/2012-09-20/aqIhWl44EKwQ.html, Zugriff am 01.02.2014 (http://goo.gl/k7WnPn)

Murtaugh, Paul A. - blog.oregonlive.com Global Environmental Change (2008) »Reproduction and the Carbon Legacies of individuals« http://blog.oregonlive.com/environment_impact/2009/07/carbon%20legacy.pdf, Zugriff am 01.02.2014 (http://goo.gl/PMF8U)

Boerum, Lisa- awesomebeginnings4children.com (o.J.) »Cloth vs Disposable Diapers - Cost« http://awesomebeginnings4children.com/cloth-vs-disposable-diapers-cost/, Zugriff am 01.02.2014 (http://goo.gl/uunccL)

o.V. – luvaboos.com (o.J.) »Why choosse cloth?« http://www.luvaboos.com/articles.asp?id=131, Zugriff am 01.02.2014 (http://goo.gl/uZ72WS)

Seite 178:

o.V. – n24.de (2013) »Wer hat was in Deutschland?« http://www.n24.de/n24/Nachrichten/Verbraucher/d/3750062/wer-hat-was-in-deutschland-.html, Zugriff am 01.02.2014 (http://goo.gl/yZVhA9)

o.V. – hna.de (2013) »So viel TV schauen die Deutschen pro Tag« http://www.hna.de/nachrichten/leute/fernsehen/tv-konsum-deutsche-schauen-durchschnittlich-minuten-fernsehen-zr-2983677.html, Zugriff am 01.02.2014 (http://goo.gl/3BvTyG)

Seite 184:

o.V. – bmelv (2013) »Ökobarometer« http://www.bmelv.de/SharedDocs/Downloads/Ernaehrung/Oekobarometer_2013.pdf?__blob=publicationFile, Zugriff am 01.02.2014 (http://goo.gl/nDRZwN)

Loosen, Manfred- naturkost.de (2012) »Bio-Branche wächst 2011 zweistellig« http://www.naturkost.de/wp/2012/10/bio-branche-waechst-2011-zweistellig/, Zugriff am 01.02.2014 (http://goo.gl/LqIzyh)

Novak, Sara- treehugger.com (2012) »Americans Eat the Cheapest Food in the World, But What is It Really Costing Us?« http://www.treehugger.com/health/americans-eat-the-cheapest-food-in-the-world-but-what-is-it-really-costing-us.html, Zugriff am 01.02.2014 (http://goo.gl/LKXZo)

Seite 187:

Blech, Jörg- spiegel.de (2013) »Heilen mit dem Geist« http://www.spiegel.de/spiegel/print/d-95169259.html, Zugriff am 01.02.2014 (http://goo.gl/JMIv67)

Seite 190:

o.V. – »Water Consumption« http://www.water-for-africa.org/en/water-consumption.html, Zugriff am 01.02.2014 (http://goo.gl/zTVPLt)

Rius, Ana (2012) Planet Wissen »Das ›virtuelle Wasser‹ oder ›verstecktes Wasser‹« http://www.planet-wissen.de/natur_technik/wasser/wasserversorgung/virtuelles_wasser.jsp, Zugriff am 01.02.2014 (http://goo.gl/ImdCWu)

Seite 191:

o.V. – br.de (2013) »Der Wasser-Fußabdruck« http://www.br.de/themen/wissen/virtuelles-wasser-wasserfussabdruck100.html, Zugriff am 01.02.2014 (http://goo.gl/8SQF21)

Smithers, Rebecca - The Guardian (2013) http://www.theguardian.com/environment/2013/jan/10/half-world-food-waste, Zugriff am 01.02.2014 (http://goo.gl/Hgmv3d)

o.V. – peta.org (o.J.) http://www.peta.org/issues/animals-used-for-food/reasons-go-vegan/, Zugriff am 01.02.2014 (http://goo.gl/8jv3IG)

Mekonnen, M.M. and Hoekstra, A.Y. (2012) »A global assessment of the water footprint of farm animal products, Ecosystems«
http://www.waterfootprint.org/?page=files/productgallery, Zugriff am 01.02.2014 (http://goo.gl/MtngH)

Sansoucy, R (1995) »Livestock - a driving force for food security and sustainable development«
http://www.fao.org/docrep/v8180t/v8180t07.htm, Zugriff am 02.02.2014 (http://goo.gl/xhGRh2)

Glen L. Hartman, Ellen D. West, Theresa K. Herman, (2011) »Crops that feed the World 2. Soybean—worldwide production, use, and constraints caused by pathogens and pests« http://naldc.nal.usda.gov/download/48661/PDF, Zugriff am 02.02.2014 (http://goo.gl/97Iz27)

o.V. – Eufetec.eu (2010) »The EU Livestock and Feed Sector: some figures« http://www.eufetec.eu/FeedIndustry.aspx, Zugriff am 02.02.2014 (http://goo.gl/Sp8j5V)

o.V. – vebu.de (o.J) » Wieviel Fleisch erträgt die Welt? - Nahrungsmittel/Menschen/Land«

https://www.vebu.de/umwelt/probleme-der-viehwirtschaft/94-wieviel-fleisch-ertraegt-die-welt?start=2, Zugriff am 02.02.2014 (http://goo.gl/g7MRvg)

o.V. – Ecnomist.com (2012) »Per Capita Meat Consumption of 177 Countries in 2007« http://www.economist.com/blogs/graphicdetail/2012/04/daily-chart-17, Zugriff am 02.02.2014 (http://goo.gl/OXgzy)

o.V. – unesco.org (o.J.) »Good Water, water to >eat<. What is virtual water?« http://www.unesco.org/new/fileadmin/MULTIMEDIA/FIELD/Venice/pdf/special_events/bozza_scheda_DOW04_1.0.pdf, Zugriff am 02.02.2014 (http://goo.gl/JuCkbn)

o.V. – dairyinfo.biz (o. J.) »Dairying in Queensland« http://www.dairyinfo.biz/default.asp?PageID=57, Zugriff am 02.02.2014 (http://goo.gl/D8A2x3)

Seite 192:

o.V. – ama-marketing.at o.J. »Die Käseherstellung - ein Überblick« http://www.ama-marketing.at/produktgruppen/milch-und-milchprodukte/kaese-immer-ein-genuss/herstellung/, Zugriff am 02.02.2014 (http://goo.gl/cGIdNN)

Hoekstra, A.Y. and Chapagain, A.K. (2004) »Eén kopje koffie kost gemiddeld 140 liter water« http://www.waterfootprint.org/?page=files/CoffeeTea, Zugriff am 02.02.2014 (http://goo.gl/4TpfHn)

o.V. – virtuelles-wasser.de (o.J.) »Zucker und Kakao« http://virtuelles-wasser.de/zucker_kakao.html, Zugriff am 03.02.2014 (http://goo.gl/kVQfA5)

Dr. Eberle, Ulrike - wwf.de (2010) »Bekleidung und Umwelt« http://www.wwf.de/fileadmin/fm-wwf/Publikationen-PDF/HG__Bekleidung_Umwelt_BB_JE_06_2010.pdf, Zugriff am 03.02.2014 (http://goo.gl/3LX9Oj)

o.V. – reyclingportal.eu (o.J.) »Texaid übernimmt Resales« http://www.recyclingportal.eu/artikel/31254.shtml, Zugriff am 03.02.2014 (http://goo.gl/rSNOa6)

Wille, Joachim, Frankfurter Rundschau (2013) »Wenn der Grundwasserspiegel fällt« http://www.fr-online.de/wirtschaft/kampf-ums-wasser-wenn-der-grundwasserspiegel-faellt,1472780,24199046.html, Zugriff am 03.02.2014 (http://goo.gl/d4NcmX)

Unity – Der Traum von einer Welt ohne Geld
Seite 200:

o.V. – Bundesministerium für Ernährung, Landwirtschaft und Verbraucherschutz (2012) »Ermittlung der Mengen weggeworfener Lebensmittel und Hauptursachen für die Entstehung von Lebensmittelabfällen in Deutschland« http://www.bmelv.de/SharedDocs/Downloads/Ernaehrung/WvL/Studie_Lebensmittelabfaelle_Faktenblatt.pdf?__blob=publicationFile, Zugriff am 03.02.2014 (http://goo.gl/zst3kD)

o.V. – (o.J) »Ermittlung der Mengen weggeworfener Lebensmittel und Hauptursachen für die Entstehung von Lebensmittelabfällen in Deutschland« http://www.stadtumbaunrw.de/news/news_29_08_2011.htm, Zugriff am 03.02.2014 (http://goo.gl/zst3kD)

Seite 205:
o.V. – (2013) »Größter Verbraucher: Deutsche Bahn muss Atomausstieg fürchten«
http://www.spiegel.de/wirtschaft/unternehmen/groesster-verbraucher-deutsche-bahn-muss-atomausstieg-fuerchten-a-751755.html, Zugriff am 03.02.2014 (http://goo.gl/qsVBkM)

Seite 216:
o.V. – (o.J) »Zahlen & Fakten« http://www.tafel.de/die-tafeln/zahlen-fakten.html, Zugriff am 03.02.2014 (http://goo.gl/qwfjK3)
o.V. – (2011) »Aktuelle Zahlen & Fakten« http://www.marburgertafel.de/index.php?id=63, Zugriff am 03.02.2014 (http://goo.gl/msXpDq)

Seite 217:
Lebert, Christine - Forum Nachhaltig Wirtschaft (2013) »Europas größter Umwelt- und Wirtschaftspreis« http://www.nachhaltigwirtschaften.net/scripts/basics/eco-world/wirtschaft/basics.prg?a_no=7536, Zugriff am 03.02.2014 (http://goo.gl/66X7Ox)

Seite 218:
Rosenberg, Matt, (2013) »Current World Population« http://geography.about.com/od/obtainpopulationdata/a/worldpopulation.htm, Zugriff am 03.02.2014 (http://goo.gl/iXjUX)
Canudas-Romo, Vladimir; Becker, Stan (2011) »The crossover between life expectancies at birth and at age one: The imbalance in the life table!« http://www.demographic-research.org/volumes/vol24/4/24-4.pdf, Zugriff am 03.02.2014 (http://goo.gl/im5ii5)
o.J. – (o.J.) »Transcript Home Movie« http://www.apronus.com/internet/home-movie-transcript.pdf, Zugriff am 03.02.2014 (http://goo.gl/IFK2Zf)

Seite 220:
von Lüpke, Geseko - books.google.de (Riemann Verlag, 26/1/2009) »Die Alternative: Wege und Weltbild des Alternativen Nobelpreises« http://books.google.de/books/about/Die_Alternative.html?id=QcnCo9Ud4kEC&redir_esc=y, Zugriff am 03.02.2014 (http://goo.gl/hsxqVU)

Seite 230:
o.V. – theoildrum.com (2012) »World Energy Consumption - Beyond 500 Exajoules« http://www.theoildrum.com/node/8936, Zugriff am 27.01.2014 (http://goo.gl/YHjCno)
http://www.world-nuclear.org/info/Current-and-Future-Generation/World-Energy-Needs-and-Nuclear-Power/ Zugriff am 27.01.2014 (http://goo.gl/Hx4Hdp)
Bredenberg, Al- eia.gov (2012) »The Damage Done in Transportation — Which Energy Source Will Lead to the Greenest Highways?« http://www.eia.gov/tools/faqs/faq.cfm?id=447&t=1, Zugriff am 28.01.2014 (http://goo.gl/nwVXZJ)

o.V. – bmwi.de (2012) »Primärenergieverbrauch in Deutschland« http://www.bmwi.de/BMWi/Redaktion/PDF/E/energiestatistiken-energiegewinnung-energieverbrauch,property=pdf,bereich=bmwi2012,sprache=de,rwb=true.pdf, Zugriff am 27.01.2014 (http://goo.gl/NdNGD)

Weiterverschenken

Ich habe dieses Buch mit meinem ganzen Herzen und ohne jegliches finanzielles Interesse geschrieben, weil ich daran glaube, dass wir Menschen uns gegenseitig bedingungslos und ohne Angst beschenken können.

Glücklich ohne Geld gibt es gratis als E-Book und bald auch als kostenloses Hörbuch zum Download. Außerdem gibt es tausende unverkäufliche Exemplare, die an verschiedenen Stellen abgeholt werden können. Mehr dazu unter www.gluecklich-ohne-geld.de

Wie bei all »Deinen« Objekten liegt das Schicksal der dafür aufgewendeten Rohstoffe in Deinen Händen; ich würde mich freuen, wenn Du all die Energie, die von vielen Menschen in die Entstehung des Buches geflossen ist, wertschätzt und nicht für Dich behältst, sondern weiterverschenkst. Wie bei allen Gütern sinkt der ökologische Fußabdruck, je mehr Menschen es benutzen.

Willst Du das Buch weiterverschenken und weißt nicht an wen? Dann verschenke es an einen der unzähligen Umsonstläden in Deutschland (www.gluecklich-ohne-geld.de), eine Bibliothek oder jemanden auf der Straße oder in der U-Bahn. Außerdem kannst du es bei bookcrossing.com, kleinanzeigen.ebay.de oder auf www.gluecklich-ohne-geld.de einstellen – dort erfährst Du außerdem auch alles über öffentliche Veranstaltungen und Medienauftritte.

Das Buch wurde

am ....

von .... geschenkt/gekauft.

1.
Vom .... bis .... in .... benutzt,

dann an .... weiterverschenkt.

Bemerkung: ....

2.
Vom .... bis .... in .... benutzt,

dann an .... weiterverschenkt.

Bemerkung: ....

3.
Vom .... bis .... in .... benutzt,

dann an .... weiterverschenkt.

Bemerkung: ....